资助项目：陕西高等教育教学改革研究(重点)项目(23BZ068)

# 地方高校教师数字素养培养研究

张海龙◎著

武汉理工大学出版社
·武 汉·

## 内容提要

本书是一本关于地方教师数字素养培养的学术性著作。本书首先对数字素养、教师数字素养的内涵、理论框架等内容进行辨析，之后探讨教师数字素养培养的意义以及面临的困境与挑战，然后从教师数字胜任力模型、教师培训、校本研究与校企合作、产教融合、数字化教师学习共同体、数字化教学资源库等层面分析教师数字素养培养的具体策略，最后构建教师数字素养评价系统，以切实提高新时代地方高校教师的数字素养水平。通过这些措施，以提高地方高校教师的数字素养和数字化教育应用能力，推动地方高校教师数字化教学的快速发展。

**图书在版编目（CIP）数据**

地方高校教师数字素养培养研究 / 张海龙著. -- 武汉：武汉理工大学出版社，2024.9. -- ISBN 978-7-5629-7242-6

Ⅰ.G645.12

中国国家版本馆 CIP 数据核字第 2024NP5366 号

责任编辑：严　曾
责任校对：尹珊珊　　　　排　版：任盼盼
出版发行：武汉理工大学出版社
社　　址：武汉市洪山区珞狮路 122 号
邮　　编：430070
网　　址：http://www.wutp.com.cn
经　　销：各地新华书店
印　　刷：北京亚吉飞数码科技有限公司
开　　本：710×1000　1/16
印　　张：14.75
字　　数：243 千字
版　　次：2025 年 3 月第 1 版
印　　次：2025 年 3 月第 1 次印刷
定　　价：95.00 元

凡购本书，如有缺页、倒页、脱页等印装质量问题，请向出版社发行部调换。
本社购书热线电话：027-87391631　87664138　87523148

·版权所有，盗版必究·

# 前　言

　　随着数字技术的飞速发展，我们正身处一个信息爆炸、知识更新迅速的时代。数字技术不仅重塑了社会的经济形态，更改变了人们的生活方式、思维方式乃至教育形态。对于地方高校而言，如何适应这一时代变革，培养具备高数字素养的教师队伍，已成为一个亟待解决的问题。

　　数字素养作为教师在信息化时代运用数字技术进行教学、科研和管理等工作的关键能力和素质，已成为衡量教师综合素养的重要标准。它不仅包括基本的计算机操作、网络使用等技能，更涵盖了信息获取、评估、处理和利用，利用数字技术进行教学设计、创新，为学生提供学习支持，进行学术研究与创新以及提高学校管理与服务效率等多方面的能力。然而，当前地方高校教师数字素养的现状并不乐观。许多教师对于数字技术的认知和应用还停留在较为初级的阶段，缺乏深入的理解和有效的实践。这不仅制约了教师个人职业发展的空间，也影响了地方高校教学质量的提升和科研创新的推进。

　　作为高等教育体系中的重要组成部分，地方高校教师的数字素养水平对于提升人才培养质量、推动科研创新以及服务社会经济发展具有重要意义。因此，深入研究数字时代地方高校教师数字素养的培养路径，对于地方高校提升教育质量、增强社会服务能力和竞争力具有较高的理论价值和重要的现实意义。全书共八章，主要内容包括绪论、数字素养与地方高校教师数字素养辨析、地方高校教师数字素养培养的意义与困境、地方高校教师数字素养提升的内生力量、地方高校教师数字素养提升的驱动力量、地方高校教师数字化培训、地方高校教师数字素养提升的创新诉求、地方高校教师数字素养提升的支持服务、地方高校教师数字素养培养的促进机制。本书旨在为地方高校教师的数字素养提升提供科学指导和参考。

在撰写过程中，本书参考了国内外相关著作及研究成果，在此，向其作者致以诚挚的谢意。由于作者水平和时间所限，书中不足之处在所难免，恳请读者批评指正。

张海龙

2024年3月

# 目 录

**第一章 绪 论** | 1
 第一节 数字化转型对地方高校的影响 | 2
 第二节 数字化转型背景对地方高校教师数字素养提出的挑战 | 16

**第二章 数字素养与地方高校教师数字素养辨析** | 22
 第一节 数字素养的内涵与重要性 | 23
 第二节 地方高校教师数字素养的定义与特征 | 27
 第三节 地方高校教师数字素养的理论框架 | 30

**第三章 地方高校教师数字素养培养的意义与困境** | 45
 第一节 地方高校教师数字素养培养的时代意义 | 46
 第二节 地方高校教师数字素养培养面临的困境与挑战 | 48
 第三节 地方高校教师数字素养培养的重要性与紧迫性 | 50

**第四章 地方高校教师数字素养提升的内生力量：教师胜任力模型** | 60
 第一节 地方高校教师数字胜任力的概念与意义 | 61
 第二节 地方高校教师数字胜任力模型的具体内容 | 67
 第三节 地方高校教师数字胜任力模型的构建 | 75

**第五章 地方高校教师数字素养提升的驱动力量：教师数字化培训** | 82
 第一节 设计系统的数字技能培训课程 | 83
 第二节 采用多样化的培训方式与方法 | 85

第三节　建立培训效果评估与反馈机制┊110

**第六章　地方高校教师数字素养提升的创新诉求：数字化教师学习共同体┊119**

第一节　构建数字化教师学习平台┊120
第二节　定期组织数字素养经验分享┊128
第三节　鼓励教师间的合作与互助┊143
第四节　构建数字化教学资源库┊151

**第七章　地方高校教师数字素养提升的支持服务：教师数字化实践平台┊159**

第一节　推进校企合作，促进教师数字素养内化┊160
第二节　深化产教融合，促进理论与实践相结合┊166
第三节　提升教师实践能力，搭建实践平台┊171
第四节　建立实践成果评价与激励机制┊182

**第八章　地方高校教师数字素养培养的促进机制：数字素养评价系统┊191**

第一节　地方高校教师数字素养评价的目的与原则┊192
第二节　地方高校教师数字素养评价的内容与构建┊199
第三节　地方高校教师数字素养评价的方法与流程┊204
第四节　地方高校教师数字素养评价结果的反馈与应用┊216

参考文献┊223

# 第一章
# 绪 论

数字化转型正深刻影响着地方高校的教育生态。从教育目标到课程、教学方式，再到评价体系，都在经历着前所未有的变革。这些变革对地方高校教师的数字素养提出了新的挑战。本章将探讨数字化转型如何影响高等教育，并分析教师在这一转型中所面临的数字素养挑战，最后提出有效的提升策略，以助力教师适应新环境，提高教学质量。

## 第一节 数字化转型对地方高校的影响

### 一、高等教育目标变革

（一）人才培养理念转变：从标准化到个性化

随着人工智能技术的飞速发展，经济社会的发展形态正在经历深刻变革，对高等教育的人才培养理念产生了重大影响。在工业时代，标准化的劳动力需求使高等教育主要承担为社会经济发展输送合格人才的任务。然而，在数字时代，人工智能技术的广泛应用改变了生产力和生产关系，推动了产业体系的数字化、智能化升级，进而影响了就业市场结构。这一变化表现为低技能劳动力逐步被取代，第三产业就业人口占比随着产业智能化程度的提升而增加，区域间就业形态差异明显，非正规就业逐渐成为主流。这些社会生产方式的转变正重塑着工业时代下的标准化人才培养理念，催生了个性化培养理念的兴起。

在人工智能的技术背景下，个性化培养是指根据学习者的兴趣、爱好和学习目标，提供符合其个性化特征的学习策略。这种培养模式不仅有助于增强学习者的自我认知，还能促进资源的有效利用、提高学习效果，并推动个体的个性化发展。人工智能从环境、资源和路径等多个方面，为大规模个性化培养提供了可能。

在个性化培养环境方面，借助 VR/AR、全息投影等先进技术，可以实现虚拟与现实的融合与联动，突破传统的身心二元认知主义，为学习者提供更具沉浸感的学习体验。在个性化培养资源方面，通过知识图谱、自适应技术、智能推荐系统和认知计算引擎等手段，可以深入挖掘和分析学习者在学习过程中产生的数据，实现学习资源的精准匹配。在个性化培养路径方面，利用智能设备终端和智慧校园新基建，可以对培养过程进行数据化呈现，并通过学习分析和深度学习等技术，关注学习者在学习过程中的情绪变化等动态数据，构建个性化的学习模型，不断优化个性化学习推荐路径。

当前，个性化培养正由小规模向大规模转变，其理念也逐渐融入高等教育领域。智能技术的应用为高等教育赋予了新的活力，使规模化教育和个性化培养得以并存。未来，随着智能技术的不断发展，有望构建一个以智能技术为支撑的自适应教育生态圈，为人才培养提供更为高效和个性化的解决方案。

(二)人才培养内涵转变：从传统素养到数字素养

人工智能的工具属性和产业属性共同赋予了高等教育内涵式和外溢性发展的双重特征，进而推动了人才培养内涵的内外双向转变。内部转变主要体现在思维、意识层面，而外部转变则聚焦于能力、技能层面。传统人才培养重视科学素养、人文素养等内涵的塑造，强调对学生科学精神、人文精神的培育，帮助学生树立正确的世界观、人生观和价值观。这些传统的素养对于高等教育坚守其教育本质具有不可替代的作用。然而，随着数字时代的到来，新理念、新技术的不断涌现对人才培养内涵产生了深刻影响，市场对劳动者知识和技能体系的需求日益复杂和多元。为应对这一挑战，2021年11月，中央网络安全和信息化委员会发布了《提升全民数字素养与技能行动纲要》，旨在提升全民数字素养与技能，这被视为建设网络强国、数字中国的战略性任务。因此，培养具备数字素养的人才成为高等教育的重要使命。在这一背景下，人工智能对高等教育人才培养内涵提出了更高的要求。高校在坚守传统素养的基础上，必须根据技术的变革不断深化人才培养内涵，以适应时代发展的需要。

数字素养涵盖意识与能力两大层面。在意识层面，数字素养要求具备数字化转型、主动学习、创新及安全等意识。在数字时代，无论何种专业人才均需洞察社会数字化转型趋势，积极适应并持续学习新技术以提升工作效能。此外，培养创新意识至关重要，因为创造力是人类与机器的根本区别。同时，面对信息空间的不稳定、不和谐及潜在危险，高等教育主体需强化数据信息的安全使用意识，此乃数字素养之核心原则。在能力层面，数字素养涉及信息管理、分析、传播、交互及协作等技能。在数字时代，数据成为信息资源的基石，需经过有效筛选与合理使用才能发挥其价值。因此，高效、精准地从海量信息中检索所需内容，辨别信息真伪并评估其价值，同时具备扎实的信息管理与分析能力，是发挥信息资源效能的关键。此外,人工智能技术的广泛应用导致问题复杂化,技术间的关联性可能扩大问题范围。因此,运用数字化技术、工具及平台解决复杂问题,并实现人际间的交互协作,是未来社会所需的重要能力。

(三)人才培养定位转变:从人文教育到新人文教育

站在数字时代和全球视野的高度,高等教育在人才培养定位方面,应紧密围绕教育的育人本质进行规划。无论是工科还是文科,通识教育、第二课堂教育和思想政治教育作为核心组成部分,共同构建了我国传统人文教育的基本框架,其根本任务在于立德树人。然而,人工智能等现代信息技术的迅猛发展正在对传统人文教育产生深刻影响,使传统人文主义面临严峻挑战。这一变革在教育领域引发了诸多伦理问题,这些问题进一步表现为一系列社会挑战,如人工智能是否将取代教师角色,人工智能教育是解放了教育还是削弱了其本质,人工智能教育的行为规范是否符合道德标准,人工智能教育是否具有合法性。

从应用伦理学的视角分析,人工智能教育带来了多重矛盾。首先,它反映了功利主义技术观与非功利主义教育观之间的冲突。其次,技术与教育之间的多重主体行为产生了矛盾。再次,技术的正当性与个人权利之间也存在张力。最后,技术还引发了教育平等与社会稳定性之间的矛盾以及技术动机与教育本质之间的冲突。伦理作为维护社会秩序和教育本质的重要规范,对于即将到来的人工智能教育变革具有重要意义。我们必须高度警惕其中的伦理隐患,确保技术发展的同时,教育不偏离其育人的初心与本质。

人工智能的进步源于其核心技术的突破,这种技术发展的态势往往会先于社会形态的变化。在其发展初期,特别是在高等教育领域,常常面临着技术治理的困境。因此,构建与技术发展相匹配的新人文教育显得尤为迫切。

新人文教育将以人为本作为核心理念,充分体现了人文关怀。其教育目标的内在价值在于推动人的全面自由发展。尽管技术在社会中扮演着重要角色,但其主体性并不能超越人类的主体性。高等教育作为一种社会实践活动,其存在的基础是人的存在,因此教育应回归以人为本的本质。同时,新人文教育也强调培养人的美德。它重视道德教育,致力于培养个体的善,以实现人的自由和价值。在中国传统文化中,孔子的育人理念始终强调培养有德性的人,他主张"志于道,据于德"。同样,《礼记·大学》和《礼记·中庸》也分别强调培养人的美德和优良品质的重要性。这些理念与现代教育理念相融合,使教育成为一项崇善的事业,始终致力于引导人们向善。此外,新人文教育还强调"生态正义"。它重视传统的自省和沉思教育,旨在提升人的自主思考能力,从而减少对人工智能产品的依赖。通过将"共同体"观念融入教育,新人文教育旨在破除西方的个体中心主义,强调人类命运共同体的价值和关怀,以实现人与自然的和谐共生。

## 二、高等教育课程变革

数字时代,人工智能驱动高等教育课程变革至少包含了两层含义,抑或称之为有两个研究对象:一是指人工智能对高等教育当前课程的改革所产生的影响,此处的课程指代了高等教育领域中普遍存在的课程体系,如通识课程与专业课程、理论课程与实践课程等,体现在整体视角下课程的价值理念、形式特征、内容创新等方面;二是指以人工智能为代表的信息类课程的出现,如人工智能、大数据、区块链等新兴学科的发展,需要构建下一级专业、课程支撑体系,此类新课程需要遵循何种高等教育课程观有待探讨。

### (一)课程理念转变:从社会建构到社会实在

课程变革的根源在于理念的更新。前述关于人才培养的理念、内涵及定位的转变,为高等教育课程的改革提供了明确的方向指导。然而,就课程本身的价值理念而言,我们仍需针对特定的对象进行深入探讨和研究。

知识问题是课程研究的核心议题。社会建构主义,作为当前课程研究领域的主导理论,其核心观点由伯杰和卢(拉)克曼提出。该理论从教育社会学的角度出发,强调知识并非固定不变,而是由社会历史进程所塑造,是人类在社会发展中主动创造的产物。有观点认为,社会建构主义课程观受到皮亚杰发生认识论的影响,主张个体在既有知识架构的基础上,通过思维活动创造新知识。这一理论弱化了传统知识边界,使课程知识更好地服务于个体适应社会发展的需求。无论理论源头如何,社会建构主义课程观均致力于打破学术与生活、专业与日常之间的界限，实现知识的融合与统一。

自20世纪70年代起，西方社会建构主义理论逐渐受到关注，并在21世纪初随着我国的新课程改革得到广泛应用。该理论为我国培养具备个性化和适应社会需求的学习者提供了重要支持。然而，随着理论与实践的深入结合，一系列问题逐渐显现，这些问题破坏了知识的连续性和完整性，对学习者的发展造成了阻碍。

在数字时代，社会建构主义的课程改革趋势愈发明显。知识的社会性被置于更加突出的位置，这在高等教育课程中体现得尤为突出。经验主义课程知识在缺乏结构化处理的情况下，过度强调实用性，导致原有课程知识结构受损，影响学习者对概念的理解。同时，在人工智能等信息类课程中，工具理性成为主导，课程聚焦于技能培养和实际应用，导致知识结构碎片化，概念连续性被破坏。这些现象均不利于学习者适应数字时代的社会发展需求。

麦克·扬在深入参与南非和英国教育实践后，针对社会建构主义和相对主义在教育领域所引发的隐患进行了深刻的批判。他创新性地提出了社会实在论这一理论框架，旨在解决课程知识客观性与社会性之间的内在矛盾。在社会实在论中，麦克·扬明确指出，"社会"指的是知识生产过程中的人类能动性，它反映了教育知识或课程内容与特定社会情境之间的紧密联系；而"实在"则强调知识本身的客观性以及教育知识或课程内容相对于特定社会情境的独立性。

在数字时代背景下，无论是普遍存在的高等教育课程，还是以人工智能为代表的信息类课程，将社会实在论融入课程改革显得尤为重要。这种融合不仅符合时代发展的需要，也促进了课程价值理念的转变。具体而言，这种转变涉及以下三个方面：

一是需要树立以强有力的知识为中心的课程理念。所谓"强有力的知识"，是社会实在论的核心概念，它代表学科内理论化、体系化和专门化的知识。将强有力的知识作为课程建设的首要目标，不仅承认了知识的客观性，而且强化了学术能力与生活能力、专业知识与日常知识之间的界限，从而帮助学习者通过掌握强有力的知识来培养高阶思维。

二是课程内容的组织应体现"概念进阶、学科本位"的思想。学科的概念是学科理论发展的精髓，不同学科通过核心概念相互关联。因此，在安排课程内容时，应特别重视概念的设置。特别是在以人工智能为代表的信息类课程中,由于上层学科建设尚不完善,体现学科结构和性质的基础概念相对薄弱,这就要求我们更加重视课程内容的组织形式,避免陷入"轻理论,重应用"的误区。

三是需要注重基于特定情境的课程知识结构化加工。与社会建构主义课程观强调知识的实用性不同,社会实在论更注重知识的有效性。它认为课程内容与特定情境之间既存在联系又保持独立。特定情境并非简单地等同于应用场景,而是经过多次概念投射后形成的。通过在特定情境下进行系统性课程学习,学习者能够掌握跨学科、跨情境解决问题的能力。

(二)课程内容转变:从罐装化到智慧化

课程通常被视为将教育计划的核心原则与特性转化为具体实践,并接受严谨评估的尝试。在高等教育领域,课程亦被称作"学习项目"或"科目",这些项目与科目基于各个学科的知识系统化整理,形成专业化的知识文本,并逐步成为教学过程中的核心资源。受到第二次工业革命的影响,工业生产的规模化需求推动了学科式知识生产模式的诞生。在此背景下,传统课程主要依赖于显性教育方式,将课程知识以"灌输"的形式传递给学习者。然而,这种"罐装化"的课程内容往往限制了学习者的想象力与创新精神,导致人才培养呈现出严重的同质化现象。课程内容的设计,其根源在于知识生产模式。随着第三次工业革命的推进,应用式知识生产模式逐渐崭露头角,课程内容的设置也需适应这一变革,以满足培养社会所需的高素质人才。当前,人工智能引领的数字时代被视为第四次工业革命,智慧化成为这一时代的发展愿景。在这一背景下,传统的结构化课程内容已无法满足数字时代人工智能对社会转型升级的快速需求。

在数字化时代,人工智能与生产方式、生活方式深度融合,智慧化社会展现出跨学科、灵活多样和异质性的特点。现有的应用式知识模式已难以适应智慧化社会的发展需求。因此,未来的课程内容设计应顺应个性化定制知识模式的趋势,借助智能推荐引擎技术、自适应学习技术等,根据个体差异逐步实现"智能生成"和"个性化定制与推荐"的课程内容。

智慧化的课程内容需具备三大特征。一是课程内容应实现定制化。从面向规模化生产转向个性化发展,结合人工智能与大数据技术,精准分析学习者的学习特点,定制符合其思维习惯的课程内容结构,以激发其个性化学习需求,实现因材施教。二是课程内容应体现多元化。在数字化时代,需要解决的问题日益关联和复杂,技术发展增加了风险和问题解决的难度。因此,课程内容设计应具备跨学科知识关联性,结合人工智能与知识图谱技术,建立海量知识间的联系,为学习者提供多元化的课程内容,以满足复合型人才的需求。三是课程内容应实现智慧化。数字素养已成为数字化时代人才培养的核心目标。除了设立人工智能等专业性课程外,还应将数字素养内容融入常规课程中,以提升学习者的数字素养水平。同时,课程内容的智慧化也涵盖内容编制的智慧化,人工智能可作为辅助工具,协助高等教育课程编制者优化课程知识结构、内容设置等。

(三)课程形式转变:从线上线下到虚实融合

随着互联网技术的不断进步与发展,传统的教育模式逐步升级为"互联网+教育"的新形态,传统的线下课程形式也逐渐向线上转变。2008年,慕课作为一种独特的在线开放课程类型出现,在短时间内迅速在高等教育领域普及和扩张。这一现象既与技术因素密不可分,也与高等教育普及化导致教育成本大幅攀升等因素密切相关。

在数字时代的浪潮中,我们不仅身处于其中,更可窥见其作为未来的必然趋势。人工智能对高等教育的影响深远且全面,触及教育领域的每一个角落,而课程作为高等教育的核心组成部分,其变革尤为关键。结合人工智能技术的发展动态与学术界的探索趋势,我们观察到人工智能正助力学习者深化对课程知识的理解。特别是虚拟现实技术的融入,为在线教育带来了创新性的飞跃,预示着未来课程形态将由互联网时代的线上线下模式,迈向数字时代的虚实融合模式,即教育元宇宙中的新型课程形态。

虚实融合课程形态的核心特征在于具身认知,它能够将课程知识转化为沉浸式和情境式的展现方式,从而将传统的二维空间在线教育升级为三维空间的元宇宙教育。根据学习者的参与程度,虚实融合课程形态可分为三类。首先是浅度参与的"他者"课程,学习者以第三人称视角,遵循预设的学习路径,通过智能终端设备如智能手机、平板电脑等参与课程学习,同时可借助人工智能、增强现实等技术提升学习体验。其次是中度参与的"主体"课程,学习者以第一人称视角遵循预设学习路径,但在此过程中享有一定的主导控制权,通过可穿戴设备实现沉浸式参与。最后是深度参与的"真实"课程,学习者以"第二人称"的方式,根据个人特征、需求和思考进行动态建模,借助脑机接口技术进入元宇宙进行学习体验,实现真正意义上的虚实融合自适应课程学习。

### 三、高等教育教与学变革

人工智能对高等教育领域的教与学所带来的变革,首先体现在对教与学外在环境,即教学空间的革新之上。在这一变革中,教学活动以教师为主体,学习活动以学生为主体,二者虽各自独立,但其轨迹内在相互关联,各具特色。人工智能的介入不仅优化了教学环境,提升了教学效率,同时也促进了学生学习方式的转变,推动了高等教育向更高质量发展。

#### (一)教学空间转变:从二元空间到三元空间

教学空间作为教育领域的重要概念,长期以来并未受到学术界的足够重视,其内涵也存在多种不同的解释。随着人工智能等信息技术的飞速发展,传统教学模式正在经历解构甚至颠覆的过程,这也促使了教学空间的重新构建。借鉴西方社会理论中的空间辩证法,教学空间可以被解析为由物质空间、精神空间和社会空间三个组成部分构成。其中,精神空间是一种抽象空间,由教学中的主体概念化和构想而成,属于主观形成的范畴。

从客观层面来看,传统教学空间由物理世界(物质空间)和现实社会(社会空间)构成二元空间,实体教学场所的固定排列体现了以教为中心的教学理念。这种教学模式严格管理学生,限制了学生主体性的发挥,而集约有限、封闭单一的教学空间则抑制了多元化的教与学方式的发展。因此,我们需要重新审视和构建教学空间,以适应信息时代教育发展的需要,更好地发挥学生的主体性,促进多元化的教与学方式的形成。

在数字化与智能化交织的时代背景下,智能科技正不断渗透并改变着传统的课堂教育模式。原本有限的教学空间边界正在被不断拓展,衍生出如信息空间、网络学习空间以及虚拟空间等新型概念。当前,研究的焦点已转向元宇宙,这是一个由人工智能等现代信息技术所构建的第三空间,与既有的二元空间共同构成了一个全新的三元空间格局。在这样的演变过程中，教学空间也从二元空间迈向了三元空间，教学理念亦由以教师为中心转变为以学生为中心。

在这样的背景下，形成了几类主要的空间场景。一是智能教室，作为教育教学活动的主要场所，智能教室通过融入人工智能、物联网、大数据以及学习分析等技术，持续优化课程智能环境设备，重构课堂教与学的结构，并建立起全覆盖式的管理系统。例如，教学环境感知管理系统能够利用人工智能和物联网技术感知并分析课堂内人与物的行为状态，从而调节出最适合学习者的教学环境。同时，学情分析和管理系统则通过人工智能和大数据技术对学习者的学业状态进行汇总和分析，诊断教学行为与效果之间的问题，并提供相应的解决方案。二是智能实验室在高等教育科研研究和实践教学中发挥着重要作用，也是培养学生创新能力的重要空间。智能技术的应用有助于维护和提升器材使用效率，支撑精密研究和操作，并增强学习者的感知能力。例如，兰州大学所开展的"化学实验室安全3D虚拟仿真训练实验"项目，通过还原实验场景，并利用交互功能模拟实验中存在的风险，提高了学生的实践能力和安全意识。三是虚拟学习空间得益于人工智能和虚拟现实技术的发展，从最初互联网时代的网络学习空间逐步演进为数字时代的虚拟学习空间。这种转变使学习空间从人机分离逐渐走向人机一体，学习者的具身体验不断增强，进而带动了学习效果的显著提升。目前，部分地区已经开发出沉浸式的VR教学资源，预示着虚拟学习空间将成为未来教学空间的主要形态之一。

（二）教学方式转变：从均衡化到精细化

在传统教学理念和技术发展的影响下，班级授课制成为主流教学模式。在现代工业体系下，课堂教学坚持均衡化原则，即视所有学习者为同等水平，依赖统一的标准化教材，运用一致的教学方法和评价手段，实现规模化人才培养。然而，随着信息化时代的到来，人工智能等先进技术开始作为教学辅助工具初步应用。进入数字时代，新一代人工智能展现出五大鲜明特征：大数据智能、跨媒体智能、人机混合增强智能、群体智能和自主无人系统。这些智能技术与教育教学深度融合，推动了教学模式、策略和方式方法的创新。大数据智能依托深度学习算法和大数据技术，实现了从数据到知识、从知识到决策的发展过程，显著提升了教学中的学情分析能力。跨媒体智能则运用图像识别、语音语义技术，实现了跨媒体（环境、界面）认知和表征方式的统一，有效促进了教学中的跨学科知识生产。人机混合增强智能通过脑机接口技术，实现了更高层次的人机协同、脑机协同，这完全符合以学生为中心的教育理念。群体智能通过万物智能、万物互联，实现了对教学全流程的智能升级。而自主无人系统则利用机器学习技术，改变了教学中的主体身份，催生了类人主体的虚拟教师身份。

人工智能在教学领域的变革，贯穿了教学活动的全周期，包括教研、备课、授课、答疑与辅导等各个环节。通过运用5G、数据挖掘、自然语言处理、学习分析、智能推荐等先进技术，人工智能为教学活动提供了全新的可能性。

在教研与备课阶段，人工智能能够助力教师实现网络协同教研，有效处理教学中的非结构化数据，从而精准分析学习者的需求和状态，优化教学设计，合理配置教学资源，选择恰当的教学方法。此外，智能推荐技术还能为不同课程内容推荐相关教学资源，满足学习者的个性化需求。

在授课与精准教学方面，人工智能通过"双师课程"模式，结合真人教师和AI教师共同授课，实现远程名师授课或虚拟授课，同时辅以现场答疑和管理。物联网技术的运用则能实时监测和分析学习者的学习行为，为教学方式提供指导、评估和优化依据。

在答疑与辅导环节，人工智能通过低阶和高阶技术的应用，分别实现对共性问题的预设和一对一的针对性辅导。目前市场上已有众多人工智能产品能够提供智能出题、智能批阅、智能辅导等功能，尽管大部分仍处于低阶阶段，但无疑为教学质量的提升和学习效果的提高带来了积极的推动作用。

（三）学习方式转变：从传统学习到融合性学习

自农耕时代以来，知识传授的方式不断演进。从口口相传到第一次工业革命的学徒式教学，再到第二、三次工业革命的班级制教学，均依赖于动作、声音、文字、图片、视频等媒介进行记录与传播。因此，传统学习方式主要依赖视觉与听觉感官接收信息，进而通过内部思维活动理解知识。然而，随着数字时代的到来，除了视觉与听觉，触觉、味觉、嗅觉等感官也被广泛应用于学习之中。此外，抽象概念如想象力与创造力亦得以具象化呈现。值得一提的是，在元宇宙的助力下，学习者不再局限于场景之外的身份，而是能够直接进入学习场景内部参与学习。元宇宙，这一由人工智能等技术融合而成的新型学习环境，不仅改变了传统的学习方式，更推动了多感官参与和突破时空限制的全要素融合性学习。

人工智能已对学习方式的变革产生深远影响，推动人的全面发展迈向更智慧、科学和高效的新阶段。其中，融合性学习表现出个性化、协同化和终身化的鲜明特点。首先，个性化在自适应学习中得到体现。自适应学习基于精准的学习者情况分析，动态调整学习资源与内容的推送，帮助学习者规划个性化的学习路径。此过程实现了学习者的自我控制、教师的个性化指导和系统的智能化介入。其次，协同化在分布式学习中得到体现。分布式学习借助智能技术，实现跨空间学习资源的交互，打破了物理空间的限制，实现了高效资源协同，为学习者提供了全方位的学习支持。最后，终身化通过泛在学习得以体现。泛在学习允许学习者在任何时间、地点，利用智能设备获取学习资源，打破了学习的时空限制。它以联结主义为基础，运用多种现代技术，使学习成为学习者的自发行为，更加关注学习内容本身，回归知识获取的本质，与倡导终身学习的学习型社会相契合。

### 四、高等教育评价变革

《中国教育现代化2035》确立了到2035年全面达成教育现代化的远大目标，其中，高等教育现代化的实现被视为我国教育现代化的核心构成部分。当前，推进高等教育现代化进程面临诸多挑战，其中如何优化高等教育评价是亟待解决的关键难题。传统的评价体系已成为高等教育质量进一步提升的瓶颈。

高等教育评价体系涵盖了高等教育领域的多个主体、多个环节以及多个要素，包括但不限于学术评价、学科评估、教育评价、教学评价以及学习评价等。根据现有的研究成果，人工智能等前沿技术在教育评价、教学评价和学习评价中展现出了巨大的应用潜力，有望对传统评价理念、评价机制和评价体系进行重构或重塑。

（一）教育评价转变：从功利导向到育人导向

高等教育评价即对高等教育质量的全面评估，是以高等院校为核心对象的整体性评审过程。在我国，高等教育评价体系的理论建构与实践运用现处于发展的初级阶段，正逐步构建并完善其评价理论架构与实践模式。基于当前的实际情况，我国高等教育评价体系多采取自上而下的运作模式，由政府或市场主导进行评价活动。政府评价侧重于结果导向，而市场评价则更偏向于营利性考量。因此，现有的各类评价多呈现出"短平快"的特点。在这种背景下，评价指标体系主要以量化指标为主，缺乏过程性和定性指标的考量，指标的科学还有待深入研究和验证。高校往往以评价排名作为发展的主要目标，这种功利性导向在一定程度上偏离了教育的本质。

在数字化与智能化的时代背景下，人工智能、大数据等尖端科技不仅从技术层面提高了评价效率，更在构建智慧教育生态方面发挥了关键作用，推动高等教育评价走向智慧化、科学化和高效化，从而更加贴近教育的育人本质。

一是在教育评价理念上，正从功利封闭转向开放包容。区块链技术的去中心化、公开透明和不可篡改等特性，使评价过程更加透明化。结合数据分析和信息化手段，我们得以改变传统的自上而下评价模式，进而提升评价体系的公信力。

二是在教育评价主体方面，也正在从单一粗放向多维联动转变。高等教育评价的主体不再仅限于政府和市场，而是扩展到社会各界的广泛参与。物联网、泛在网络等现代信息技术推动了社会的高度协同发展，为评价主体提供了更多参与评价的渠道和方式，形成了多主体、跨场景的协同局面。

三是教育评价指标也在发生变革，正从经验主义转向数据主义。在信息化时代，评价指标已经转变为以数据形式作为评判依据。然而，单纯的数据并不能完全体现指标间的关系。因此，我们利用大数据、云计算、可视化等技术，实现对海量数据的智能分析，并将数据间的关联转化为可表征、易理解的形式。

四是在教育评价结果上，也正在从结果导向转向过程导向。在数字化与智能化的时代背景下，我们需要具备数字素养的复合型人才。传统的以结果为导向的评价方式忽视了学生的综合素质。因此，我们利用人工智能、大数据等技术，实现对学生的动态监测和智能辅助，从而使教育评价结果更加贴近学生的实际表现和发展过程。

（二）教学评价转变：从信息化到智能化

高等教育教学评价旨在评估教师在促进学生主动学习方面的表现及其教学质量，它是对教学价值的判断，并具备诊断、鉴定、反馈和导向等多重功能。因此，教学评价在本质上构成教学变革的关键环节，尤其关注对教师的评估。传统的教学评价往往偏重于评估教师在教学过程中的"教"的行为，却忽略了"学"的效果，即学生在教学过程中的学习成效。同时，教学评价指标更多地关注显性知识的传授，而忽视了能力、素养等隐性知识的传授。此外，由于技术发展的限制，现阶段的教学评价在信息化阶段仅能够追踪部分易于识别的过程化信息，难以实现全程教学质量的监测。更重要的是，教学评价的最终目标通常以分数形式呈现，这种评价方式不利于优化教学方式。最后，现有的教学评价算法偏向共性评价，无法满足智能化、个性化的评价需求。

在数字化和智能化的时代背景下，人工智能等尖端技术为教学评价领域的挑战提供了创新的解决方案。人工智能不仅将成为未来教学评价的核心支柱，而且是推动智慧教育发展的关键要素。这标志着教学评价正由传统的信息化模式向智能化模式转变。

一是教学评价的理念需要兼顾教与学的内在联系。教与学是一个相互影响、相互促进的有机整体。教学方式对学习效果产生深远影响，而学习效果又反过来促进教学方式的调整和优化。为建立教与学之间的和谐关系，我们可以依托教学理论和学习理论，运用大数据技术和深度学习算法，构建科学与实用的教与学结构模型，以提升教学评价理念的先进性和科学性。

二是教学评价指标的设置应兼顾普适性和个性化。教学评价指标不仅要关注教学结果的共性表现，还要关注教学过程中教师与学生的个性化需求匹配。通过合理部署传感设备，我们可以采集并分析教师和学生在教学过程中的动作、姿态、情绪等多维度数据。这些数据将作为教学评价的重要依据，通过机器学习、自适应学习等先进技术不断优化和完善评价指标体系。

三是教学评价方法正由单模态数据向多模态数据转变。在信息化时代,教学评价主要依赖于教学成绩、学生测评、同行互评等分数类数据。然而,随着数字时代的到来,教学评价方法正变得更加智能化和多元化。通过综合分析声音、面部表情、生理信号、物理环境等多类型数据,并借助卷积神经网络、长短期记忆网络等先进算法,我们可以更加全面、深入地评估教学效果,从而推动教学评价方法的创新和升级。

(三)学习评价转变:从规模化到精准化

高等教育学习评价是对学习过程及其成果进行价值判断的重要环节,它为智慧学习的实施提供了明确的方向和指引。需要明确的是,学习评价与教学评价并非等同概念。教学评价主要关注教学过程中学生的学习效果,而学习评价则是一个更为广泛的概念,它不仅涵盖教学过程,更以学习者为核心,全面评估学习行为和学习质量。

布鲁姆将学习评价划分为诊断性评价、形成性评价和终结性评价三种类型。诊断性评价主要用于分析学习者当前的学习认知状态,为教学提供有针对性的指导;形成性评价关注学习者在学习过程中各个阶段的学习状态,通过持续的反馈和引导,帮助学习者优化学习路径;终结性评价则旨在全面评估和总结学习者的最终学习成果,形成具有结论性的评价结果。

近年来,随着信息技术的飞速发展,国内学习评价领域已经实现了对特定群体学习情况的规模化分析,从宏观层面把握学生的学习状况。这种分析方法在诊断性评价和终结性评价中表现出较强的实用性。然而,由于高等教育领域各高校专业的差异性,如何在个体层面以及过程性评价方面实现更为精准和有效的学习评价,仍是当前亟待解决的问题。

在数字化与智能化的时代背景下,以学生为中心的教育理念正逐渐占据主导地位。此种理念强调,实时的学习评价在教学设计、课程设计及其他教学流程中具有举足轻重的地位,它是决策制定的核心依据。与此同时,人工智能技术在保障学习评价即时性方面扮演着至关重要的角色,引领学习评价由规模化转向更加精细化和精准化的方向。

一方面,学习评价的理念正在经历深刻的变革,更加注重人的主体性和数据驱动。数据作为一种新兴的生产要素,正在智慧学习中发挥着越来越重要的作用。知识和行为等要素以数字孪生的形式存在,这意味以数据为驱动的学习评价是未来不可逆转的发展趋势。在此过程中，我们不仅要关注数据的运用，还要关注学习者的个性化需求，使评价理念在融入数据主义的同时，更加符合学习者的实际需求。

另一方面，学习评价的指标正变得越来越科学和合理。这得益于人工智能技术的广泛应用。例如，通过神经网络和深度学习技术，我们可以深入分析学习者的学习动机；通过动态认知计算模式，我们可以精准诊断学习者的学习状况；借助情感分析技术，我们还可以洞察学习者在学习过程中的情绪变化。

此外，学习评价的方法也在逐步向精准化迈进。人工智能等先进技术为学习评价的三个关键环节——诊断性评价、过程性评价和结果性评价提供了强大的支持。基于知识图谱技术，我们可以为学习者构建个性化的知识图谱，从而优化诊断性评价；借助智能推荐技术和学习过程数据，我们可以为学习者推荐最佳的学习路径，以优化过程性评价；通过聚类算法和用户画像技术，我们可以为学习者构建精准的学习者画像，从而优化结果性评价。这些举措共同推动学习评价向更加精准、高效的方向发展。

## 第二节　数字化转型背景对地方高校教师数字素养提出的挑战

随着科技的飞速发展，数字化转型已经渗透到社会生活的各个领域，教育领域也不例外。地方高校作为高等教育的重要组成部分，其教师队伍的数字素养对于提升教育教学质量具有重要意义。然而，在数字化转型的过程中，地方高校教师面临着诸多挑战，如何有效提升他们的数字素养，成为当前教育领域亟待解决的问题。

### 一、地方高校教师数字素养的具体挑战

在数字化转型日益加速的背景下，地方高校教师面临着前所未有的数字素养挑战。这些挑战不仅关乎教师个人的职业发展，更影响到高等

教育的教学质量和未来人才的培养。以下将详细分析地方高校教师在提升数字素养方面所遇到的具体挑战。

(一)技术更新与应用的挑战

随着信息技术的迅猛发展,新的教学工具和平台层出不穷,如云计算、大数据、人工智能等技术的广泛应用,对高校教师的数字素养提出了更高的要求。地方高校教师需要不断跟进技术的更新,学习并掌握新的教学技术,将其有效地融合到课堂教学中。然而,技术的快速更新也带来了学习压力,尤其对于一些年龄较大或对技术不太敏感的教师而言,他们可能面临更大的学习障碍。此外,如何将先进技术恰当地应用到教学中,使其真正发挥辅助教学、提升教学效果的作用,也是一大挑战。技术应用的不恰当或过度使用可能会导致教学形式的华丽而内容的空洞,反而影响教学质量。

(二)教学资源整合与创新的挑战

数字化转型使教学资源呈现出海量、多样的特点。地方高校教师需要从这些资源中筛选出符合自己教学需求的内容,并进行有效的整合和创新。在这一过程中,教师不仅要对专业知识有深入的理解,还需要具备一定的信息筛选、整合能力以及创新思维。但由于地方高校教师在日常教学中往往承担着繁重的教学任务,这导致他们在资源整合和创新方面投入的时间和精力有限。同时,部分教师可能缺乏信息筛选和整合的经验,导致教学资源的质量参差不齐,难以形成系统化、高质量的教学资源体系。

(三)教学设计与实施的挑战

新型教学模式如混合式教学、翻转课堂等的兴起,要求地方高校教师能够设计出富有创意和实效性的教学活动。这不仅需要教师具备扎实的专业知识,还需要他们了解学生的学习需求,掌握有效的教学方法和策略。在教学实施过程中,教师还需要根据学生的反馈及时调整教学策略,确保教学效果达到最佳。然而,由于学生群体的多样性和复杂性,教师在教学过程中可能会遇到各种预料之外的情况，这需要教师具备灵活应变的能力和丰富的教学经验。

（四）数据驱动决策与评估的挑战

数字化转型使教学过程中的数据收集和分析成为可能。地方高校教师需要学会利用这些数据来指导教学实践和改进教学策略。然而，如何从海量的数据中提取有效信息，并将其转化为对教学有实际指导意义的建议，对于许多教师来说是一个新的挑战。同时，数据的收集和处理也需要教师具备一定的统计学和数据分析知识。部分教师可能在这方面存在知识盲区，导致他们无法充分利用数据来优化教学。此外，如何利用数据进行学生学业评估和课程质量评价也是教师需要面对的问题。在评估过程中，教师需要确保评估的公正性、客观性和科学性，这同样需要他们具备较高的数字素养和评估能力。

（五）安全与隐私保护的挑战

在数字化教学过程中，大量的学生信息和教学数据被生成和存储。如何确保这些信息的安全性和隐私性，防止数据泄露和滥用，是地方高校教师在提升数字素养时必须面对的问题。教师需要了解相关的数据安全法规和操作规范，确保在教学过程中严格遵守数据保护原则。同时，教师还需要引导学生树立正确的网络安全意识，教会他们如何保护个人隐私和保证数据安全。这不仅要求教师具备专业的网络安全知识，还需要他们具备良好的沟通能力和教育引导能力。

（六）持续学习与自我更新的挑战

数字化转型是一个持续不断的过程，新的技术和教学理念不断涌现。地方高校教师需要保持持续学习的态度，不断更新自己的知识和技能储备。然而，由于工作压力和个人时间的限制，教师可能面临持续学习的困难。为了克服这一挑战，教师需要制订合理的学习计划和时间安排，充分利用业余时间进行自我提升。同时，高校和教育部门也应该为教师提供更多的学习资源和培训机会，帮助他们更好地适应数字化转型的趋势。

## 二、提升地方高校教师数字素养的有效策略

在数字化转型的大背景下,地方高校教师数字素养的提升显得尤为重要。这不仅关系到教师个人的职业发展,更对高等教育质量和未来人才培养具有深远影响。以下将结合相关数字和信息,详细探讨提升地方高校教师数字素养的有效策略。

### (一)强化数字化意识与思维

要提升地方高校教师的数字素养,必须强化他们的数字化意识和思维。高校应定期组织数字化教育培训,帮助教师了解数字化教育的基本概念和理论,明确数字技术对教育行业的挑战与机遇。通过展示数字化技术在教育领域的成功应用案例,激发教师探索和实践数字化教育的热情。

### (二)开展精准化数字素养培训

针对地方高校教师的专业背景和实际需求,开展精准化的数字素养培训至关重要。高校可以依据教师的专业能力、发展现状以及专业数字化转型需求,设计契合教师情况的培训模式和内容。例如,可以围绕不同主题构建数字技术与专业学科融合的培训课程,创设在教学中应用数字技术的实际场景,让教师亲身体验并实践数字化教学。

### (三)提供丰富的数字化教学资源与工具

为了提升教师的数字素养,高校应提供丰富的数字化教学资源与工具。这包括电子教学平台、在线教育工具、虚拟实验室等,以帮助教师更好地开展数字化教学活动。同时,高校还可以建立数字化教学资源库,汇聚各类优质教学资源,供教师随时调用和学习。

### (四)鼓励教师参与数字化教育项目与实践

实践是提升数字素养的有效途径。高校应鼓励教师积极参与数字化教育项目与实践,如数字化课程建设、在线教学资源的开发和管理等。通过实际操作和应用,教师可以更深入地理解数字化教育的实践需求和挑战,并在实践中不断提升自己的数字素养。

### (五)构建教师数字素养评价体系

为了确保数字素养提升策略的有效性,高校应构建一套科学的教师数字素养评价体系。该体系应涵盖数字化教学能力、数字化教学资源整合能力、数字化教学评价能力等多个方面。定期对教师进行数字素养评估,可以及时发现并弥补教师在数字素养方面的不足,从而有针对性地提升他们的数字素养水平。

### (六)加强顶层设计和规范引导

在提升教师数字素养的过程中,加强顶层设计和规范引导至关重要。高校应依据教育部发布的《教师数字素养》标准,制定教师队伍数字化转型的总体方案,明确数字化发展的愿景、行动路线和关键任务。同时,还应及时出台教师数字化发展指南等引导性文件,帮助教师规范开展各项数字化教育教学实践。

### (七)建立数字化教育社区与交流平台

为了促进教师之间的交流与合作,高校可以建立数字化教育社区与交流平台。在这个平台上,教师可以分享自己的数字化教学经验,探讨数字化教育中的问题与挑战,共同研究数字化教学创新方法。通过互动交流与学习借鉴,教师可以更快地提升自己的数字素养和教学水平。

综上所述,在数字化转型背景下提升地方高校教师数字素养需要多方面的努力与配合。通过强化数字化意识与思维、开展精准化培训、提供丰富的教学资源与工具、鼓励实践参与、构建评价体系、加强顶层设计和建立交流平台等策略的综合实施,我们可以有效地提升地方高校教师的数字素养水平,为推动高等教育数字化转型和高质量发展奠定坚实基础。

# 第二章

## 数字素养与地方高校教师数字素养辨析

数字素养，简而言之，是指个体在数字社会中应具备的一系列技能和能力，包括数字获取、制作、使用、评价、交互、分享、创新、安全保障及伦理道德等方面。而对于地方高校教师而言，其数字素养则特指在信息化时代背景下，运用数字技术进行教学、科研和管理等工作的专业能力和素质。这不仅包括基本的计算机操作、网络使用等技能，还涉及利用数字技术进行教学设计、学术研究及学校管理等多个层面的应用。地方高校教师作为培养未来社会人才的重要力量，其数字素养的提升对于推动教育信息化进程、提高教育质量具有重要意义。

# 第一节 数字素养的内涵与重要性

信息资源不仅在经济领域扮演着重要角色,作为社会资源也发挥着不可替代的作用。事实上,它正逐渐成为推动社会进步的关键因素和宝贵财富。

## 一、数字素养的内涵

数字素养作为一个复杂且多维度的概念,在学术界和实践领域存在多种不同的理解和表达(表2-1)。自从20世纪90年代以色列学者约拉姆·艾希特-阿尔卡莱(Yoram Eshet-Alkalai)提出数字素养这一术语以来,由于环境因素、技术发展的快速变化以及研究时间的相对短暂,关于数字素养的确切定义一直未能达成统一。尽管如此,我们仍可以从不同角度和层面来尝试理解和定义它。

阿尔卡莱提出的数字素养概念框架,为我们理解数字素养的多个维度提供了重要参考。其中包括图片—图像素养、再创造素养、分支素养、信息素养以及社会—情感素养。这些方面不仅涉及技术层面的应用,更强调了在数字环境中如何批判性思考、有效沟通和创新创造。

随着技术的发展,数字素养的内涵也在逐步扩展。欧盟在《终身学习核心素养:欧洲参考框架》中,对数字素养的定义更加全面,强调了在学习、工作和社会参与中自信、批判和负责任地使用数字技术的能力。这一定义不仅包括了技术层面的掌握,还涉及了信息素养、数据素养、沟通和协作等多个方面,体现了数字素养的综合性。

从运用程度的角度来看,数字素养可以被视为个体在数字环境中有效运用信息和技术来解决问题和完成任务的能力。这包括了对数字工具的基本操作,对数字信息的获取、处理、分析和评价以及利用数字技术进行创新和表达的能力。这种能力在不同的领域和场景中都有所体现,如教育、工作、生活等。

从要素维度的角度来看，数字素养涵盖了多个方面的能力和素质。除了基本的数字技能外，还包括数字思维、数字伦理、数字安全等方面的内容。数字思维是指个体在数字环境中进行逻辑推理、创新思维和批判性思维的能力；数字伦理关注个体在使用数字技术时应该遵循的道德规范和价值观；数字安全则是个体在数字环境中保护自身信息安全和防范网络风险的能力。

从情境应用的角度来看，数字素养是个体在特定情境中运用数字技术解决问题的能力和表现。这要求个体能够根据不同的情境和需求，选择合适的数字工具和策略，有效地完成任务和达成目标。同时，还需要考虑到不同情境下的文化差异、社会规范和法律要求等因素。

表2-1 数字素养定义对照表

| 定义焦点 | 名称 | 含义 | 定义中的关键词 |
| --- | --- | --- | --- |
| 程度 | Paul Gilster(1997) | 理解并读懂信息真正含义的能力 | 理解；读懂 |
| | 美国新媒体联盟(NMC)数字素养战略简报(2017) | 人们访问或创建数字资源时，应该具备了解、理解、诠释和使用数字资源的能力 | 了解；理解；诠释；使用 |
| | 教育部《中小学数字校园建设规范(试行)》(2018) | 恰当利用技术来获得、管理、表达、整合和评价信息，建构新知识、解决问题、开展社会交往的态度和能力 | 建构知识；分析问题；社会交往 |
| 要素 | Yoram Eshet-Alkalai(1994) | 图片—图像素养、再创造素养、分支素养、信息素养、社会—情感素养 | 社会—情感素养 |
| | Eshet-Alkalai(2004) | 为了有效使用数字环境而需要具备的多种复杂技能，如认知、情感等 | 复杂技能 |
| | Bawden(2008) | 技术素养、信息素养和能力素养 | 技术；责任感；能力 |
| | 欧盟委员会联合研究中心(JRC) DigComp(2013) | 包括知识、技能与态度三部分 | 批判性使用；知识；技能；态度 |
| | 美国国际教育技术协会(ISTE)(2016) | 创新与变革、交流与协作、熟练运用信息开展研究、批判性思维、解决问题、数字化时代的职责与权利、数字技术操作 | 六个维度 |

续表 2-1

| 定义焦点 | 名称 | 含义 | 定义中的关键词 |
|---|---|---|---|
| 情境 | 欧盟委员会联合研究中心 JRC（2010） | 工作、就业、学习、休闲以及参与社会活动时自信、批判和创新性使用信息技术的能力 | 工作；就业；学习；休闲；创新性能力 |
| | 欧盟委员会联合研究中心 DigComp2.1（2017） | 自信、批判、协作和创造性的方式使用数字技术，以实现与工作、学习、休闲、参与数字社会相关的目标 | 工作；就业；学习；休闲；创新性能力 |
| | 联合国教科文组织（UNESCO）DLGF（2018） | 面向就业、获得体面工作及创业，利用数字技术安全且合理地访问、管理、理解、整合、呈现、评估和创建信息的能力 | 安全且合理 |

根据近年来一系列有代表性的文件及相关研究，数字素养的确被定义为人在使用数字技术时所展现的一系列知识和能力的总和。这一定义不仅涵盖了技术层面的操作和应用，更扩展到了态度、情感和价值等深层次维度。它要求个体能够在工作、学习、生活等多元化的具体情境中，对数字技术进行合理应用和创新运用。

在工作场景中，数字素养意味着能够高效地使用数字工具进行信息收集、处理和分析，以便做出科学决策。同时，也需要能够在团队协作中运用数字技术提升沟通效率，促进项目进展。

在学习领域，数字素养则表现为能够利用数字资源进行自主学习，掌握数字化学习方法和技能。此外，还应具备批判性思维，能够甄别网络信息的真伪，避免受到不良信息的误导。

在日常生活中，数字素养同样重要。它要求我们能够利用数字技术提升生活质量，如通过智能设备管理健康、规划生活等。同时，也需要具备网络安全意识，保护个人隐私和保证信息安全。

值得注意的是，数字素养并非一成不变，它随着技术的发展和社会的进步而不断更新和扩展。因此，个体需要保持持续学习的态度，不断提升自己的数字素养水平，以适应不断变化的数字环境。

## 二、数字素养提升的重要性

数字素养在当今社会中非常重要，它不仅是个人有效使用数字信息技术解决问题、进行创造性工作和全面参与社会活动的能力水平,也是信息化时代对人才素质的一种新要求。提升高校教师的数字素养,对于当今数字化信息时代的教育教学至关重要,具有多重深远意义。

(1)提高学习和沟通能力。在数字化时代,数字技术已经成为现代教育、工作和生活的重要工具。具备良好的数字素养,人们能够更好地利用数字技术提高学习效率,与他人进行有效的沟通和交流,进而提升工作效能和生活质量。

(2)保护个人信息安全。随着网络的普及,个人信息安全问题日益突出。具备良好数字素养的人们能够更好地保护自己的个人信息,避免不必要的损失和风险。他们了解如何正确设置账户密码,不轻易透露个人信息,并能够识别网络诈骗和钓鱼网站等。

(3)培养批判性思维。数字信息良莠不齐,具备数字素养的人们能够独立思考、分析问题,不盲目相信网络信息,从而培养批判性思维和独立思考能力。

(4)推动教学创新,提高教学质量。随着数字技术在教育领域的广泛应用,具备高度数字素养的教师能够灵活运用各类数字化教学工具和技术,创新教学手段和方法,使教学更加生动有趣,更具互动性。这不仅能激发学生的学习兴趣,还能更好地满足他们的个性化学习需求,从而整体提升教学效果。

(5)促进学术研究。数字化时代为科研工作提供了丰富的数据资源和先进的分析工具,掌握这些技能的教师能够更高效地开展科研工作,挖掘出更有价值的研究成果,进一步提升学校的学术影响力。

(6)适应学生的学习特点。如今的学生是在数字化环境中成长起来的一代,他们更习惯于利用数字技术进行学习和信息获取。

(7)促进教师终身学习。在数字化时代,知识更新速度极快,教师必须不断学习新知识、新技能才能跟上时代的步伐。通过提升数字素养,教师可以利用数字化学习平台持续学习,不断提高自身的教学水平和科研能力。

## 第二节　地方高校教师数字素养的定义与特征

地方高校是指隶属于全国各省、自治区、直辖市、港澳特别行政区，并由地方行政部门划拨经费的普通高等院校。这些学校大多数靠地方财政供养，以服务区域经济社会发展为目标，着力为地方培养高素质人才。地方高校的教师数字素养往往更强调实践应用。由于地方高校的主要目标是服务地方经济社会发展，因此其教师数字素养的提升也更加注重与教学实践的结合。教师需要能够熟练掌握各种信息技术工具，如多媒体教学软件、网络资源平台等，并能够有效应用于教学实践中，以提升教学效果。地方高校在提升教师数字素养时，往往会充分利用地方资源。例如，与地方企业、机构合作，共同开发数字化教学资源，或者利用地方特色文化资源，进行数字化教学设计等。这种整合地方资源的做法，有助于提升教师数字素养的针对性和实效性。此外，地方高校的教师数字素养还需要满足地方经济社会发展的需求。例如，针对地方产业发展趋势，教师需要具备相关的数字化教学设计和评价能力，以培养出更符合地方需求的高素质人才。与其他高校相比，地方高校在教师数字素养方面的需求可能更加具体和多样化。由于地方高校的服务对象主要是地方经济社会，因此其教师数字素养的提升也需要更加贴近地方实际，更加注重实践应用和服务地方需求。因此，需要专门来研究地方高校教师数字素养的提升策略。这些研究可以从多个角度入手，如探索适合地方高校特点的教师数字素养提升模式、开发符合地方需求的数字化教学资源、构建有效的教师数字素养评价体系等。通过这些研究，可以进一步提升地方高校教师的数字素养水平，为地方经济社会的发展提供更加有力的支持。

教师数字素养作为专门针对教师这一特殊角色的数字素养概念，不仅涵盖了普通公民应具备的数字素养，还增添了与教育教学活动紧密相关的特殊内涵。教师作为数字公民，需要掌握基本的数字技能，如信息检索、处理和应用等；而作为培养数字公民的教育者，他们还需具备将数字技术有效融入课程和教学活动的能力，以引导学生正确、安全、高效地使用数字技术(图2-1)。

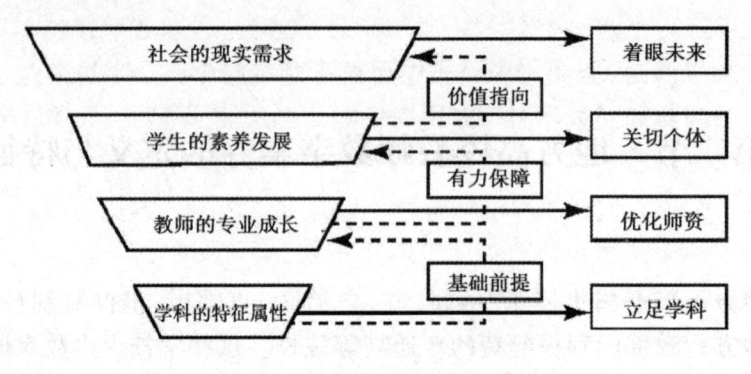

```
社会的现实需求  →  着眼未来
     价值指向
学生的素养发展  →  关切个体
     有力保障
教师的专业成长  →  优化师资
     基础前提
学科的特征属性  →  立足学科
```

图2-1　教师数字素养的逻辑

近年来,随着信息技术的迅猛发展,教师数字素养的内涵也在不断扩展和深化。从最初的信息素养、计算机素养,到如今的数字化胜任力和数字素养,这些概念的演变反映了数字技术在教育领域的日益重要性和广泛应用。当前的教师数字素养更强调数字技术与教育教学的深度融合,注重实际问题的处理和批判性思维的培养,同时新增了数字道德伦理素养等要素。然而,由于技术发展日新月异,相关研究时间相对较短,目前学术界对教师数字素养的定义尚未形成共识。不同的研究者从不同的角度出发,提出了各自的观点和定义,使教师数字素养的内涵显得较为零散和多样。这也在一定程度上反映了教师数字素养的复杂性和多面性(表2-2)。

为了更好地理解和培养教师的数字素养,我们需要综合考虑多个方面的因素。首先,要关注教师对数字技术的基本掌握情况,包括硬件操作、软件应用和网络使用等方面。其次,要注重教师在教育教学活动中对数字技术的应用能力,如利用数字技术设计课程、组织教学活动以及评价学生学习成果等。此外,还需要关注教师的数字道德伦理素养,确保他们在使用数字技术时能够遵守相关法律法规和道德规范,保护学生的隐私和权益。

未来,随着数字技术的进一步发展和普及,教师数字素养的重要性将愈发凸显。因此,我们需要加强相关研究和实践探索,不断完善教师数字素养的内涵和培养策略,以推动教育教学的数字化进程和教师的专业发展。

表2-2 教师数字素养的含义、特征、结构、划分方式

| 文本名称 | 含义 | 特征 | 划分方式 |
| --- | --- | --- | --- |
| 《ICT应用于学科教学的教师能力标准》 | 教师应当具备必要的信息技术知识、理解力以及必备技能，以便在学科教学中运用信息与通信技术获得更好的效果，同时也应当利用ICT促进个人专业发展 | 率先提出技术应用于课堂教学后的教学方法和评价方法 | 分为两个维度阐释 |
| 《教师信息与通信技术能力标准》（《ICT-CST》） | 教师数字素养分为"理解教育中的ICT""课程与评估""教学方法""信息通信技术""组织与管理""教师专业学习"六个模块 | 在应用技术于教育教学中时应充分理解和认识技术价值，实现思想的超越与创新 | 素养模块+发展阶段 |
| 《ISTE教育者标准》 | 学习素养、领导素养、公民素养、合作素养、设计素养、促进素养、分析素养 | 更强调技术和教学之间的紧密联系和有效融合，将目标落在培养终身能力上 | 定义教师的不同角色 |
| 《欧洲教师数字素养框架》（Dig Comp Edu） | 将教师信息素养分为"理解ICT""课程与评估""教学方法""信息通信技术""组织与管理"和"教师专业学习" | 为欧盟教师数字素养的发展提供通用参考框架，设计教师数字化素养的进阶模型 | 多个维度+细分能力 |

从上述定义和近年来的发展趋势来看，教师数字素养的定义正在经历一个从单纯关注技术运用向更加注重技术与教学深度融合的转变。这种转变不仅体现在教师如何批判性、创造性地使用数字技术来优化和创新教学活动，更体现在教师如何有效指导学生应用数字技术以及如何培养学生的终身发展能力上。

2022年教育部发布的《教师数字素养》教育行业标准，为教师数字素养提供了一个更为全面和深入的定义。这一标准不仅强调了教师在获取、加工、使用、管理和评价数字信息方面的能力，还突出了教师在发现、分析和解决教育教学问题以及优化、创新和变革教育教学活动方面的意识和责任。

## 第三节 地方高校教师数字素养的理论框架

### 一、地方高校教师数字素养的理论基础

明确核心概念的定义,是任何研究展开的首要步骤。对于"教师数字素养养成"这一核心问题,我们首先需要界定"教师数字素养"的含义。教师数字素养指的是教师在数字化时代,应具备的利用数字技术进行教学、学习、研究和管理的能力,包括信息获取、处理、评价、创新等方面的技能与素养。

(一) 知识转化理论

1986年,斯坦福大学教授舒尔曼提出的PCK理论框架为教育领域带来了重要的启示,它强调了有效教学模式的构建需要教学知识、内容知识以及这两者的交叉点——教学知识内容的整合。然而,随着数字技术的飞速发展,教育领域面临着新的挑战和机遇。2006年,密歇根州立大学的米什拉和科勒对PCK理论进行了创新性的拓展,将技术元素纳入其中,从而形成了TPACK理论。

TPACK,即整合技术的学科教学知识,是一个旨在帮助教师和教育工作者更好地应用技术以完成课程教学和教育管理任务的理论框架。它强调了在数字化时代,教师不仅需要掌握学科内容知识(CK)和教学知识(PK),还需要具备技术知识(TK)。更为关键的是,这三者之间的交互与融合,形成了新的知识体系:教学内容知识(PCK)、技术内容知识(TCK)、技术教学知识(TPK)以及技术教学内容知识(TPACK),如图2-2所示。

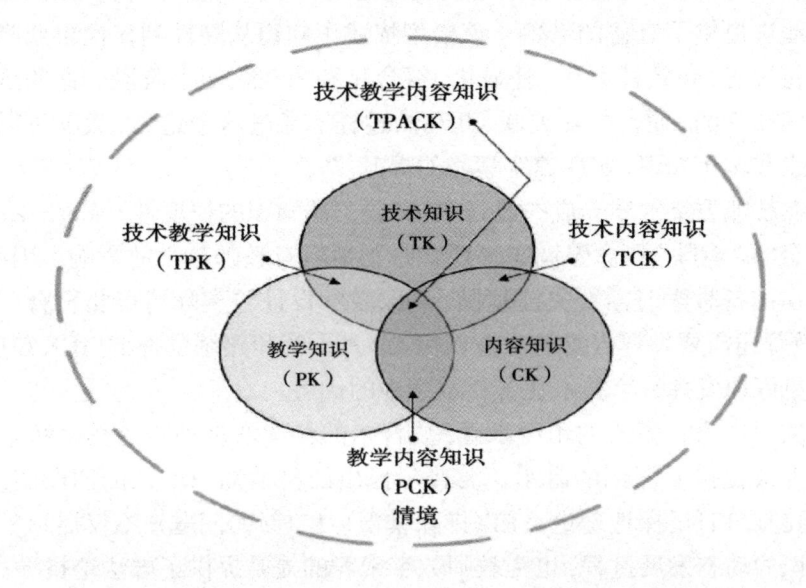

图2-2 TPACK理论框架图

TPACK理论为解决教师数字信息技术、学科内容知识、教学法知识相分离的问题提供了有力的理论支持。它提醒我们，提升教师的数字素养，关键在于提高他们的数字教学整合能力。

基于TPACK理论的数字教学，要求教师不仅掌握技术，还要能够在数字化环境下将数字信息技术、学科内容知识、教学法知识有机融入教学实践中。这样教师不仅能够更有效地利用数字技术来优化教学过程，提升教学效果，还能够通过不断的实践与反思，提高自身的数字素养，推动教师数字化教学能力的发展，加强整合技术在课堂教学中的应用。

教师数字素养养成是一个综合性的过程，其中知识的创造性转化是关键环节。这种转化不仅涉及知识的获取和积累，更重要的是实现知识的创新和应用。在教师数字化知识的内容构成中，TPACK框架提供了一种整合技术、内容和教学知识的有效方法。通过TPACK框架，教师可以更好地理解技术在教学中的应用，实现技术与学科教学的深度融合。

TPACK框架强调了技术知识(TK)、内容知识(CK)和教学知识(PK)之间的动态交互关系。其中，技术内容知识(TCK)和技术教学知识(TPK)是教师需要掌握的重要能力。通过掌握这些知识，教师可以更好地利用数字技术优化教学过程，提高教学效果。

然而，知识的转化并非一蹴而就的过程。SECI模型为教师知识的产生和演进提供了有益的借鉴。该模型描述了知识从隐性到显性再到隐性的转化过程，包括社会化、外显化、组合化和内在化四个阶段。这些阶段并不是孤立的，而是相互关联、互动的过程。通过这个过程，教师可以不断积累和转化知识，实现数字素养的提升。

在教师数字素养养成的过程中，需要关注知识的情境性。Mario Kelly 所界定的"境脉"概念强调了环境背景与情境对教师教学的影响。因此，教师在准备教学时需要关注境脉，确保教学设计与实际情境相符合。同时，教师还需要发挥自身的专业作用，深入了解和熟练掌握TPACK知识，以便更好地发挥数字技术在各科教学中的优势。

从知识增长模式的角度来看，波普尔的科学增长理论为教师数字素养的养成提供了深刻的启示。波普尔提出的科学知识增长的四段图式，P1(问题)、TT(试探性理论)、EE(排除错误)、P2(新的问题)，不仅揭示了科学知识的动态发展过程，也为教师数字素养的提升提供了方法论指导。

P1阶段强调问题的提出，这是知识增长的起点。对于教师而言，在数字素养养成的过程中，需要敏锐地识别和提出与数字化教学相关的问题。这些问题可能来源于教学实践中的挑战，也可能源于技术更新的需求。问题的提出不仅为教师数字素养的提升指明了方向，也为后续的理论探索和实践创新提供了动力。

TT阶段关注的是试探性理论的提出。在数字素养养成的过程中，教师需要针对提出的问题，尝试提出各种可能的解决方案。这些方案可以是新的教学方法、技术手段或教学资源的应用等。通过不断的尝试和修正，教师可以逐渐找到最适合自己的数字教学策略。

EE阶段要求对提出的理论进行严格的检验和排除错误。对于教师而言，这意味着需要在实践中验证自己的数字教学策略是否有效，是否能够真正提升学生的数字素养。通过反思和总结实践经验，教师可以不断优化自己的教学策略，提高教学效果。

P2阶段意味着新的问题的产生。在数字素养养成的过程中，随着教师实践经验的积累和理论水平的提升，新的问题和挑战也会不断涌现。这些问题将推动教师继续深入探索数字教学的奥秘，实现数字素养的持续提升。

此外，波普尔的科学增长理论还强调了批判与反驳在知识增长中的重要性。对于教师而言，这意味着需要具备勇于尝试和接受挑战的精神，敢于在实践中尝试新的教学策略,并在遇到困难时积极寻求解决方案。同时,教师还需要保持开放的心态,接受来自同行和学生的反馈和建议,不断完善自己的数字素养。

### (二)具身认知理论

具身认知理论为我们提供了一种全新的视角来理解教师的数字素养养成,它强调身体、心理与环境之间的紧密互动和相互依赖。在这一理论框架下,教师的数字素养不再是一个孤立的心理过程,而是与教师的身体经验、感知、情感以及外部环境紧密相连的有机整体。

具身认知理论打破了传统认知研究中身心二元对立的看法,它认为认知并非仅发生在大脑内部,而是涉及整个身体与环境的互动。因此,在培养教师的数字素养时,我们不能仅关注教师的知识和技能,还需要关注他们的身体经验、感知方式以及与环境的交互方式。

学习环境不仅是一个物理空间,更是一个包含多种要素和关系的复杂系统。在这个系统中,教师的身体、心理与环境持续交互,共同影响教师的认知过程。因此,在构建教师数字素养养成环境时,我们需要注重环境的整体性、动态性和复杂性,以便更好地支持教师的数字素养发展。

此外,具身认知理论还启示我们,教师的数字素养养成是一个持续发展的过程。随着技术的不断更新和环境的不断变化,教师的数字素养也需要不断地适应和发展。因此,我们需要构建一个灵活、开放、适应性强的学习环境,以便支持教师在不同阶段、不同需求下的数字素养养成。

### (三)教师专业发展阶段理论

教师专业发展是一个持续、动态的过程,涵盖了教师在职业生涯中不同阶段的专业成长和技能提升。从20世纪60年代开始,众多学者提出了不同的理论框架,用以描述和解释教师专业发展的阶段和特征。Fuller的五阶段理论、Katz的四阶段理论以及伯顿的生涯循环发展理论,都为我们理解教师专业发展的复杂性提供了宝贵的视角。

这些理论不仅揭示了教师在职业生涯中面临的挑战和机遇,也强调了教师在不同阶段需要关注的不同方面。例如,在职业生涯早期,教师可能更关注生存和基本技能的掌握;随着经验的积累,他们可能开始注重教学环境的创设和对学生需求的关注；到了成熟阶段，教师则可能更加关注自我实现和专业发展的深层次问题。

与此同时，后现代主义思潮对教师的专业素养也提出了新的要求。在后现代主义视角下，教师不仅需要具备扎实的专业知识和教学技能，还需要具备审慎的判断能力、积极关注学生需求和发展、尊重多元文化、热情合作以及持续学习的精神。这些素养要求体现了后现代主义对教师专业发展的全面性和多元化的关注。

随着信息技术的快速发展，数字素养已经成为现代教师不可或缺的一项能力。教师数字素养的提升不仅与其个人专业领域能力的发展密切相关，同时也与现代主义教育中强调的关怀伦理、协作交流、不断学习等要求紧密相联。因此，后现代化的教师专业发展应与数字化的素养内涵相结合，形成教师数字素养的合理框架。

在这个框架中，教师应具备利用数字技术进行教学设计、资源整合和情境创设的能力。同时，他们还需要掌握数字沟通与合作技巧，以便更好地与同事、学生和家长进行交流与协作。此外，教师还应具备数字时代的终身学习意识，不断更新自己的知识和技能，以适应快速发展的数字时代。

（四）胜任力理论

教师数字化胜任力作为现代教育中不可或缺的一部分，其重要性正逐渐凸显。这种胜任力不仅涵盖了教师在数字环境中的基本操作和技能，更深入地涉及教师的思维方式、价值观念以及教育教学的创新实践。

从胜任力的角度来看，教师的数字化胜任力是一个综合性的概念，它包括了教师在数字时代的多个方面的能力。这些能力既包括基本的数字技能，如使用各种教育软件、平台和网络资源，也包括更深层次的素养，如利用数字技术进行教学创新、与学生进行有效互动以及促进学生的数字化学习等。

值得注意的是，教师的数字化胜任力并非是一蹴而就的，它需要教师在日常的教育实践中不断积累和提升。同时，这种胜任力也与教师的专业成长和职业发展密切相关。具备较高数字化胜任力的教师，往往能够更好地适应数字时代的教育需求，更好地促进学生的全面发展。

在提升教师数字化胜任力的过程中，我们还需要关注到教师个体的内在特质和动机。这些隐性因素虽然难以直接测量，但它们对于教师的教育教学实践却有着深远的影响。因此，我们在培养教师数字化胜任力的同时，也要注重激发教师的内在动力，帮助他们建立正确的价值观念，提升他们的自我认知和自我管理能力。

此外，我们还应该认识到，不同的教师可能具有不同的数字化胜任力水平和发展需求。因此，在提升教师数字化胜任力的过程中，我们需要根据教师的实际情况和发展需求，制定个性化的培训和发展计划，以帮助他们实现有效的成长和提升。

(五)素质冰山模型

"冰山理论"最早由弗洛伊德提出。该理论将人格分为"自我""本我"和"超我"三个部分。在弗洛伊德的描述中，冰山上能够被看到的部分是"本我"，它代表既有的意识层面；而冰山下则是无意识层面，包括"自我"和"超我"，它们共同决定人的发展和行为。然而，这一理论并不能直接用于测量和评估。

1973年，美国心理学家麦克利兰(David C. McClelland)在其发表的《测量胜任特征而不是智力》一文中，提出了"素质冰山模型"。这一模型将人员的个体素质的不同表现形式划分为"冰山以上部分"和"冰山以下部分"，常用于个人能力素质评测和个体绩效评估。

美国心理学家麦克利兰提出的素质冰山模型理论，为我们理解个体素质提供了一个有力的工具。该模型将人的素质划分为显性部分和隐性部分，就像一座冰山，露出水面的只是冰山一角，而真正的庞大部分却隐藏在水下。显性部分包括知识和技能，这些是可以直接观察和测量的；而隐性部分则包括社会角色、自我概念、特质和动机等，它们深藏在个体内部，难以直接测量，却对人的行为和表现产生深远影响。

借鉴这一理论，我们构建了基于能力冰山模型的教师数字素养模型。该模型将教师数字素养划分为表层和深层两个层次。表层，即应用层，对应的是教师数字素养的外显属性，如数字学习能力、数字知识技能、数字教学能力等。这些能力在教师的日常工作生活中表现得较为明显，可以直接观察和评估。而深层，即潜在层，则对应的是教师数字素养的思维意识属性，包括数字化思维、数字化偏好和数字伦理等。这些素质深藏在教师的内心世界，不易直接观察和测量，但它们却是支撑和引领表层能力的关键因素。正如素质冰山模型所揭示的，潜在层对应用层起到支撑作用，是上层各项能力素质的先导。

在评价高校教师的数字素养时，基于素质冰山模型理论，应综合考虑教师的显性素质和隐性素质。显性素质如教师对数字教育相关知识的掌握和教学技能的运用等，是评价教师数字素养的重要组成部分。但同时也不能忽视教师的隐性素质，如自我概念、特质和动机等，这些同样对教师的数字素养产生深远影响。

### 二、教师数字素养结构模型的构建

在数字化时代，教师的数字素养已经成为其专业发展的重要组成部分。通过培养和提升教师的数字素养，我们可以推动教育教学的数字化进程，提高教学效果和学习者的学习体验。同时，我们也需要关注教师数字素养的深层次因素，如数字化思维和数字伦理等，以确保数字技术的运用能够真正促进教育的创新和发展，如图2-3所示。

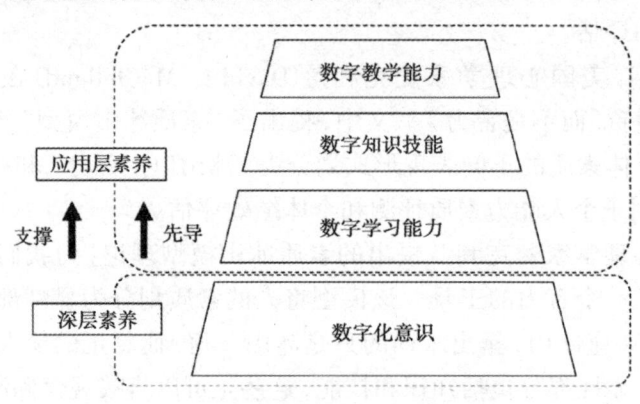

图2-3 教师数字素养结构模型

（一）数字素养框架构建理念

在数字化时代背景下，高校教师数字素养的提升已成为高等教育数字化转型的关键一环。国内外政府和教育权威机构对全面提高高校教师数字技术能力的关注程度日益提高，这充分反映了数字化时代对高等教育的新要求和新挑战。构建科学、合理的高校教师数字素养框架，对于推动高等教育数字化变革具有至关重要的意义。首先,这样的框架能够为高校教师提供明确的数字素养提升目标和路径,有助于他们更好地适应数字化教学环境,提升教学效果和创新能力。其次,数字素养框架的构建也有助于促进高校教师之间的交流和合作,共同推动高等教育的数字化转型。

1. 以促进教师专业发展为目标

随着互联网、大数据、云计算、人工智能等技术的广泛应用,数字教育生态正在经历深刻的变革和重塑。这种变革不仅改变了教育资源的获取方式和教学方式,也对教师的专业素养和能力结构提出了新的要求。因此,数字时代的高校教师不仅需要具备扎实的专业知识,还需要掌握数字化技能,以便更好地利用数字技术进行教学和科研工作。

为了推动高校教师的专业发展走专业化与数字化的融合之路,需要构建科学、合理的高校教师数字素养框架。这一框架应包含数字意识、数字知识、数字技能、数字伦理等多个方面,旨在全面提升教师的数字素养,使其能够适应数字化教育的新常态。

在构建数字素养框架的过程中,还应注重实践应用和创新能力的培养。教师可以通过参与在线课程开发、数字化教学资源建设、数字化教学实践研究等活动,不断提升自身的数字化应用能力和创新能力。同时,高校也应为教师提供必要的培训和支持,帮助他们掌握最新的数字技术,提升数字素养水平。

2. 以实现教学创新为核心

以教育信息化促进教育现代化,推动信息技术与教学的深度融合,是我国"十四五"教育信息化的重要战略规划。在这一背景下,高校教师作为推动教学创新的主力军,其数字素养的提升显得尤为重要。他们不仅需要掌握数字技术的基本知识和技能,更要具备利用数字技术优化课堂管理、协调各类教学活动、创新教学方法的能力。

具体而言,高校教师数字素养框架的构建应聚焦于提升教师充分利用数字技术进行教学创新和变革未来教育的能力。这包括在线教学设计、数字资源选用、数据分析等多个方面。例如,在线教学设计能力能够帮助教师设计出更符合学生需求和学习特点的数字化教学方案；数字资源选用能力可以帮助教师从海量的数字资源中筛选出最适合的教学内容，提高教学效果；数据分析能力则可以使教师更加精准地了解学生的学习情况，为个性化教学提供有力支持。

同时，高校教师还应积极探索利用技术促进教学方法创新。通过合作学习、项目学习、探究学习等方式，教师可以激发学生的学习兴趣和积极性，提升他们的高阶思维能力。这些教学方法不仅能够让学生在实践中学习和成长，还能够培养他们的团队协作能力和创新能力，为他们未来的职业发展打下坚实的基础。

因此，构建符合我国实际的高校教师数字素养框架，对于推动高等教育数字化转型、提升教育质量具有重要意义。我们需要紧密结合高校教师的实际需求和教学特点，制定出具有针对性、可操作性的数字素养提升方案，为培养更多适应数字化时代需求的高素质人才提供有力保障。

### 3. 以为学生赋能为出发点

坚持以学生为中心，是高校教师数字素养框架构建所应秉承的核心理念。在数字化时代，高校教师的角色不仅是知识的传递者，更是学生数字素养提升的引导者和促进者。因此，利用数字技术为学习者赋能，成为高校教师数字素养提升的重要目标。

为实现这一目标，高校教师在教学过程中应充分发挥数字技术的优势，创新课堂教学模式和教学方法。例如，教师可以利用在线教学平台、数字化教学资源等，为学生创造更加个性化、多元化的学习环境，满足学生的多样化学习需求。同时，教师还应关注学生的高阶能力培养，通过设计富有挑战性的学习任务，引导学生进行深度学习，培养他们的创新能力和解决问题能力。

此外，提升学生的数字素养水平也是高校教师的重要任务。教师应帮助学生掌握数字技术的基本知识和技能，培养他们利用数字技术进行自主学习和终身学习的能力。通过引导学生参与数字化项目、开展数字化实践活动等，让学生在实践中提升数字素养，更好地适应数字化时代的需求。

因此，在构建高校教师数字素养框架的过程中，我们应以为学习者赋能为出发点，确保框架的设计和实施能够真正服务于学生的发展。通过提升教师的数字素养水平,推动高等教育与数字技术的深度融合,为培养具备创新精神和实践能力的高素质人才提供有力保障。

(二)高校教师数字素养框架构建原则

在数字化时代的教育背景下,结合高校教师专业发展的目标,构建高校教师数字素养框架应遵循以下核心原则。

1. 导向性原则

在构建过程中,我们需要充分考虑框架的顶层设计和前瞻眼光。这意味着框架不仅要符合当前的教育发展需求,还要能够预见未来教育变革的趋势,为教师提供清晰的发展方向和目标。同时,框架的制定还应顺应数字时代教育发展理念,强调以学生为中心,注重技术与教育的深度融合,促进教育公平和质量提升。

此外,高校教师数字素养框架还应体现出一定的导向性原则。这包括鼓励教师积极探索数字技术在教育中的应用,发挥技术在教学创新中的潜力;引导教师关注数字素养的全面发展,包括数字意识、数字技能、数字伦理等多个方面。同时,也要关注教师的个体差异和成长需求,提供个性化的支持和指导。

2. 系统性原则

高校教师数字素养框架的科学建构是一项至关重要的任务,它涉及对教师数字素养构成的深入剖析以及系统的框架设计。这一框架不仅是一个复杂的标准体系,更是引导教师专业发展、提升教学质量的关键所在。

对教师数字素养的构成进行细致的分析,包括数字技能、数字思维、数字文化等多个方面。数字技能是教师运用数字技术进行教学和科研的基础,如掌握电子设备和软件的基本操作、教育信息化相关软件的使用等。数字思维强调教师在面对数字信息时能够进行有效的获取、分析和判断,并具备创新思维,能够根据不同的教学需求创造性地运用数字技术。数字文化则是教师在数字化时代应具备的文化素养和伦理观念,能够认识到数字化技术对社会、文化和教育带来的影响，并遵循相应的伦理规范。

对高校教师数字素养框架进行系统设计时，需要确保框架的完整性和层次性。完整性意味着框架应涵盖教师数字素养的各个方面，不遗漏任何重要元素。层次性则要求框架在结构上清晰明了，能够区分不同层级的素养要求，以便教师进行有针对性的提升。在设计过程中，我们应避免主次不分、本末倒置的情况，确保框架的逻辑性和实用性。

此外，还需要关注框架的前瞻性和灵活性。随着数字技术的不断发展和教育理念的更新，教师数字素养的要求也在不断变化。因此，框架应具有一定的前瞻性，能够预见未来教育发展的趋势并做出相应的调整。同时，框架也应保持一定的灵活性，以适应不同高校、不同学科教师的实际需求。

当然，科学建构高校教师数字素养框架还需要广泛征求教师的意见和建议，确保框架的实用性和可操作性。通过教师的参与和反馈，不断完善和优化框架，使其更好地服务于教师的专业发展和教学质量的提升。

3. 针对性原则

在构建高校教师数字素养框架时，必须紧密结合高校教师的实际需求以及他们在"互联网+"时代所展现出的核心特征。这是因为高校教师作为教育系统中的关键群体，不仅承担着传授知识的重任，还扮演着引导学生成长、推动教育创新的重要角色。

高校教师的数字素养框架应体现他们坚定的理想信念和高尚的师德修养。这是教师职业的核心，也是他们在数字化时代仍需坚守的价值观。数字素养的提升不仅是技术层面的进步，更是一种教育理念的更新和升华。

框架构建应强调教师适应数字化教学的能力和信息化教学设计水平的提升。这包括掌握适应数字化环境的教学方法和策略，能够利用数字技术优化教学过程，提高教学效果。同时，教师还应具备良好的媒介信息素养，能够批判性地评估和使用数字资源，避免信息迷航和误导。

在沟通方面，高校教师应善于利用互联网的优势与其他教师、学生进行有效沟通。这不仅可以促进教学经验的分享和教学资源的共享，还可以增强师生之间的互动和信任，提升教学质量和学习效果。

此外，高校教师还应具备基于互联网的教育研究能力。这要求他们不仅能够利用数字技术收集和分析教学数据，还能够将研究成果应用于教学实践，推动教育的持续改进和创新。

(三)高校教师数字素养框架构建维度

在构建高校教师数字素养框架时，结合国内外数字素养框架的理念和原则，聚焦于高校教师的特殊需求和角色定位，将框架分为专业素养域、教学素养域和促进学习者域三个维度。这一划分具有深刻的理论和实践意义。

专业素养域体现了高校教师在数字时代所需具备的基本特质和能力，包括数字软件的使用能力，如熟练掌握各类教学和管理软件，以提高工作效率；利用数字技术与他人进行交流合作的能力，如通过在线平台进行团队协作、远程会议等，促进知识共享和经验交流；数据应用和分析能力，如运用数据分析工具对学生的学习数据进行挖掘和分析，以指导教学改进。这些能力的培养和提升有助于高校教师适应数字化环境，提高专业发展水平。

教学素养域作为高校教师数字素养框架的核心维度，凸显了数字教学能力的重要性。具体而言，数字资源的选用和创造能力要求教师能够根据学生的需求和教学目标，选择合适的数字资源，并具备对资源进行创造性整合和改造的能力。数字教学设计能力强调教师在教学设计阶段应充分考虑数字技术的应用，构建符合学生认知特点和学习规律的教学环境。数字教学组织能力要求教师在教学实施过程中，能够有效组织和管理数字教学活动，确保教学过程的顺利进行。数字教学评估能力则是对教学效果进行量化分析和评价的关键能力，有助于教师及时调整教学策略，提升教学质量。

从促进学习者域看，数字学习能力的培养旨在帮助学生掌握数字化学习工具和方法，提高自主学习能力。数字交流与合作能力强调在数字环境中进行团队协作和沟通的重要性，有助于培养学生的协作精神和沟通能力。学习者对数据安全的意识培养则是确保学生在使用数字技术时能够注意个人信息保护和隐私安全，避免不必要的风险。

高校教师数字素养框架构建具体见表2-3。

表2-3  高校教师数字素养框架构建维度表

| 能力域 | 具体的能力 | 对能力的描述 |
| --- | --- | --- |
| 1.专业素养域 | 1.1.数字软件使用能力<br>1.2.与他人交流、合作能力<br>1.3.数据应用能力<br>1.4.数据分析能力 | 对数字教学软件的使用能力<br>利用数字技术与同行、学生进行交流、合作的能力<br>应用数据发现教学问题,进行教学决策,监控教学发展的能力<br>利用学生学习数据,科学精准把握学习状态,持续改进教学的能力 |
| 2.教学素养域 | 2.1.数字资源选用和创造能力<br>2.2.数字教学设计能力<br>2.3.数字教学组织能力<br>2.4.数字教学评估能力 | 对各类数字资源进行选用和个人创造数字资源的能力<br>利用数字技术创新教学设计的能力<br>利用数字技术组织教学活动的能力<br>利用数字技术进行形成性和总结性评价,提高评价方式的多样性和适用性 |
| 3.促进学习者域 | 3.1.数字学习能力<br>3.2.数字交流与合作能力<br>3.3.数据安全意识 | 培养学习者数字学习能力、个性化需求能力<br>鼓励学习者与他人交流、合作的能力<br>引导学习者对各类数据的保护意识 |

1.专业素养域

教师素养无疑是教育质量的重要基石,随着时代的进步和技术的革新,对教师素养的要求也在不断提升。在当前的数字环境下,教师的专业发展不再仅局限于传统的教学技能,而是需要融入更多的数字技术元素,使教学更具创新性和高效性。

数字技术的广泛应用已经深入到了教育的各个层面,它不仅改变了教学的方式,也丰富了教学的内涵。对于高校教师而言,掌握数字软件使用能力已成为必备的基本素质。无论是利用雨课堂、超星等数字教学平台进行线上或混合式教学,还是利用各类教育APP进行辅助教学,都需要教师具备熟练的操作技能。这不仅能够提升教学的便捷性和趣味性,还能够更好地满足学生的个性化学习需求。

与此同时,教师还需要具备与他人交流与合作的能力。数字技术为教师之间的沟通和合作提供了更加便捷的平台,通过在线交流、共享资源等方式,教师可以更加高效地分享教学经验、探讨教学方法,进而促进教师团队的共同成长。此外,利用数字技术加强与学习者和家长的沟通也是非常重要的,这有助于教师更好地了解学生的学习情况和需求,从而更有针对性地进行教学。

在数字时代,数据的应用能力也成为高校教师不可或缺的一项技能。数据可以帮助教师更加精准地把握学生的学习状态和学习需求,进而制定更加科学有效的教学策略。通过收集和分析学生的学习数据,教师可以发现教学中的问题,及时调整教学策略,提高教学效果。

此外,数据分析能力也是教师数字素养的重要组成部分。在数据驱动教学范式的时代背景下,教师需要具备对大量数据进行有效管理和分析的能力,以便更好地利用数据指导教学实践。通过深入分析和挖掘学生的学习数据,教师可以发现潜在的学习规律和问题,为改进教学方式和内容提供有力支持。

2. 教学素养域

随着数字技术的迅猛发展,高校教师的教学发展面临着前所未有的挑战与机遇。数字时代的高校教师教学能力与传统教学能力相比,有着显著的区别和更高的要求。这不仅体现在教师对数字资源的选用和创造能力上,还体现在数字教学设计、教学组织以及教学评估等多个方面。

在海量的数字资源中,教师需要具备敏锐的洞察力和判断力,筛选出与教学目标和学生学习需求相匹配的优质资源。同时,教师还应具备数字资源的创造能力,能够结合教学实践,创造出具有针对性和实效性的数字教学资源,以丰富教学内容和提升教学效果。

教学设计是课程质量的基础,数字时代的教学设计要求教师能够充分利用数字技术,对教学内容、教学目标、教学过程和教学评价进行全面而深入的设计。这需要教师不仅具备扎实的学科知识和教学理论,还需要掌握数字技术的最新应用和发展趋势,以便更好地将数字技术与教学设计相融合,实现教学效果的最大化。

数字时代的教学组织形式呈现出多样化和复杂化的特点,教师需要具备灵活应对各种教学组织形式的能力,能够结合数字教学组织特征,创新教学内容的组织形式,提升教师的语言组织能力,以确保教学过程的顺利进行和教学效果的有效实现。

随着人工智能、大数据等现代信息技术的快速发展,教学评价的方式和手段也在不断创新和完善。教师需要掌握利用智能化手段监控学生学习状态的能力，能够结合多模态数据的采集和分析，对课堂师生语言、行为、情感等进行全面而客观的评价，以便更好地了解学生的学习情况和需求，及时调整教学策略和方法，提升教学效果和质量。

### 3. 促进学习者域

构建高校教师数字素养框架时，我们必须始终坚持以学习者为中心的原则。在全球范围内，各国已经深刻认识到数字时代对人才培养需求带来的变革，纷纷加强对学习者数字素养能力的重视与培养。例如，美国国际教育技术协会明确将"数字公民素养"列为学生教育技术标准的重要一环；日本、丹麦、英国等国更是将编程教育纳入学校课程体系，以提升学习者的数字素养水平。

数字学习能力是学习者适应数字时代的基石，涉及学习者在数字环境中的适应能力、对数字资源的有效利用以及数字化学习方式的掌握。作为数字学习环境的创设者、数字资源的提供者和数字学习方式的引导者，高校教师在提升学习者数字学习能力方面发挥着举足轻重的作用。

在数字化时代，学生不仅满足于被动地接受知识，而是成为主动探索、积极交流的学习者。因此，高校教师需要积极引导学生加强主动学习的意识，培养他们的交流与合作能力，以适应日益复杂多变的社会需求。

此外，数据安全意识也是构建高校教师数字素养框架时不可忽视的重要方面。随着数据驱动的精准教学模式的普及，学生学习数据成为教学的重要依据。然而，如何确保学生个人数据的安全又成为一个亟待解决的问题。因此，增强学习者的数据安全意识，加强数据安全教育和培训，将成为高校教师数字素养框架构建的重要内容。

# 第三章

# 地方高校教师数字素养培养的意义与困境

随着信息技术的飞速发展,数字化浪潮已席卷全球。对于地方高校而言,教师的数字素养不仅关乎其个人专业成长,更直接影响到教学质量与学校的综合竞争力。因此,对地方高校教师进行数字素养培养显得尤为重要,但也面临着一些挑战。地方高校需采取积极措施加以应对,以推动教师数字素养的全面提升。

# 第一节　地方高校教师数字素养培养的时代意义

## 一、教师数字素养提升的时代之需

随着科技的飞速进步，5G技术的广泛使用使人们可以轻松地连接到世界的每一端，这也推动了智慧城市的迅猛崛起，使许多传统的行业都可以实现自动化，从而实现更高效的生产力。我们正处于"在线"时代，很多政治、经济、教育等活动都在互联网上进行，无论是对国家、对行业，还是对个人，数字素质都越来越重要，它已经与文化、计算机等知识技能一起，成为每个人都需要的一项基础素质，这将直接关系到人们的日常生活的品质和效率，而从业者的数字素质将直接关系到产业的转型升级和高质量发展。随着2019年"全球新一代人工智能与教学会议"的举行，以人工智能为首的新一代智能技术的迅猛发展，不仅激励着全球经济的飞跃，也激励着不同领域的创新，促进了全球的数字化进程。习近平更是强调，应该积极探索将新型人工智能与高等教育深入融入，加快教育进程，充分发挥其独有的优势，促进教育的可持续发展。从这一点可以看出，人工智能技术和教育领域的深度融合是必然的，智能导师会逐步替代老师的知识性工作，这也是必然的，人机互动的混合型学习将会是学生学习的主要形式。

因此，全面提升国民的数字素质，对国家建设"数字强国""智慧社会"等方面都有着重大的战略与现实意义。利用网络来满足人们的各种需要，同时也是中国人的日常生活中必不可少的一部分。但是，如何将各类APP运用得更好，让我们的生活更加方便、更加简单，而且在使用的时候，能够更好地保护个人的隐私信息和各种数据，这是每一个人都必须考虑的问题。因此，在中国社会当下发展中，数字素质已成为一种最基础的素质，也是最重要的素质之一。

《数字素养全球框架》明确指出，2030年前，每个公民都应该拥有7个基本技能、26个特定技能，以便更好地完成期望的可持续发展目标，这样才能让更多青年和成年人拥有技术技能，从而获得更好的就业机会，并且能够创造更多机会。随着科技的飞速发展，人们的生活和工作变得越来越智能化，新的技术和方法不断涌现，社会发展变得越来越复杂。因此，无论是年轻人还是成年人，都必须努力积累自己所拥有的一切，以便在未来能够取得成功。建立一个学习化的社会，对于个体不断学习至关重要。2015年5月23日，习近平发表了一封重要的贺信，强调了当今世界科技的飞速发展，互联网、虚拟现实、大数据等现代IT正以史无前例的速度彻底改变着人类的思维、产出、生活以及学习方式，为世界发展提供了强大的动力。随着信息科技的飞速进步，为了实现"人人皆学、处处能学、时时可学"的理想，我们必须加快改造传统的教育模式，打造一套全方位的、具有时代特色的、具有深度的、可持续的、具有挑战的教育体系，培养出更多的具有创造力的人才。

　　党的十九大报告还指出，要"办好继续教育，加快构建学习型社会，大力提升国民素质"。党的二十大报告明确提出要"推进教育教学化"。为了落实党的二十大精神，推动国家教育数字化战略行动，完善教育信息化标准体系，提高高校教职工运用数字技术进一步优化、创新和变革教学活动的意识、能力和责任，中华人民共和国教育部于2022年11月30日发布了《教师数字素养》教育行业标准，以此来推动教育行业的发展，促进高等学校教职工数字文化水平的提高，为构建学习型社会作出贡献。在构建学习化社会的过程中，"互联网+教育"的优势发挥到了极致，它能够突破时间和空间的限制，让优质的教育资源能够达到任何地方实现共享，让知识以一种直观具体、生动形象、视听便利的方式送到每个人的心中。

**二、教师数字素养提升的自我发展之需**

　　学校应该成为培养学生的数字素养和信息技术能力的重要场所，不仅要让他们在传统的物理空间中得到全面的发展，还要让他们在数字空间中获得更多的成长。这样他们才能在传统的实体空间中培养出理想、能力和责任感，并在数字化环境中取得更大的成就。

　　要想实现高品质的教育管理，就必须让所有的教育工作者都在不断地提高自己的数字化素质和能力；改革和提升教学方式，要求各学科的教师在数字素养和技能上，充分运用数字科技；2018年《普通高中课程方案和语文等学科课程标准》对"信息技术"进行了修改，2022年《义务教育课程方案和课程标准》将"信息科技"纳入了新课标。

随着"大数据""人工智能"等数字技术的飞速发展，为了提升教育管理水平、推动教育模式的创新以及确保IT课程标准的有效实施，"信息科技"课程标准的实施必须依靠各学科的教师不断提升自身的数字素养和能力。

## 第二节 地方高校教师数字素养培养面临的困境与挑战

### 一、数字教育思维理解不系统

在信息化社会的浪潮下，数字化已经深刻渗透到教育的各个环节中。对于地方高校而言，教师在数字素养培育上遇到的挑战不容忽视。特别值得关注的是，教师在理解数字教育思维时，往往缺乏系统性。

一是地方高校教师虽然对数字教育工具与平台有一定的了解，但对于数字教育思维的核心要义、内在逻辑及其实践应用等方面的理解尚显不足。这种理解的片面性限制了教师在教学实践中对数字技术与资源的有效运用，从而影响了教育教学的数字化转型。

二是当前地方高校在教师的数字素养培育方面，尚缺乏系统性的指导与支持体系。尽管部分地方高校已经开始关注这一问题，但尚未形成完善的培训计划和课程体系，使教师在提升数字素养时缺乏明确的方向和目标。

三是资源和条件的限制也是地方高校教师在数字素养培育中面临的一大难题。受经费、设备等因素的制约，一些地方高校难以为教师提供充足的数字化教学资源和环境，这在一定程度上影响了教师对数字教育思维的深入理解和实践应用。

### 二、数字赋能教学创新不深入

数字技术的广泛应用无疑为地方高校教学的数字化和智能化发展提供了强大动力。然而，在实际应用中，地方高校教师在教学创新方面的数字技术应用并不深入，这主要体现在以下四个方面：

一是许多地方高校教师在运用数字化工具时，未能充分发挥其功能和价值。数字化工具为教学提供了丰富的资源和多样的教学手段，但部分教师由于数字素养和技术能力的欠缺，往往仅使用其基础功能，未能深入挖掘其潜在价值，从而限制了教学效果的进一步提升。

二是数字技术的引入未能有效促进学生自主学习和创新意识的培养。教育数字化转型的初衷在于通过技术手段激发学生的自主学习热情和创新思维。然而，在实际教学中，部分地方高校教师仅将数字化工具作为辅助教学的手段，未能真正引导学生主动探索和创新，这与数字化转型的初衷相悖。

三是针对地方高校教师的数字教育培训尚显不足。数字教育的有效应用需要教师具备相应的数字素养和技术能力。然而，当前的数字教育培训在内容和形式上往往缺乏针对性和实效性，导致部分教师在实际应用中仍感到困惑和迷茫。

四是数字化技术与课程内容的融合程度有待加强。数字化教学不仅要求将传统教学内容线上化，更要求将数字化技术与课程内容深度融合，创新教学方式和方法。然而，在实际操作中，部分地方高校教师未能根据数字技术的特点对课程内容和教学方式进行深度调整和优化，导致数字化教育成为课程创新的"附属品"。

## 三、数字教学资源配置不完善

随着信息技术的快速发展，数字化教学资源已成为现代教育的重要组成部分。不同的数字化教学资源建设模式对信息化教学的推进产生着不同的作用。然而，当前数字教学资源配置仍不完善，主要体现在以下五个方面：

一是数字教学资源类型单一。由于教育数字化尚处于初步发展阶段，许多院校和教师对于各种数字教学资源的类型和用途尚未充分了解。这导致他们在选择数字教学资源时可能相对较为单一，难以满足多样化的课程教学需求。

二是数字教学资源质量参差不齐。在数字资源的开发和使用过程中，由于缺乏统一的标准和规范，导致数字教学资源的质量参差不齐。这严重影响了数字教学资源在课程教学中的应用效果。

三是数字教学资源分布不均。目前，只有部分院校和地区拥有丰富的数字教学资源，而许多地方高校和农村地区则面临数字教学资源匮乏的问题。这种资源分布不均的现象导致了数字教学资源利用率的偏低。

四是数字教学资源更新不及时。随着数字技术的快速发展，数字教育资源也需要不断更新和升级以适应时代的需求。然而，一些院校在数字教育资源的更新和升级方面存在滞后现象，导致数字教学资源的有效性难以保证。

五是数字教学资源未能充分利用。尽管数字教学资源具有多种使用方法和技巧，但部分地方高校教师尚未充分理解和掌握数字教学资源的使用方法和技巧，仅局限于使用数字教学资源的基本功能。这导致数字教学资源的价值未能充分体现。

## 第三节 地方高校教师数字素养培养的重要性与紧迫性

### 一、地方高校教师数字素养培养的重要性

在数字化和智能化快速发展的时代背景下，地方高校教师的数字素养培养具有不可忽视的重要性。以下是几个方面的原因：

第一，适应教育数字化转型的需求。随着信息技术的日新月异，教育领域正在经历一场前所未有的数字化转型。为了适应这一变革，地方高校教师必须积极提升自身的数字素养，掌握先进的数字技术，以便更好地应对教育领域的挑战。

第二，提升教学质量和效率。数字技术的应用为教学提供了更多的可能性。地方高校教师通过提高数字素养，可以更加熟练地运用数字技术进行教学设计和实施，从而有效提高教学质量和效率。

第三，推动科研创新。数字素养的提升有助于地方高校教师在科研工作中更深入地运用数字技术，进行数据收集、处理和分析等工作。这将有助于推动科研创新，提高地方高校科研水平。

### 二、地方高校教师数字素养培养的紧迫性

在数智时代，地方高校教师数字素养培养的紧迫性日益凸显，主要体

现在适应教育教学创新变革需求、提升教学质量、满足个性化教育服务需要以及促进教师专业成长等方面。

（1）适应教育教学创新变革需求。随着教育信息化工程的推进，教学方式和手段正在发生深刻变化。高校教师需要掌握数字技术来优化、创新和变革教育教学活动。数字素养已成为新时代高素质教师队伍的必备能力，是教师职业生涯的基本要求。

（2）提升教学质量的关键。高校教师具备良好的数字素养，可以更好地利用信息技术和数字资源，丰富教学内容和手段，从而激发学生的学习兴趣和主动性，提高教学效率和教学质量。

（3）个性化教育服务的需要。智慧校园等数字化教育环境支持个性化学习，要求教师能够根据学生的不同需求和学习特点，量身定制教学计划和选择学习资源。这需要教师具备较高的数字素养，以有效地利用数据分析、智能算法等技术手段，为学生提供更加精准、个性化的教育服务。

（4）教师专业成长的重要组成部分。随着科技的发展，教师需要不断适应新的教育技术和教学理念。数字素养作为现代社会公民的核心素养之一，对于教师的专业成长具有重要意义。提升数字素养有助于教师更好地适应教育信息化的要求，拓宽自身的职业发展道路。

因此，为了提升教师的数字素养，需要加强培训、开展实践活动并建立激励机制，从而推动教师主动提升数字素养，更好地服务于教育事业的发展。

### 三、数智时代地方高校教师数字素养提升路径

#### （一）教师数字素养提升的观念转化

**1. 加强数字培养的观念引导**

构建我国地方高校教师数字素质评价的可持续发展标准，旨在推动教师数字素质的提升。鉴于人类思维方式对理解环境和应对变化的重要性，教师作为教育工作者，应当充分发挥自身的数字素养，为课堂教学注入新的活力。若地方高校教师对数字技术缺乏充分的认识，将难以有效

运用数字技术于教学之中,这不仅可能影响教学效果,还可能阻碍教师个人数字素养的提升。因此,提升教师的数字素养,首要任务是增强其对数字技术价值的认识。为推动教育改革,国家相关部门及专家学者须借鉴国际先进经验,结合中国国情和实际需求,深入挖掘"自上而下"与"自下而上"的设计思路。在构建新课程体系时,应充分考虑可持续发展、国家实际情况、时代要求、社会发展规律、现实意义、普遍性、学术价值、普遍适用性以及实际应用价值等因素,以满足国家基础教育改革和数字化技术发展的需求。《教师数字素养》的制定至关重要,它将引导教师在教育教学中自觉运用数字技术,推进教育教学改革,同时促进个人数字素养的提升。

鉴于此,我们提议将信息意识、计算机技术、数字化学习方法及信息社会责任四个层面视为提升教师数字技能的核心要素。信息意识特指对外界信息的敏锐度和洞察力,要求教师在面对海量、繁杂的信息时,能主动进行甄别与分析,以识别真伪。在日常教育教学工作中,教师应积极发掘并利用积极正面、真实准确的数字信息,以提升工作效率,增强工作成就感和幸福感。在协同教学过程中,教师应学会分享真实、科学、有效的数据,并严格保障数据的安全性。计算机技术的掌握不仅仅局限于电子设备操作层面,更应作为一种独特的思维模式。作为教育工作者,我们需要熟练运用这种技能,以更好地应对现实世界中的各种挑战。在此过程中,我们应积极提出概念,进行抽象化处理,分解问题,建立可行的模型,通过迭代和优化,最终找到一种可以有效应对类似情况的解决方案。

通过运用尖端的技术、方法和手段,教师可以有效推动数字化进程,不仅显著提升学习质量,增强学习成果,更能激发学生的潜能。在愉悦的学习环境中,学生能够获取更丰富的知识,同时培养想象力,从而更好地实现自我价值。借助现代科技,如数据分析、信息技术和人机交互等,教师可以明确学习目标,制定并实施有效学习策略,并与学生分享学习成果。这将持续激发学生的学习兴趣,提升学生的学习热情,增加学生的学习技巧,提高学生的学习效率。

2. 树立教师正确的学习观

作为教师,积极培养数字技能是我们的职责所在,更是我们的义务。我们需要深入了解当前社会背景,审慎思考如何高效利用现有资源。同时，我们还应致力于提升学生的数字素养，使他们能够更好地运用现代技术。

为提升教学效果，大家要广泛参与各类社交媒体平台，与同行频繁交流分享。此外，积极参与实践性项目亦大有裨益。这些项目不仅能够提升个人的信息处理能力，还有助于我们更深刻地理解世界。同时，它们也能帮助我们在面对日常挑战，如寻求帮助、参与社交媒体讨论或实际项目时，表现得更加从容。

为培养独立思维和解决问题的能力，需要将数字思维融入日常生活，勇于挑战传统思维模式。通过与互联网的深入沟通和交流，我们能够获取宝贵的信息，从而更有效地完成任务。在此过程中，正确的浏览和检索技能至关重要。作为教师，我们还需熟练掌握各种搜寻策略和技术，正确归类、保存和分析有价值的信息，为个人的未来发展奠定坚实基础。

通过不断实践和积累，我们将提高识别信息准确性和可靠性的能力，并丰富自己的实践经验。这将有助于我们在教育领域取得更好的成绩，为学生的成长和发展贡献更多力量。

(二)教师数字素养提升的实践路径

1. 政府与学校携手推进教师数字素养教育

在这个世界上，个体成长承载着共同责任，政府在此过程中扮演着至关重要的角色。特别是在推动教育变革的征途上，我们务必优先关注数字技能的培养，确保学生具备与世界接轨的能力。因此，政府决策者需从全球化的视角审视这一问题，结合国情制订切实可行的教育改革方案。

为实现这一目标，政府应积极采取一系列措施：首先，将数字素养纳入核心课程体系，并建立科学、有效的评估机制；其次，加大投资力度，构建符合本地实际、满足社会需求、注重实用性和时代性的数字素养培训体系；最后，推动本地数字素养培训机构的健康发展，形成具有地方特色的培训模式。

为提升教育质量，政府应制定有力的政策措施，鼓励多方参与教育质量评估，包括大学、科研机构、文化事业单位以及国际教育部门。同时，与联合国教科文组织等国际合作伙伴携手，共同探索教育质量的提升路径。在此过程中,政府应将培养公众数字能力作为紧迫任务,加强对教育工作者的培训,以确保其数字能力得到有效提升。

2.学校内部创建教师数字素养培养环境

学校数字素养教育受多重因素影响,但其本质为一项责任与义务。鉴于此,学校管理者应深入理解教育之精髓,致力于提高教师专业技能,并予以充分支持,以促进教师在数字化环境下的全面发展。学校教育独具优势,可系统性地培育学生数字素养。为确保学生数字素养水平,学校应定期开展评估工作,以监督学习效果。同时,教师亦应积极投身于各类课题与科研项目中,为政府决策提供科学依据,共同构建符合中国国情的教师数字素养教育体系。

3.满足教师对于个性化数字素养的需求

鉴于教师数字素养的复杂性、动态性、差异性和不平衡性,当前急需探索有效的提升策略。除加强职业教育和培训外,构建微认证系统、微型认证体系是解决这一问题的关键途径。实施"能力本位"微认证系统旨在协助教师精进专业技能,该系统不仅能客观、精确地评估教师的技术水平,还能根据实际表现进行技术认证和考核,提供非传统授课模式的学习机会。通过构建微型认证体系,我们可以将传统概念解构为可衡量的技能,进而形成全面、高效的在线认证机制。这一机制旨在帮助教师从教学实践中积累有价值的信息,更准确地评估自身专业水平,发挥个人潜力,逐步达到职业标准。经过测试验证,该机制能确保学生掌握自主学习、个性化学习和终身学习的全面技能,从而有效达成教师的教学目标。目前,微认证已成为全球性的教育趋势,并在美国、新西兰等国家广泛应用,以推动教师专业技能的提升。微型证书系统以能力为导向,以需求为驱动,以个人为中心,以便于共享为特色,特别适合用于提升教师的数字素养。

4.通过改进数字化教学环境,打造智能化的教室

地方高校致力于改进数字化教学环境,以构建智能化的教室,从而推进教育信息化的进程。这一举措对于提高教育质量和效率具有重要意义。

通过优化数字化教学环境,地方高校能够为学生提供更加丰富多样的学习资源和手段。数字化技术的应用使教师可以轻松地整合和呈现各类教学资源,如视频、音频、图片等,进一步加深学生对课程内容的理解。同时,学生也能够通过网络获取更多的学习资料和信息,拓宽自己的知识视野。

智能化的教室则能够为学生提供更加个性化的学习体验。借助人工智能技术,教室可以实时分析学生的学习情况,为每名学生提供针对性的学习建议和指导。这种个性化的学习方式能够更好地满足学生的个性化需求,提升学习效果。

此外,改进数字化教学环境还有助于促进教育的公平性和普及性。数字化技术的运用可以使教育资源更加均衡地分配到各个地区和学校,使更多的学生享受到优质的教育资源。同时,数字化教学也能够打破时间和空间的限制,为学生提供更加灵活和便捷的学习机会,进一步推动教育的普及和便捷化。

5. 重视数字化环境的建设,打造充满数字化气息的教学氛围

数字软环境是指数字化教学过程中不可或缺的外部支撑,如政策导向、文化氛围、制度框架、法律法规以及思想观念等。这些组成部分共同构成了数字化教学的坚实基础。在此基础上,构建了一套全新的评价指标体系,以全面评估数字化教学的实施效果。然而,目前我国高等教育领域对数字硬件的关注度尚显不足,缺乏相应的政策支撑和激励机制,以推动数字教学的深入实施。地方高校教师在数字化教学方面的认知尚待加强,同行间的合作与交流亟待加强,以营造积极向上的数字化教学氛围,进而促进教师数字素养的全面提升。因此,提升地方高校教师的数字素养已成为当前亟待解决的问题。我们必须深刻认识到,教育数字化是未来教育发展的必然趋势。为此,在制度设计上,应加强对教师数字素养的培养,助力他们形成"互联网+"的思维方式。同时,通过职称评审、绩效考核等机制,激发教师参与数字化教学的积极性,从而不断提升他们的数字素养。

为了推动文化环境的持续发展,学校应积极促进教师、企业和家庭之间的跨界合作,充分利用数字技术,开展在线协同培养工作。这不仅有助于加强各方之间的沟通与交流,还能为数字化培养创造更加有利的环境。

引入数字技术，不仅可以提升育人效果，还能帮助教师更好地适应数字时代的新要求，提升他们的专业素养。此外，举办各类教学技能比赛、公开课、教学研讨等活动，有助于为教师打造一个优质的数字化教学环境。这些活动不仅能培养一批优秀的教师，还能为他们树立一套完善的教学标准。鼓励教师将数字技术与教学手段相结合，可以推动教学改革和创新，进一步提升教师的数字素养。

6. 构建微能力指标体系，提供教师数字素养培养和测评的脚手架

在教师的专业发展中，微能力概念的引入具有划时代的意义。微能力即将一项复杂技能细化为多个小而实的基本能力，其关注点在于实践工作场景中的实际表现。这种分解方式不仅有助于解决教师培训与实际教学脱节的问题，还能突破传统评价方式如标准化测验、问卷自评等的局限，形成真正有效的专业能力评估模式。

微能力认证强调在实践中收集证据资料，以教师的实际教学成果或行为作为考评的依据。这种考评方式具有极高的实用性，因为它要求教师在真实的教学环境中运用数字技术，从而提升其数字化教学能力。例如，通过分析教师的课堂教学视频，观察他们如何运用数字技术来增强教学效果；评估设计作品反映教师在数字环境下的创新思维和问题解决能力。这种以实践为导向的考评方式，有助于弥合抽象素养和实践能力之间的断层，使教师的数字素养得到全面提升。

构建基于微能力的教师数字素养指标体系具有明确的指向性、具体性和可观察性。这一指标体系结合了具体的教育情境，划分出符合素养要求的能力指标。这不仅使评估标准更加明确和具体，还为收集测评数据提供了有力支撑。通过这些数据，我们可以精确地了解教师在数字素养方面的表现，从而为他们提供有针对性的培训和发展建议。

微能力概念的引入还有助于形成持续的教师专业成长机制。由于微能力关注实践中的能力表现，因此它可以作为教师持续发展的动力源泉。通过不断的实践和反思，教师可以逐步提升自己的数字素养，进而实现专业成长。同时，这种成长机制还具有很好的可复制性和推广性，可以在更广泛的范围内促进教师队伍的整体素质提升。

### 7. 强化职前职后教师一体化发展，关注教师群体的多样性

在当前教育环境下，教师的培养与发展被赋予了前所未有的重要性。作为教育事业的中坚力量，教师的素质直接关系到学生的成长与教育的质量。因此，强化职前职后教师的一体化发展以及关注教师群体的多样性，成为我们迫切需要解决的问题。

在教师的职前培养阶段，我们必须充分认识到每位教师的独特性，尊重其个性与专长。通过建立多元化的选拔和培养机制，确保每个有志于教育的年轻人都能找到适合自己的发展道路。同时，加强理论与实践的结合，使教师在学习过程中既能够掌握扎实的专业知识，又能够积累宝贵的教学经验，为未来的职业生涯奠定坚实的基础。

对于在职教师，我们应建立完善的在职培训机制，提供丰富的学习资源和成长平台。鼓励教师积极参与学术交流、教学研讨和课题研究等活动，以拓宽其学术视野，提升教学与研究能力。此外，我们还需关注教师的心理健康和职业发展需求，提供必要的支持和帮助，确保他们能够在教育事业中发挥最大的价值。

强化职前职后教师一体化发展，还需加强与社会的紧密联系。通过与企业、社区等机构的深入合作，为教师提供更多的实践机会和职业发展资源。同时，鼓励教师积极参与社会公益活动，增强其社会责任感和使命感，为培养更多优秀人才贡献力量。

### 8. 依托国家智慧教育平台资源，搭建浸润式素养提升环境

在数字化、智能化的时代背景下，地方高校教师的数字素养已成为影响其教育教学能力的重要因素。为此，地方高校需积极采取措施，依托国家智慧教育平台资源，构建系统化的数字素养提升环境，以助力教师适应教育数字化的新趋势。

国家智慧教育平台汇聚了丰富的教育资源，为地方高校提供了便捷的资源获取渠道。地方高校应充分利用这一平台，整合其上的优质教育资源，如数字化教材、在线教学视频、数据分析工具等，为教师提供多样化的学习材料和实践工具。同时，地方高校还应建立数字教育资源库，确保教师能够随时获取所需资源，以满足其日常教学和研究的需求。

在构建数字素养提升环境方面,地方高校需注重环境的浸润性和系统性。通过搭建数字化教学平台、在线学习社区等,为教师创造一个随时随地进行在线学习、交流和实践的空间。在这个环境中,教师不仅能够自主学习和提升自己的数字技能,还能够与同行进行深入的交流和合作,共同探索数字教育的创新应用。

为确保数字素养培养的有效性,地方高校应建立科学的评估与反馈机制。通过制定明确的数字素养评估标准,定期对教师的数字素养水平进行客观、全面的评价。同时,地方高校还应积极收集教师的反馈意见,及时调整培养方案和资源,以满足教师的个性化需求,实现教师的个性化发展目标。

地方高校还应加强师资培训和引导工作。通过组织专业的师资培训活动,针对教师的不同需求和水平,提供个性化的培训课程和指导。培训内容应涵盖数字工具的使用、数字教育创新方法、网络安全与信息伦理等方面,以帮助教师全面提升数字素养水平。同时,地方高校还应邀请专家学者举办讲座、分享经验等活动,引导教师深入理解和应用数字素养知识,推动数字素养与教育教学的深度融合。

9.探索教师素养规模化提升机制,破解服务供给失衡难题

在数字化与智能化迅猛发展的时代背景下,地方高校教师的专业素养与教学能力提升成为教育领域亟待解决的关键问题。针对服务供给失衡的难题,我们需建立一种系统化、规模化的教师素养提升机制。

第一,明确教师素养的核心要素,包括数字技术应用能力、教学设计与创新能力、跨学科协作与交流能力等。通过组织专题研讨、工作坊、在线课程等多样化的培训形式,促进教师全面提升这些关键素养。

第二,强化地方高校与行业领先企业的合作机制。通过校企合作,为教师提供实践机会,促进数字技术在教育教学中的实际应用。同时,积极引入企业的先进技术和资源,推动教育教学的创新与发展。

第三,充分利用数字化工具和平台,构建教师学习共同体。通过在线学习平台、专业论坛等渠道,促进教师之间的知识共享与经验交流,形成积极向上的学习氛围。这种共同体将有助于提升教师的专业素养,实现服务供给的均衡与优化。

第四,建立科学有效的激励机制,激发教师参与素养提升活动的积极

性。通过设立奖励机制、教学成果评价等方式,鼓励教师主动提升自己的教学水平和数字技术应用能力。

10. 采用无感知的情景化测评方式,提升素养测评的精准度

为了精准评估高校教师在数字化环境中的实际能力和表现,可以采用无感知的情景化测评方法。这种方法能够在不影响教师日常工作的前提下,全面、客观地收集并分析教师在数字技术应用、数字资源整合以及数字教育创新等方面的数据。

无感知情景化测评指的是在教师的日常工作环境中,通过设置隐蔽的、与实际工作紧密相关的测评任务或情境来评估教师的数字素养。该方法具有高度的隐蔽性和情境性,旨在确保测评结果的真实性和有效性。

为进一步提升无感知情景化测评的精准度,可以采取以下策略:首先,设计科学的测评任务,确保任务与教师的实际工作紧密相关,具有代表性和针对性;其次,收集全面的数据,通过多渠道、多方式获取教师在不同情境中的表现数据;最后,采用先进的数据分析方法,运用大数据分析和人工智能等技术手段,对收集到的数据进行深入挖掘和分析,以更加精准地评估教师的数字素养水平。

# 第四章

## 地方高校教师数字素养提升的内生力量：教师胜任力模型

欧盟作为教师数字胜任力研究和实践的先行者，已经制定并推行了教师数字胜任力模型，为成员国及其他国家提供了重要的参考。这一框架不仅明确了教师数字胜任力的内涵和要求，还提供了具体的培养途径和评估方法，对于提升教师数字胜任力、推动教育数字化转型具有重要意义。中国政府也高度重视教育数字化转型和教师数字胜任力的提升。

教师数字胜任力作为评价教师能力的重要维度，涵盖了信息管理、协作交流以及技术教学应用等多个方面。具备较高数字胜任力的教师能够更好地利用数字技术来支持学生的学习和发展，同时也能够更好地适应未来教育的发展趋势。

# 第一节　地方高校教师数字胜任力的概念与意义

近年来,随着互联网络的不断普及以及人工智能、机器学习、多模态深度学习等技术在教育领域的深入应用,对教师数字胜任力的要求越来越高。这不仅体现在教师需要掌握基本的信息技术应用能力,更在于如何利用这些技术优化教学流程、创新教学方法,从而提升教学质量和效率。

**一、教师数字胜任力的界定及内涵**

（一）教师数字胜任力的界定

教师数字胜任力是一个复杂且多维的概念,目前尚未有广泛被接受的标准定义。

教师数字胜任力是指教师所具备的一系列能力特质,这些特质能够促使他们有效地应用数字技术开展教学活动,并达成卓越的教学目标。

教师数字胜任力要求教师不仅具备基本的数字技术应用能力(如熟练掌握各种教学软件和工具,能够创建和分享数字教育资源等),同时,还具备与数字教育相关的专业知识(如了解数字教育的发展趋势,掌握数字教育的教学策略和方法等)。

此外,教师数字胜任力还强调教师在应用数字技术过程中的情感态度和价值观。他们需要保持积极的学习态度,愿意不断尝试新的教学方法和技术。同时,他们还应具备高度的责任感和使命感,能够关注学生的全面发展,利用数字技术提升教学效果。

教师数字胜任力还涉及教师的个人特质,如创新能力、团队协作能力、沟通能力等。这些特质能够帮助教师在数字化教学环境中更好地适应变化,解决各种挑战,从而不断提升自己的教学效果和学生的学习体验。

(二)教师数字胜任力的内涵

教师数字胜任力作为数字时代对教师的基本要求,展现了教师在利用数字技术进行教学时所应具备的一系列特质和能力。这一概念的提出不仅源于哈佛大学戴维·麦克利兰所定义的"胜任力"理论,更是随着教育领域对数字化教学的需求增长而逐渐形成的。

教师数字胜任力的内涵丰富多元,涵盖了动机与认知、技能与行动以及态度与社会责任三个维度。

在动机与认知维度,教师需要具备使用数字技术的内驱力,通过自主建构数字知识,形成良好的数字素养和媒体素养,并理解数字技术如何推动课程设计与革新。这要求教师不仅要有学习的热情,还要有对数字教育前沿的敏锐洞察力和适应力。

在技能与行动维度,教师需要掌握数字技术的基本操作和信息使用管理,能够挖掘和开发数字资源,解决数字化教学场景中的问题,进行数字化沟通与协作,创作数字内容,并推动数字技术与课程教学的深度融合。这意味着教师需要具备将数字技术与自身专业知识相结合的能力,能够创造性地运用数字技术,构建以学生为中心的教学环境,并善于利用数字技术促进教学相长。

在态度与社会责任维度,教师需要具备数字融入意识,关注数字技术发展前沿,积极融入数字化教学环境。同时,要能够正确理解并践行数字社会行为规范,认知数字安全问题并进行风险防范,控制上网行为,平衡虚拟与现实生活。这要求教师在享受数字技术带来的便利的同时,也要承担起相应的社会责任,确保自身行为符合数字社会的道德和法律规范。

**二、教师数字胜任力的定义演变与实践框架**

在概念性定义方面,教师数字胜任力指的是教师在教育信息化背景下,运用信息技术进行教学、科研和管理的能力。这一概念源于胜任力理论,最初应用于企业人力资源管理领域,用以衡量人才的工作表现。随着研究的深入,胜任力理论逐渐扩展到教师人才培养、专业化培训以及职业评价等领域。教师数字胜任力不仅关注教师的技术操作能力，更强调其在教育实践中运用数字技术促进教学效果、创新教学方式、培养学生信息素养以及促进自身专业发展的能力。

从实践性框架的角度来看，教师数字胜任力模型是教师在数字化教学过程中应具备的技能和能力的集合。这主要包括数字化教学资源的整合、数字化教学方法的运用、学生数字化学习的指导以及数字化教学评价的能力。这些能力共同构成了教师在数字化时代进行有效教学的核心要素。实践性框架的研究不仅关注理论层面的探讨，更注重将理论转化为实践，为教师提供具体的操作指南和参考标准。

通过对概念性定义和实践性框架的总结、比较与分析，我们可以发现教师数字胜任力研究呈现出以下几个特点：一是从单一的技术操作能力向综合性的教育素养转变；二是从理论探讨向实践应用深化；三是从个体能力的提升向团队协作和共同发展的方向拓展。这些特点反映了教师数字胜任力研究的不断深化和拓展，也为我们提供了清晰的研究逻辑和实践参考。

未来，随着信息技术的不断发展和教育改革的深入推进，教师数字胜任力的研究将继续深化和拓展。我们需要进一步关注教师在数字化时代的教育实践和创新，探索更加有效的数字化教学方法和策略，以提升教育质量、培养创新人才并推动教育的可持续发展。同时，我们也需要加强教师数字胜任力的培训和评价工作，为教师提供必要的支持和帮助，促进他们的专业发展和成长。

（一）定义概念之维：从"数字素养"到"数字胜任力"的演化

教师数字胜任力这一概念的演变历程可以形容为"有着漫长的过去但只有短暂的历史"。随着信息技术的迅猛发展和普及，教师数字化教学能力相关术语的定义和内涵也在不断地丰富和拓展。

从最初单一地强调数字化技术使用技能，到现在注重教师多维度、综合性的能力，这一转变反映了教育对于数字技术的认识在不断深化。在这个过程中，"素养"一词逐渐成为描述数字化能力的重要载体。从媒体素养、计算机素养、信息素养到网络素养，这些概念的相继出现不仅拓宽了数字素养的内涵，也为教师数字胜任力的研究提供了更加广阔的视野。

1997年，保罗·吉尔斯特提出的数字素养概念，为后来的研究奠定了基础。他将数字素养定义为访问互联网，查找、管理和编辑数字信息的技能以及正确使用和评估数字资源、工具和服务的能力。这一定义强调了教师在数字化时代应具备的基本技能和素养。

随着时间的推移，智能素养、多模态素养等新兴概念的出现，进一步丰富了数字素养的内涵。这些概念不仅关注教师在技术操作层面的能力，还强调他们在数字环境中的创新思维、批判性思考以及解决问题的能力。

需要注意的是，虽然数字素养和数字胜任力在某些研究中存在混用的现象，但它们之间实际上存在本质区别。数字素养更多关注基础的技术性知识与技能，而数字胜任力则是一种多维度的综合性能力，它涵盖了教师在数字化教学、科研和管理等多个方面的能力。因此，在研究和实践中，我们需要根据具体情境和需求，选择合适的概念来描述和评估教师的数字化能力。

（二）实践框架之维：从"单一向"到"能力集"的发展

教师数字胜任力这一概念在理论层面的定义难以直接转化为课堂教学中的具体操作指南。因此，为了更有效地指导教师课堂教学实践，出现了众多关于教师数字胜任力的实践框架和模型。这些框架和模型不仅为教师提供了具体的行动指南，还帮助他们系统地提升了数字化教学能力。

在教师数字胜任力模型研究之初，学者们的关注点主要集中在数字化技术如何影响和指导教师在某一主题领域的教学，如课程设计、教育管理和跨学科教学等。这些研究为教师提供了初步的数字化教学策略和方法，帮助他们更好地将数字技术融入教学中。

近年来，随着全球范围内对教育信息化和教师数字化教学能力的重视程度不断提升，各类国际组织和非营利机构发布的专业化标准框架逐渐成为教师数字胜任力研究的主流。这些标准框架不仅为教师数字胜任力提供了明确的定义和内涵，还制定了详细的评估指标和测量方法，使教师数字胜任力的调查和实践研究更加科学和规范。

一些经典的自制标准框架在教师数字胜任力研究中具有重要地位。这些框架通常包括多个维度，如数字素养、教学设计、学习评估、专业发展等，旨在全面评估和提升教师的数字化教学能力。通过运用这些框架，教师可以更加系统地了解自己在数字化教学方面的优势和不足，进而制订针对性的提升计划。

1. "单一向"主题领域的自制框架

教师数字胜任力模型的发展经历了一个从单一到多元、从概念到实践的逐步深化过程。早期阶段，这些框架主要关注数字环境中教师教学的某一主题领域，如如何有效整合信息技术与课程以及如何利用技术进行批判性反思教学等。这些框架多为概念型，具有较强的教学针对性和教育指导性。

教师数字胜任力模型的发展体现了对教师在数字化时代所需能力的全面、深入的理解。这些框架不仅有助于教师提升个人数字胜任力，使其更有效地进行数字化教学，也推动了整个教育系统的数字化进程。然而，随着技术的不断进步和教育理念的不断更新，这些框架仍需要不断完善和更新，以适应新的教学需求和教育环境。

2. "能力集"综合视域的专业标准框架

教师数字胜任力模型在逐渐从静态的概念型框架向动态的发展型框架演进。这种动态性不仅体现在能力领域的逐级递进上，还体现在对教师数字胜任力发展阶段的划分上。这种划分使我们对教师数字胜任力的评估更加客观、精准，有助于针对不同发展阶段的教师提供有针对性的支持和指导。

值得注意的是，教师数字胜任力模型还在逐渐从仅关注教师本体能力向从不同立场、角色和视角出发来定义和理解教师数字胜任力的方向转变。这种转变反映了教师数字胜任力不仅是个体能力的问题，还涉及教师在教育生态系统中的角色和定位。因此，关注教师胜任力"场"作用的辐射影响，是时代对教师数字胜任力提出的新要求。

### 三、加强教师数字胜任力培养的价值与意义

**（一）培养教师数字胜任力是教育数字化转型的时代呼唤**

随着以互联网、大数据、虚拟现实、人工智能等为代表的数字技术的迅猛发展，我们正经历着一场深刻的教育变革。数字技术不仅推动着经济社会各个领域的快速发展，更在加速教育的现代化进程，为教育教学带来了前所未有的机遇和挑战。

面对这一趋势，我国政府高度重视数字技术在教育中的应用，并出台了一系列政策文件来指导和推动教育信息化的发展。从《教育信息化2.0行动计划》到《中国教育现代化2035》，再到《中华人民共和国国民经济和社会发展第十四个五年规划和2035年远景目标纲要》，这些文件都明确提出要利用数字技术构建新型教育服务模式，提升教师信息技术应用能力，推动人才培养模式变革，加快数字社会建设步伐，建设数字中国。

在这一背景下，教师数字胜任力的提升显得尤为重要。只有具备较高数字胜任力的教师，才能适应教育数字化转型的需求，利用数字技术催生课堂教学结构的变革，培养出适应数字时代发展的优秀人才。因此，加强教师信息化能力建设，提升教师数字胜任力，已成为当前教育领域的重要任务。

为了实现这一目标，我们需要从多个方面入手。首先，要加强教师的数字技术培训，提升他们的数字素养和技能水平。其次，要推动教师将数字技术应用于教学实践，探索新的教学模式和方法。最后，还需要构建良好的数字教育生态，为教师提供丰富的数字教育资源和支持服务。

**（二）培养教师数字胜任力是教学数字化发展的应有之义**

教师数字胜任力的提升不仅是教师个人专业发展的需求，也是推动教育现代化、提高教育质量的重要举措。我们应该加大对教师信息技术应用能力的培训力度，帮助教师掌握数字技术在教学中的应用技巧，使他们能够更好地适应数字化时代的教学需求，为培养更多优秀人才贡献力量。

（三）培养数字胜任力是教师能力素质提升的必然要求

为了更好地适应新的教学环境和教学模式，教师必须具备良好的数字素养和数字胜任力。

数字素养和数字胜任力不仅关乎教师个人的专业发展，更直接影响到学生的学习效果和成长。

在这方面，欧盟为我们提供了宝贵的经验和启示。欧盟很早就意识到数字素养的重要性，并相继提出了面向公民和学习者的数字素养框架。这些框架不仅明确了数字素养的定义和内涵，还为教育工作者提供了具体的能力要求和发展方向。

这些要求不仅体现了数字化时代对教育工作者的新挑战和新要求，也为我们指明了提升教师数字素养和数字胜任力的方向。教师只有掌握了数字工具或智能技术，才能更好地促进个人专业成长，胜任数字化时代的教育工作。

因此，我们应该加强对教师的数字技术培训，提升他们的数字素养和数字胜任力。同时，还应建立健全相关的评价机制和激励机制，鼓励教师积极运用数字技术进行教学创新和实践。只有这样，我们才能培养出更多适应数字化时代需求的高素质教师，为推动教育现代化、提高教育质量作出更大的贡献。

## 第二节　地方高校教师数字胜任力模型的具体内容

一、欧盟教师数字胜任力框架的内容

《欧洲教育工作者数字胜任力框架》详细阐述了教师在数字化时代应具备的核心能力，包括数字技术的使用、数字资源的整合、数字教学环境的创设、数字学习活动的组织以及数字评估与反馈等多个方面。这些能力不仅有助于教师更好地适应数字化教学环境，提升教学效果，同时也能有效促进学生的学习和发展。通过这一框架的推广和实施，欧盟期望能够推动各成员国教师数字胜任力的整体提升，进而推动欧洲教育的数字化进程。这不仅有助于提升欧洲教育的整体质量，也能为培养适应数字化时代需求的人才提供有力支持。

此外，该框架还为欧盟各成员国提供了一个交流和合作的平台，促进各国在数字化教育领域的经验分享和最佳实践的传播。通过共同努力，欧盟有望在全球数字化教育的发展中扮演更加重要的角色。

（一）完善数字化教学基础建设，营造良好的数字环境

完善的数字化教学基础建设对于教师开展创新数字教学活动以及提升他们的数字胜任力至关重要。欧盟在这方面已经采取了一系列重要的举措，旨在缩小各国之间的数字化差距，并促进整个欧洲的数字化转型。

欧盟委员会通过"连接欧洲设施"数字计划，大力支持公共和私人对数字连接基础设施的投资，特别是千兆和5G网络的建设。这一行动不仅有助于提升学校的网络接入速度和稳定性，还为教师提供了更加高效、便捷的数字教学工具和环境，使他们能够更好地利用数字技术开展教学活动。

欧盟在《数字教育行动计划（2021—2027）》中鼓励各成员国将宽带建设纳入"复苏和恢复基金"下的国家投资改革项目。这一举措不仅有助于解决学校在互联网接入方面的问题，还能够为学校购买数字设备和电子学习应用提供资金支持。通过这些措施，欧盟为学校和教师提供了更加丰富的数字教学资源，促进了数字教育的发展。

此外，一些欧盟成员国如丹麦也启动了自己的数字化战略，为学校的数字化教学提供了更加具体的支持。例如，丹麦政府计划拨出大量资金用于在小学教学中引入技术，并为职业学校知识中心的数字设备库提供资金。这些举措不仅有助于提升学校的数字化水平，还能够为教师提供更多的技能培训和发展机会。

（二）提供数字技能培训，保障教师专业发展

欧盟及其成员国在提升教师数字胜任力方面所采取的多样化数字技能培训措施，充分展现了其对教育数字化转型的高度重视和坚定决心。这些措施不仅有助于教师个人技能的提升，更对整个教育体系的数字化转型起到了积极的推动作用。

欧盟通过"复苏和恢复基金"对技能进行前所未有的投资,将教师培训作为关键领域之一。这种战略性的投资布局旨在确保教师在教育数字化转型过程中能够有效参与,并发挥关键作用。

欧盟及其成员国提供的数字技能培训具有针对性和多样性。例如,伊拉斯谟+项目中的数字化项目专门针对50岁以上的教师,旨在满足他们在线教学的需求,提升他们的基础数字能力。这种针对性的培训能够确保不同年龄段的教师都能够适应数字化转型的要求。

此外,一些成员国还通过资助计划、组织比赛和研讨会等方式,提升教师的技术素养。这些措施不仅为教师提供了学习材料和培训课程,还为他们创造了一个交流和分享的平台,有助于他们共同成长和进步。

(三)搭建数字化教育平台,促进教师学习与交流

在欧盟,eTwinning项目作为欧盟委员会在线学习计划的重要行动,自推出以来就为欧洲的教师提供了丰富的在线专业发展机会。通过这个平台,教师可以参与在线研讨会,就数字教育等主题进行深入的学习、交流和讨论。这种形式的交流学习不仅拓宽了教师的视野,还促进了教育资源的共享和经验的传承。

此外,荷兰的"Leraar24"平台也为教师在信息通信技术方面的专业发展提供了有力支持。在这个平台上,教师可以利用多种在线工具进行学习和交流,分享自己的经验和技术,并讨论关键问题。这种互动式的学习方式有助于激发教师的创新思维,提升他们的专业素养。

爱沙尼亚在数字学习生态系统的建设方面也取得了显著成果。他们开发的教师数字能力发展数字系统,为教师提供了便捷的资源检索、存储和分享功能,有效地促进了教师间的合作与交流。

《数字教育行动计划(2021—2027)》的推出进一步强调了高性能数字教育生态系统的发展以及数字技能和能力的提升。为此,欧盟委员会成立了欧洲数字教育中心,为教师提供了一个在线交流空间,让他们能够分享日常经验、专业知识和创新想法。这一举措不仅克服了欧洲层面数字教育政策、研究和实践的碎片化问题,还打造了教育数字化的实践共同体,为教师的专业发展和教育领域的创新注入了新的活力。

### （四）开发数字化评估工具，提高教师反思与评估能力

教师数字胜任力的提升是一个持续不断的过程，其中教师自我反思与评估扮演着至关重要的角色。欧盟及其成员国已经认识到这一点，并采取了积极的措施来推动教师数字胜任力的自我评估与发展。

欧盟委员会基于已有的数字胜任力模型，推出了教师在线自我评估工具"教师自拍"。这一工具通过一系列反思性问题，帮助教师全面审视自己在数字、技术和教学技能方面的优势和不足。完成测试后，教师会收到一份详细的自动报告，不仅显示了他们在每个领域的现有能力水平，还提供了改进的具体建议。这种自我评估的方式有助于教师更加清晰地认识自己的数字胜任力状况，从而有针对性地制订提升计划。

除了教师的自我评估，欧盟及其成员国还在积极制定学生数字技术使用熟练程度的标准或规范。这些标准或规范不仅为学生提供了明确的学习目标，也为教师提供了评估学生数字能力的依据。例如，保加利亚教育和科学部每年都会公布学生数字能力在线评估的文件，它详细列出了评估的内容、标准和比重等信息。在冰岛，则根据不同年级设定了不同等级的信息和通信技术能力标准，并采用四级评分制度进行评估。这些举措有助于确保学生在数字技能方面得到全面而有效的培养。

## 二、面向数字化教育场景的教师数字胜任力实施内容

在数字时代，教师专业发展面临着全新的挑战与机遇。随着教育实践的场景日益数字化以及人机协同育人模式的兴起，教师的角色定位也在发生深刻的变化。在这样的背景下，构建教师数字胜任力显得尤为重要。

### （一）数字内容与数字化课程创作能力

在数字时代，教育正经历着一场深刻的变革。学习不再受限于特定的时间和地点，而是随时、随地、随需地学习。在线学习、线上线下混合、虚拟和现实融合等多种学习场景的出现，为个性化学习提供了更广阔的空间。同时，微认证、微学习、嵌入性学习等新型学习形式的快速发展，

也要求教师必须紧跟时代步伐，不断提升自身的数字胜任力。

适应个性化学习需求是教师面临的重要挑战之一。富媒体教材、嵌入式内容、互动式课程、沉浸式资源等新型数字内容的创作能力，成为教师必备的技能。这些数字内容不仅能够激发学生的学习兴趣，还能根据他们的学习特点和需求进行个性化定制，从而提高学习效果。

随着资源共享和教育服务的日趋完善，MOOC、SPOC、MPOC、翻转课堂、混合式学习等教学模式也逐渐普及。这些新型教学模式打破了传统课堂的界限，使教育资源得以更广泛地传播和共享。为了适应这种变化，教师需要具备数字化课程建设与运营能力，能够利用技术手段构建高效、互动、个性化的教学环境，为学生提供更优质的教育服务。

同时，教师还需要关注教务服务模式的转变。在数字化时代，教务管理也变得更加智能化和高效化。教师需要了解并掌握相关的数字化工具和方法，以便更好地进行课程安排、学生管理、成绩评定等工作。

(二) 技术融合的学习场景创设能力

未来的教育场景无疑将是一个高度复杂且充满创新的立体化空间，其中信息内容、数字技术和智能装备将实现深度融合，虚拟与现实将相互交织，人类教师与数字人教师将深度协同工作。在这一背景下，教师需要具备深厚的专业素养和前瞻性的技术视野，以适应这一变革。

教师应深刻理解场景要素间的互动关系和人机关系。这包括理解数字技术如何改变信息的获取、处理和传递方式以及智能装备如何提升教学效果和学习体验。同时，教师还需明确人类教师和数字人教师的角色定位，认识到两者在教育中的互补作用。

教师应准确理解人工智能在教育领域的优势。人工智能在信息获取、数据分析、模式识别等劳力和算力密集领域具有显著优势，能够大大提高教学效率和准确性。然而，教师在情感交互、高阶能力培养、创新思维激发等情感和创意密集领域仍具有不可替代的独特价值。因此，教师应充分发挥两者的优势，实现人机协同育人的最佳效果。

此外，教师还应具备正确的技术价值观和技术伦理观。在育人使命的指引下，教师应以人为本，尊重学生的个性差异和学习需求，科学设计技术融入的育人场景。同时，教师还应关注技术应用的伦理问题，确保技术的使用符合教育伦理和社会规范。

教师应有效整合各类技术资源，充分发挥各类要素的教育合力。这包括利用数字技术丰富教学内容和形式，利用智能装备提升教学效率和互动性，利用人类教师和数字人教师的协同作用提升教学效果和质量。

### （三）创新型学习活动设计与实施能力

在数字化转型的时代背景下，教育的核心使命是培养数字公民，并为社会输送能够适应并推动数字社会发展的创新型人才。这种转型不仅改变了教育的内容和形式，也重塑了教育的目标和价值取向。

能力本位的教育取向正逐步成为全球共识，它强调学生的实践能力和创新能力，以满足社会的实际需求。这种取向的转变使教学目标也逐渐转变为以核心素养为导向，注重培养学生的高阶能力、创新思维和数字社会伦理。这些素养和能力是学生在未来数字社会中生存和发展的关键。

为了达成这些教学目标，教学活动的有效设计和实施变得尤为重要。教学活动设计需要适应新时期教学目标的取向，具有综合性、探究性、体验性和符合跨学科的要求。这意味着教学活动应打破学科界限，让学生在实践中探索、在体验中学习，从而培养他们的综合能力和创新思维。

同时，教学活动的数字化特征也日益明显。技术丰富、资源丰富、数据丰富的数字化环境为教学活动提供了无限可能。教师需要有效应用这些技术，深度融入教育场景，开展创造性的活动设计。例如，通过将知识问题化、内容场景化、活动任务化、过程探究化，教师可以支持学生开展探究式学习、合作式学习、项目式学习、体验式学习等，从而激发他们的学习兴趣和动力。

在这个过程中，教师的角色也发生了变化。他们不仅是知识的传授者，更是学生成长的引导者和合作伙伴。教师需要不断更新自己的教育理念和教学技能，以适应数字化时代的教育需求。

### （四）数据循证的教学优化能力

数字技术为教育数字化转型提供了强大的底层逻辑支持，使信息化时代的情绪、行为、模式等模糊信息变得清晰可感、可量化评估。这一转变极大地降低了复杂教育系统中的不确定性，为教育决策和教学实践提供了更为科学、精确的依据。

数据作为教育数字化转型中的核心要素,具有极高的教育价值。通过数据循证,我们能够更深入地理解教育过程,揭开教育的"黑箱",进而优化教学决策、改进教学行为、完善教学评测。

通过提升数据素养,教师可以更好地利用数据驱动教学范式,实现数据循证的教学决策。这不仅可以提高教学的针对性和有效性,还可以促进教师专业素养的持续提升和学生学习效能的不断提高。

因此,我们应该重视并加强教师的数据素养培养,为教育数字化转型提供有力的人才保障。同时,还应积极探索数据在教育领域的更多应用可能,以推动教育事业的持续发展和创新。

**三、教师数字胜任力培训的实践路径**

教学实践培训是推动教师数字胜任力融入课堂的重要环节。目前,关于教师数字胜任力的研究已呈现出多样化的培训实践活动。教学实践培训是推动教师数字胜任力发展的重要途径。线下培训共同体项目、在线培训互动社区以及多元创新教学实践等多种方式,可以有效提升教师的数字胜任力,促进数字化教学的发展。

(一)线下培训共同体项目:基于欧盟 Dig Comp 框架的常规化培训

教师数字素养的线下培训项目往往以某种实践框架为基础展开,其中欧盟发布的教师数字胜任力模型(Dig Comp 框架)应用尤为广泛。该框架自2013年起便不断迭代更新,至今已发展至 Dig Comp2.1 版,明确提出了教师数字胜任力的五个维度和21种能力,为教师数字素养的提升提供了清晰的方向。

特别值得一提的是,欧盟在2017年发布的 Dig Comp Edu 框架,颠覆了以往的认识,创新性地提出了六大能力和22种子能力,更全面地涵盖了教师在数字化时代所需的各种技能。

在培训过程中,指导教师由教育技术、心理学和教育规划领域的专家组成,他们为参与者提供了关于搜索引擎、数据库、社交媒体平台、数字身份、隐私保护、版权问题、编程平台以及问题解决技巧等方面的深入讲解和实践操作。通过为期6天共51个小时的密集培训,职前教师们得以全面了解和掌握数字时代的各种技能和工具，为他们未来的教学实践奠定了坚实的基础。

为了更好地评估培训效果，研究者还采用了数字胜任力问卷、TPACK深度量表以及日志和焦点小组访谈等多种方式来记录过程数据。这些数据不仅有助于了解参与者在培训过程中的表现和进步，还能为今后的培训项目提供宝贵的参考和借鉴。

（二）在线培训互动社区：基于虚拟教室与社交平台的主题式培训

在培训过程中，可以设计14个主题，通过15个虚拟实时会话进行，每个会话持续120分钟，每周一次。这种安排既保证了培训的连续性，又确保了教师能够充分吸收和消化所学内容。在虚拟教室中，指导教师能够播放音视频、共享屏幕和材料，并与学生进行实时互动和讨论。这种交互式的培训方式大大提高了教师的学习兴趣和参与度。

为了更好地支持数字内容创建、协作和评估，培训中使用了多种在线工具。

值得一提的是，虚拟平台还具备一些特殊功能，可以用于训练教师某一具体维度的数字胜任力。例如，Social Lab作为一种模拟社交网络的软件系统，可用于提高教师对隐私管理、数字身份和互联网使用的风险防范意识。这种针对性的培训方式有助于教师更好地应对数字化时代的教学挑战。

（三）多元创新教学实践：基于游戏化教学方式与多模态技术的互动式培训

一种创新的尝试是利用棋盘游戏来教授学生网络安全知识。通过模拟网络钓鱼和过度传播内容的场景，教师能够让学生在轻松愉快的氛围中认识到计算机风险的危害性，并学会如何防范这些风险。这种游戏化教学方法不仅提升了学生的计算机风险意识和技能，也让他们在游戏中体验到了学习的乐趣。

此外，西班牙奥维耶多大学的Del-Moral-Perez等人开展了一项数字故事叙事项目，教师和学生协同进行媒体创作。在这一实践中，图像、照片、插图、视频以及画外音等多种元素被巧妙地融合在一起，形成生动有趣的数字故事。这一过程不仅锻炼了学生的技术创造和表达交流能力，还让他们在制作过程中学会了反思和实践。

## 第三节　地方高校教师数字胜任力模型的构建

**一、地方高校教师数字胜任力模型构建及应用**

我国的高校教师培训体系在某些方面仍需完善。现有的培训体系可能未充分关注教师的数字化学习能力培养，导致教师在面对日新月异的数字技术和教育需求时，显得力不从心。为了提升高校教师的数字胜任力，可以从多个方面入手。

（一）模型构建

通过文献综述、专家访谈、问卷调查和统计分析等多种方法，对数字胜任力要素进行深入研究和验证。调查问卷的数据收集与分析结果显示，高校教师在数字胜任力水平上存在显著的性别和职称差异。这一发现为高校在提升教师数字胜任力时提供了重要的参考依据。

基于这些研究结果，本节形成了一套完整的高校教师数字胜任力模型，并给出了这一模型在实际运用中的具体方法。该模型不仅有助于高校教师明确自身在数字胜任力方面的提升方向，也为高校在教师培训、绩效考核等方面提供了有力的工具。

（二）模型验证

进一步地，对于教学能力维度，各因子的载荷系数均较高，显示出该维度在教学实践中的重要作用。其中，"能够提供高质量教学内容"和"能够关注学生个性发展"的因子载荷系数尤为突出，说明高校教师在数字时代的教学工作中，不仅要注重教学内容的质量，还要充分关注学生的个性化需求。

在团队合作能力维度中，各因子的载荷系数也均处于较高水平，表明高校教师在团队合作中需要具备有效的组织和协调能力以及资源管理和数据分析能力。这些能力对于提升团队效能和推动科研创新至关重要。

未来，随着信息技术的不断发展和教育改革的深入推进，高校教师数字胜任力模型还将继续完善和优化。同时，高校也应加强对教师数字胜任力的培训和考核，推动教师队伍的整体素质提升，以适应数字化时代的高等教育发展需求。

（三）模型应用

基于胜任力模型，高校教师在数字时代的教学中可以充分发挥数字技术的优势，积极投身教学改革，从而提升教学质量并更好地满足学生的学习需求。

在课堂教学中，教师可以灵活运用多媒体课件、虚拟仿真实验等现代教学手段，打破传统课堂教学模式的局限，使教学内容更加生动、形象，激发学生的学习兴趣和积极性。同时，通过MOOC等在线课程平台，教师可以为学生提供更多样化、个性化的学习路径，满足学生的不同学习风格和需求，使他们能够更好地掌握课程内容。

在提升教学质量方面，数字技术为高校教师创建数字化课程资源提供了便捷的途径。通过整合MOOC、微课等在线课程资源，教师可以丰富课堂教学内容，提高课程资源的利用率。此外，教师还可以利用移动学习设备和计算机进行在线学习，实现知识的即时传授和更新，为学生提供更加灵活、高效的学习方式。

高校教师数字胜任力模型的应用不仅有助于教师个人教学能力的提升，也能够推动高校教学质量的整体提升。因此，高校应加强对教师数字胜任力的培养和考核，推动教师队伍的数字化转型，以适应数字化时代的高等教育发展需求。

二、地方高校教师数字胜任力模型构建与发展路径研究

随着人工智能、互联网、大数据等数字技术的迅猛发展，我们已步入一个全新的数字社会。在这个社会中，地方高校作为地方教育的重要支柱，也面临着数字化转型的必然趋势。数字技术的广泛应用不仅重塑了地方高校师生的日常生活方式，更对教育教学模式产生了深远影响。在

这一时代背景下,地方高校积极响应数字教育的号召,致力于推动教育的数字化转型。在数字技术的驱动下,地方高校的教学不再局限于传统的教室和书本,而是变得更加多元、开放和互动。通过引入在线教育平台、数字化教学资源以及智能化教学工具,地方高校为师生提供了更加灵活多样的学习方式和教学环境。

与此同时,为了培养更多具备数字胜任力的新型人才,地方高校开始重视教师数字胜任力的提升。数字胜任力作为评价现代人才的重要标准,在地方高校中尤为重要。它强调的是教师在工作、教学和社会参与中,能够自信、批判和创新性地运用信息技术的能力。因此,地方高校需要加强对教师数字胜任力的培养,使其能够更好地适应数字教育环境,胜任未来教育工作。

为了提升教师的数字胜任力,地方高校可以采取多种措施。首先,加强数字化教学资源建设,为教师提供丰富多样的教学资源,以满足其教学需求。其次,开展数字教育培训,提高教师的信息素养和数字技术应用能力。最后,组织教师参与数字化教学实践,通过实践锻炼提升其数字胜任力。通过提升教师的数字胜任力,地方高校不仅可以更好地实现教育信息化的目标,还能够培养学生的核心素养,提升他们的全球竞争力。同时,这也有助于培养更多具备数字化技能的新型人才,为我国的数字经济发展和社会进步贡献自己的力量。因此,地方高校应当充分认识到提升教师数字胜任力的重要性,并采取有效措施加以推进。

(一)地方高校教师数字胜任力模型构建

随着人工智能、互联网、大数据等数字技术的迅猛发展,地方高校作为地区教育和人才培养的重要基地,其教师的数字胜任力对于推动教育信息化、培养适应数字时代需求的高素质人才具有关键作用。基于欧盟的数字胜任力模型,并结合我国地方高校的实际情况,我们提出了地方高校教师数字胜任力模型构建的思路。

(1)动态发展特征的认识。地方高校教师的数字胜任力具有显著的动态发展特征。随着数字技术的日新月异,高校教师的数字胜任力也在不断地变化和提升。因此,我们需要深入研究和理解这一动态过程,以更好地适应和应对数字时代的教育挑战。

(2)差异性与综合性的研究设计。考虑到我国地方高校教师在信息化发展方面的现状和他们在数字化教学活动中的实际需求，我们需要进行差异性和综合性的研究设计。这样的设计能够更准确地把握地方高校教师在数字胜任力发展过程中的影响因素，从而为他们提供更有针对性的支持和帮助。具体而言，可以从以下几个方面进行研究设计：地方特色分析，分析不同地区、不同类型的地方高校在数字教育发展方面的特点，了解其对教师数字胜任力的具体要求；教师需求分析，通过问卷调查、访谈等方式，了解地方高校教师在数字化教学活动中的实际需求，包括教学资源、技术支持、培训机会等方面；影响因素分析，探究影响地方高校教师数字胜任力发展的关键因素，如政策支持、学校文化、教师自身因素等。

（3）层次分析法的应用。为了更系统地分析和评估地方高校教师的数字胜任力，我们采用了层次分析法这一科学的研究方法。通过构建层次结构模型，可以将教师数字胜任力分解为多个维度和子维度，并对其进行量化评估。具体而言，可以从以下几个方面构建层次结构模型：数字素养基础，包括教师数字技术的基本认识、使用技能和信息素养等；数字教学应用，包括教师利用数字技术进行教学设计、实施和评价的能力以及与学生进行线上互动和交流的能力；数字创新与发展，包括教师利用数字技术进行创新教学和科研的能力以及适应数字时代教育变革的能力。

通过层次分析法，我们可以发现地方高校教师在各个维度上的优势和不足，进而提出有针对性的提升策略。例如，针对数字素养基础薄弱的教师，可以提供基础技术培训和信息素养提升课程；针对数字教学应用能力不足的教师，可以组织在线教学平台使用培训和数字化教学资源开发指导等。

（二）提升地方高校教师数字胜任力的路径

（1）明确地方高校教师的数字胜任力需求。地方高校应分析本校教师在数字技术应用和教学中的现状和需求，特别是针对地方特色和行业需求，明确教师在数字胜任力方面的具体要求。通过问卷调查、访谈、教学观摩等方式，深入了解教师的数字技能水平、教学风格以及学生反馈，为制订个性化的培训计划提供依据。

（2）制定适应地方高校特色的数字胜任力发展标准。基于地方高校的定位和特色，结合数智时代的新要求，制定具有针对性的教师数字胜任力发展标准。这些标准应涵盖数字素养、数字教学技能、数字创新能力等多个方面。此外，高校、教师培训机构等还应加强对教师数字素养和数字胜任力的区分，明确各自的定义和内涵，帮助教师理解数字时代的新要求。

（3）构建适应地方高校的教师数字胜任力培训体系。整合传统信息技术与数智时代的先进技术，构建综合的教师数字胜任力培训体系。这些培训应包括数字技能培训、教学方法创新、教学资源开发等内容。针对地方高校的特色和需求，开发具有针对性的培训课程和教学资源，如基于地方产业的案例研究、行业特色的教学软件等。

（4）持续发展地方高校教师的数字教学与创新能力。鼓励教师积极应用数字技术进行教学创新，探索线上线下混合式教学、翻转课堂等新型教学模式。设立专门的项目和资金支持，鼓励教师开展数字化教学改革和研究，提升教学质量和效果。加强与地方企业的合作，将企业的先进技术和行业经验引入课堂，提升教学的实践性和应用性。

（5）借鉴国际经验，提升地方高校教师的专业素养。借鉴欧盟、美国等国家和地区的教师数字胜任力标准和发展策略，结合我国地方高校的实际情况，制定具有中国特色的教师数字胜任力标准。加强与国际高校和机构的交流与合作，分享数字教育领域的经验和成果，共同推动教师数字胜任力的发展。邀请国际专家为地方高校教师进行培训和指导，提升他们的专业素养，拓宽他们的国际视野。

（6）建立激励机制，促进教师自我提升。设立奖励机制，表彰在数字教学和创新方面表现突出的教师，激发他们的积极性。提供持续的支持和帮助，如技术咨询、教学资源共享等，为教师提供便利条件进行自我提升。鼓励教师参与数字教育的学术研究和实践探索，提升他们的研究能力和实践能力。

通过以上路径和策略的实施，可以有效提升地方高校教师的数字胜任力，推动教育信息化的进程，培养更多适应数字时代需求的高素质人才。

### 三、面向数字化教育场景的教师数字胜任力聚焦

面向数字化教育场景，教师的数字胜任力成为关键。其中，数字内容创作能力是教师能够利用数字技术创作富有创意和教育价值的内容，为学生提供丰富的学习资源；技术融合的场景创设能力是指教师在特定场

景下，巧妙地将技术与教学场景相结合，创造出沉浸式、互动式的学习环境；创新型活动设计能力是教师在数字化环境中设计具有创新性和实践性的教学活动，以激发学生的主动性和创造性；而数据循证的教学优化能力则是教师利用数据分析结果来优化教学过程，提高教学效果。

因此，构建教师数字胜任力应聚焦这四个关键维度，不断提升教师在数字时代的教育教学能力，以适应数字化教育的新需求和新挑战。同时，教师也应积极拥抱数字时代，不断提升自我发展能力，实现专业成长和进步。

（一）数字内容与数字化课程创作能力

在数字时代的浪潮中，个性化学习已经渗透到我们生活的方方面面，无论是在线学习、线上线下混合学习，还是虚拟与现实的融合学习，各种学习场景并存且日益丰富。与此同时，微认证、微学习、嵌入性学习等新型学习形式也在快速发展，它们为学习者提供了更为灵活、高效的学习方式。

面对这样的教育新生态，教师也需要与时俱进，不断提升自己的数字内容创作能力。他们需要能够创作出富媒体教材、嵌入式内容、互动式课程、沉浸式资源等新型数字内容，以满足个性化学习需求、弹性化学习方式和多样化学习场景的需要。这些数字内容不仅能够帮助学习者更好地理解和掌握知识，还能够激发他们的学习兴趣和积极性。

（二）创新型学习活动设计与实施能力

在数字化转型的时代背景下，教育扮演着培养数字公民、输送适应并推动数字社会发展的创新型人才的关键角色。能力本位的教育取向正逐渐成为全球范围内的共识，它强调教育应以提升学生的实际能力和素质为核心，而非仅仅注重知识的传授。

新时期的教学目标已发生深刻转变，从传统的知识导向转变为以核心素养为导向，特别注重高阶能力、创新思维和数字社会伦理的培养。这些核心素养不仅是学生未来发展的基石，也是推动社会进步的重要力量。

要实现这些教学目标，教学活动的有效设计和实施至关重要。教学活动设计需要适应新时期教学目标的取向，体现综合性、探究性、体验性和跨学科的要求。这意味着教学活动应打破学科壁垒，整合各种资源，让学生在实践中探索、体验和学习。

同时，数字化特征在教学活动中愈发凸显。技术丰富、资源丰富、数据丰富的教学环境为教学活动提供了更多可能性。这样的教学活动设计不仅有助于提升学生的核心素养，还能培养他们的团队协作能力、问题解决能力和创新精神。同时，通过连接真实生活、激发切身体验，还能让学生在学习过程中更好地理解和应对现实世界的挑战。

（三）数据循证的教学优化能力

在数字时代，教育的数据化特征愈发明显。因此，教师必须具备扎实的数据素养，以应对不同类型、不同来源、不同模态的教育数据。他们需要具备灵敏的数据价值意识，能够准确识别数据的潜在价值。同时，他们还需要具备扎实的数据能力，包括数据的定位、采集、处理、分析和表征等。此外，全面的数据循证思维也是必不可少的，教师应该能够运用数据分析结果来优化教学决策、改进教学行为、完善教学评测。

通过不断提升数据素养，教师能够将数据分析结果转化为实际的教学知识和技能，推动数据驱动的教学范式和数据循证的教学决策的实施。这不仅能够提升教师的专业素养，还能够有效提高学生的学习效能，实现教育质量的持续提升。

# 第五章

## 地方高校教师数字素养提升的驱动力量：教师数字化培训

在数字化时代，地方高校教师数字素养的提升成了教育改革和发展的重要一环。为了应对这一挑战，许多地方高校纷纷开展教师数字化培训，以此作为提升教师数字素养的驱动力量。通过数字化培训，教师可以更好地适应数字化时代的教育改革和发展，提高自己的教学质量和效果，促进个人的职业发展和成长，同时也能够推动地方高校数字化建设的进程。因此，地方高校应该加大教师数字化培训的力度，提高教师的数字素养水平，为教育事业的可持续发展注入新的动力。

# 第一节　设计系统的数字技能培训课程

在数智时代，高校教师面临着前所未有的数字化挑战和前所未有的机遇。数字化技术的迅猛发展，不仅改变了人们的生活方式，也对教育领域产生了深远的影响。为了应对这些变化，设计一套系统的数字技能培训课程显得尤为重要。这样的课程不仅能够帮助教师掌握数字技能，更能够提升他们的教学效果和创新能力。

## 一、明确的课程目标

设计这套培训课程的首要目标是培养教师具备扎实的数字技能基础，如数据处理、数据分析、数字内容创作等。通过这些技能的掌握，教师将能够更好地应对数字化时代的挑战。同时，课程还致力于提高教师运用数字技术进行教学设计、课程实施和评估的能力，使他们在数字化教育环境中更具竞争力。此外，课程还将引导教师关注数字化教育趋势，激发他们的创新意识和实践能力，为未来的教育变革做好准备。

## 二、丰富多样的课程内容

课程内容涵盖了数字技能基础、数字化教学设计、数字化教学实施、数字化教学评估以及数字化教育趋势与前沿等多个方面。在数字技能基础方面，课程将详细介绍数据处理与分析、数字内容创作、多媒体制作等基本技能，帮助教师建立扎实的数字技能基础。在数字化教学设计方面，课程将探讨如何运用数字技术进行课程设计，如在线课程、混合式教学等，为教师的教学设计提供新的思路和方法。在数字化教学实施方面，课程将教授如何运用数字工具进行课堂教学，提高教学效果，使教师能够更好地应对数字化教学环境。在数字化教学评估方面，课程将分析如何运用数据分析技术进行教学评估，优化教学方法，帮助教师更科学地评估学生的学习成果。在数字化教育趋势与前沿方面,课程将介绍当前数字化教育的发展趋势和前沿技术,激发教师的创新意识和探索精神。

### 三、灵活多样的教学方法

为了让教师能够更加方便地学习和掌握数字技能,课程将采用线上学习、线下实践以及研讨交流等多种教学方法。线上学习将利用在线课程、学习平台等丰富的资源,为教师提供灵活自主的学习环境。线下实践将组织教师参与实际教学项目,将所学的数字技能应用到实际教学中去,提高其实践能力。研讨交流则将为教师提供一个相互学习、交流经验的平台,促进教师间的合作与共同进步。

### 四、科学有效的课程评估

课程评估是检验培训效果的重要手段。为了确保培训效果的最大化,课程将采用多种评估方式,包括学习成果评估、教学实践评估以及反馈与改进等。学习成果评估将通过作业、测试等方式检验教师的学习成果,确保他们掌握所学的数字技能。教学实践评估将观察教师在实际教学中的表现,评估数字技能的应用效果,为教师的进一步发展提供指导。反馈与改进则将根据评估结果及时调整课程内容和教学方法,确保培训效果的持续提升。

### 五、周密详实的实施计划

为了确保培训课程的顺利进行,我们将制订详细的实施计划。首先,明确培训对象,包括新入职教师、在职教师等,以满足不同教师群体的需求。其次,根据培训对象的需求和课程目标制订详细的培训计划,包括培训内容、教学方法、评估方式等。接着,组建由专家、学者和实践经验丰富的教师组成的培训团队,为培训课程提供强大的师资保障。在实施过程中,分阶段进行线上学习、线下实践和研讨交流等活动,确保教师能够全面掌握数字技能并应用于实际教学中去。同时,持续跟踪评估教师的学习和实践情况,及时调整培训策略以增强培训效果。

### 六、显著的预期效果

通过这套系统的数字技能培训课程的学习和实践，我们预计教师将能够取得以下显著的成效。首先，他们将掌握扎实的数字技能基础，包括数据处理、分析以及数字内容创作等能力，这将使他们在教学中更加游刃有余地应对各种数字化挑战。其次，通过运用数字技术进行教学设计、课程实施和评估，他们将能够显著提升教学质量和效果，为学生提供更加优质的教育体验。最后，通过对数字化教育趋势的关注和学习，他们将能够不断更新教育理念，以适应教育变革的需求，为未来的教育发展作出贡献。

总结来说，设计系统的数字技能培训课程对于高校教师而言具有至关重要的意义。通过线上学习、线下实践和研讨交流相结合的方式，教师将能够全面掌握数字技能，提升教学效果和创新能力，并关注数字化教育趋势，为未来的教育变革做好准备。展望未来，随着数字化技术的不断发展和教育领域的持续变革，我们将继续完善和优化培训课程，以适应新的教育需求和挑战，为培养更多优秀的数字化教育人才贡献力量。

## 第二节　采用多样化的培训方式与方法

在我国地方高校教师数字素养提升的驱动力量中，采用多样化的培训方式与方法是一项至关重要的任务。传统的单一培训方式往往难以满足教师的需求，而多样化的培训方式与方法则能够更好地满足教师的学习需求，从而提高他们的数字素养水平。在多样化的培训方式中，线上培训、线下培训以及实践性培训都是非常重要的培训方式，而个性化培训则是一种针对教师学习需求的特殊培训方式。

线上培训可以方便教师在任何时间、任何地点进行学习，同时也能够提供更加丰富的学习资源。此外，线上培训还可以与教师进行实时互动，提高学习效果。在当前互联网技术高度发达的时代，线上培训已经成为一种越来越受欢迎的培训方式。许多在线教育平台和数字资源库为教师提供了大量的学习资源和课程，使教师可以随时随地进行学习。同时，线上培训还可以与教师进行实时互动,教师可以在学习过程中提出问题,与其他教师交流讨论,从而更好地理解和掌握所学内容。

线下培训可以让教师在一个互动性强、更加生动的环境中进行学习,同时也能够提供更加深入的学习内容。此外,线下培训还可以与教师进行面对面的交流,更好地解决教师在学习过程中遇到的问题。线下培训的优点在于,教师可以在与导师和同行交流的过程中,更好地理解和掌握所学内容,提高学习效果。同时,线下培训还可以为教师提供一个良好的学习氛围,使教师在轻松愉快的环境中学习。

实践性培训可以让教师在实际工作中运用所学到的数字素养知识,提高他们的实际操作能力。实践性培训可以提供更加贴近实际的工作场景,让教师更好地理解数字素养在实际工作中的应用。实践性培训的优点在于,教师可以在实际操作中,更好地理解和掌握所学内容,提高实际操作能力。同时,实践性培训还可以为教师提供一个良好的实践平台,使教师在实践中不断成长和进步。

个性化培训可以根据教师的学习需求和特点,提供更加个性化的培训内容和方法。个性化培训的优点在于,可以更好地满足教师的学习需求,提高他们的学习效果。个性化培训可以根据教师的学习风格、兴趣和需求,为他们提供更加适合的学习内容和方式。同时,个性化培训还可以为教师提供一个更加个性化的学习环境,使教师在愉悦的氛围中学习。

## 一、人工智能赋能教师培训的新路径

国内人工智能下的教育应用研究目前还处于起步阶段,有关人工智能在教师培训领域的实践研究较少。针对当前教师培训的需求与痛点,应明确人工智能在教师培训中的应用目标。以新教师培训为例,开发人工智能场景演练系统;探索经验萃取、场景布设、系统构建、应用优化的人工智能场景演练实践路径;组织智能研修课程资源,设计"数字学习—场景演练—即时反馈—反思改进"的个性化培训模式;应用智能训练系统为新教师快速成长赋能。

### (一)人工智能时代教师培训视域下的场景演练

演练是人工智能在教育领域应用中的一种重要手段,它可以帮助教师更好地理解和应用人工智能技术,提升教学质量和效果。

在场景演练中,教师可以通过模拟真实的教学场景,体验人工智能技术在课堂中的应用,并尝试使用人工智能技术解决教学中遇到的问题。这种培训方式可以让教师更加深入地了解人工智能技术的功能和优势,同时也可以提高教师的技术操作能力和问题解决能力。除了模拟真实教学场景外,场景演练还可以结合教师的实际教学需求,进行个性化的教学设计和优化。AI等可以为教师提供精准的数据分析和反馈,帮助教师更好地了解学生的学习情况和需求,从而更加精准地进行教学设计和调整。此外,场景演练还可以促进教师之间的交流和合作。在共同的演练过程中,教师们可以分享经验、互相学习,共同探索人工智能技术在教育中的最佳应用方式。这种集体智慧的力量可以加速教师个人成长,推动整个教育行业向更高水平发展。

(二)人工智能场景演练的价值与目标

1.创新培训方式,拓宽新教师个性化培训路径

新教师是教育事业持续发展的核心力量,其专业成长对于提升整体教育质量至关重要。然而,传统的教师培训模式在实际操作中存在诸多限制,如培训内容与实际教学场景脱节、缺乏个性化的反馈机制以及培训效果难以精确评估等。为应对这些挑战,有必要构建一个基于人工智能技术的现代化教师培训体系。

该体系的核心在于满足个性化培训需求以及通过数字技术提升培训效果的可评估性。一是需要设计一套科学合理的教师培训模式,该模式应紧密结合现代教育理念,注重实践操作能力的培养,并充分利用虚拟现实、增强现实等先进技术,为教师提供高度仿真的教学环境。二是为了满足教师个性化培训的需求,需要定制化开发一套AI场景演练系统。该系统应具备智能反馈和个性化指导功能,能够在虚拟环境中模拟真实教学场景,帮助教师进行实际操作训练,并提供针对性的改进建议。三是为了提升培训的便捷性和灵活性,需要创新培训方式,利用微信小程序等数字化平台进行培训。通过这种方式,教师可以随时随地参与培训活动,并按照标准化的培训流程进行自主学习和实践。同时,这种培训方式还能够

实现培训数据的实时跟踪管理和系统的持续优化升级。

2. 创建 AI 教师实训平台，推进"智能训练系统"数字化运营

教育部部长怀进鹏在强调教师队伍数字化治理与教师资源数字化建设的重要性时，明确提出了"应用为王、服务至上、示范引领、安全运行"的工作理念。这一理念不仅体现了对新技术与教育深度融合与创新的追求，也彰显了构建开放、灵活教育信息化应用新环境的决心。

为了有效解决当前教师培训中存在的痛点和满足实际需求，我们必须加速人工智能与教师教育的融合，打造数字化教师技能实训平台。这一平台将利用人工智能技术模拟真实的教育教学场景，构建系统化的架构，实现智能感知与多模态数据的融合。通过这样的平台，教师可以立即获得自主训练后的反馈，形成一个闭环的学习流程，即从学习开始，经过训练，获得反馈，再进行训练。此外，数字化教师技能实训平台还应具备"互动""分享"和"实操"的功能。通过虚拟现实技术，教师可以自选内容，进行实时演练，并获得即时反馈。这样的设计旨在实现个性化的精准培训，使每位教师都能根据自己的需求和特点进行有针对性的学习。

值得一提的是，该平台还应支持教师通过手机终端进行自主训练。这种转变学习方式的做法，将使教师可以随时随地进行学习，实现泛在学习，从而提高学习效率。对于管理部门而言，平台应提供多层次的管理报表反馈信息，使其能够随时了解教师的训练进度和效果，实现量化动态跟踪管理。

3. 萃取优秀教师经验，充实智能研修课程资源

我国高校拥有大量的优秀教师，他们不仅积累了丰富的教育经验，还掌握了许多细微却珍贵的智慧。这些智慧如珍珠般散落在教育的海洋中，需要我们细心寻找、精心提炼并萃取其精华。这一过程类似于默会知识的展示，首先需要"认识其存在"，进而"理解其本质"。

为了丰富教育平台上的研修课程资源，我们决定成立一支由资深教育者和教育专家组成的工作团队。该团队诚邀全国各地的优秀教师加入，同时也欢迎新教师的参与，以构建一个多元化、充满活力的团队。在工作坊的活动中，我们将为教师提供一个深度交流的平台，促进他们分享教学

心得，并激发出更多的教育灵感。

在这个过程中，我们将采用朋辈或师徒间的互动方式，相互启发、相互学习，共同探索解决典型问题的方法。这既有助于完善针对痛点问题的解决方案，也能推动优秀教师教育教学经验的提炼。我们将遵循事实呈现、思维解构、知识萃取、优化演绎的步骤，将个体的教育经验集结成集体的智慧，从而汇聚出具有普适性、可复制和推广的经验。

对于优秀教师而言，萃取提炼经验和思维方法论的过程，是一次将隐性知识显性化的宝贵机遇。通过这一过程，他们将能够更加深入地理解教育教学，明确自己的教育理念和教学方法。同时，这也是一个探索将优秀教师实践经验转化为教师教育培训资源的路径和方法的过程。通过这样的路径，我们可以将优秀教师的实践经验转化为具体的培训课程资源，为新教师提供更多可借鉴的典型案例。这些案例将丰富解决实际问题的教育教学场景培训课程资源，使新教师在面对各种教育问题时能够有所借鉴、有所依托。同时，这也是充分发挥优秀教师的辐射引领效能的重要途径。通过他们的经验和智慧，我们可以激发更多教师对教育的热情和投入，推动教育事业的持续发展和进步。

**二、搭建"PMRT"在线培训新模式**

在教育信息化建设日新月异的今天，线上教师培训已经成为传统教师培训工作的有力补充，尤其在西部地区，在线培训可以借助网络平台，有效调配多地区的优质师资资源，为本地教师培训工作增效赋能。2019年，教育部发布了《中国教育现代化2035》，该文件明确指出要优先发展教育，大力推进教育理念、体系、制度、内容、方法和治理现代化。在信息技术平台上进行线上培训是面对后疫情时代的应时之举，更是实现教育制度现代化的有力举措。"PMRT"在线培训模式是基于网络平台基础之上，贴合培训对象的实际需求和培训对象的长期发展目标，将施训者、受训者、管理者三方融入一个共同的学习体中的全新在线培训方式。它包括训前调研预测(Prediction)、训中多元融入式线上培(Multiple integration online training)、训后的管理者和专家团队的研究(Research)和学员跟踪指导(Track)三大板块四个部分的创新培训模式。"PMRT"在线培训模式的搭建提升了教师在线教学能力，也提升了学校线上培训工作的效能，有力推动了教师在线培训方式的改革，使教师培训工作更加现代化、科学化。相较于线下集中面授，线上培训具有更广泛的参与性和便捷性，但同时也面临着一些挑战。

（一）"PMRT"在线培训模式提出的背景

线下集中面授是一种使用最广泛、具有不可替代现场优势的培训方式。通过走进一个共同空间，施训者、管理者和受训者可以建立起一个学习共同体，彼此影响、相互学习，促进快速成长。当线下集中面授转变为线上培训后，最大的挑战在于如何构建一个虚拟的学习共同体。

虚拟的网络世界使施训者和受训者失去了面对面的直观交流和互动，管理者在整个线上学习过程中缺少工作抓手，管理组织职能得不到明显体现，从而导致整个培训效果大打折扣。因此，如何有效地构建线上学习共同体，如何提高线上培训的效果，是当前教育工作者需要深入研究和探讨的问题。

在未来，我们可以期待的是，随着科技的发展和进步，线上培训将会越来越普及，也越来越成熟。而教育工作者们也将会在实践中不断探索，不断改进，推动教师培训工作的发展，为我国的教育现代化作出更大的贡献。

早期的直播式教师在线培训方式，如腾讯会议、QQ课堂等，虽然为教育者和学习者提供了便捷的远程交流和学习平台，但也存在一些明显的问题。

（1）针对性不强。缺乏个性化的学习路径。每位教师的学习需求和背景都是独特的，但直播式培训往往采用一刀切的方式，缺乏针对不同教师群体的定制化内容。这样的培训方式往往无法满足教师的个性化需求，导致部分教师在培训过程中感到迷茫或失去兴趣。

（2）互动性有限。虽然这些平台支持实时聊天和提问功能，但由于直播的单向性，教师往往只能被动地接收信息，而无法与培训者进行深入的互动和交流。这种缺乏互动的学习方式不仅降低了培训效果，还可能导致教师对培训内容产生误解或遗漏。

（3）评价单一。这种单一的评价方式主要体现在对教师教学效果的评估上。通常，这些平台主要通过学生的反馈、作业提交情况以及课堂参与度等方面来进行评价。这种评价方式往往忽视了教师在直播教学中的表现、教学方法的创新性、教学内容的质量以及对学生个体差异的关注等关键因素。此外,单一的评价方式还可能导致"一刀切"的教学现象。由于主要依赖学生的反馈和作业提交情况来评价教师的教学效果,一些教师可能会过于追求学生的满意度和作业完成率,而忽视了对学生实际学习效果的关注。在这种情况下,教师可能会采用一种标准化的教学方式,缺乏针对不同学生个体差异的教学策略和方法。

(4)组织管理失位。在线直播培训模式对管理者的工作空间分配造成一定限制,导致组织服务工作难以顺畅进行。特别是管理者在尝试组织学习沙龙或小组交流等研讨活动时面临诸多不便,这些活动对于促进参训教师学习成果转化至关重要。因此,管理者的组织管理能力得不到充分发挥,其个人管理能力的进一步提升也受到了限制。

(二)"PMRT"在线培训模式的具体实施策略

"PMRT"在线培训模式是一种全面的、操作性强的在线培训体系。该模式以训前、训中、训后为三个主要阶段,每个阶段又包含多个环节,形成了一个详尽的培训流程。

1. 训前调研预测

在训前调研预测阶段,专家们会根据以往培训经验设计问卷调查表,通过问卷平台(如UMU、问卷星等)或个别访谈的方式收集学员的基础数据。这些数据在大数据的基础上,通过数学建模进行运算,消除了传统问卷调研中问题设计科学性不足、问题之间缺乏关联性分析的弊端。在建立关联性分析之后,应提取数据中的独立性指标,对受训学员的需求进行精准分析,形成画像,并与培训专家进行论证。然后根据学员需求设计培训课程,确保课程设置符合学员需求。这样一来,教师可以根据实际问题选择更具有针对性的学习资源,更能够直击教育教学实践的痛点。

2. 多元融合式线上培训

多元融合式线上培训通过同步线上培训和异步线上培训的双线推进,构建了一个由参训者、施训者和管理者构成的学习共同体。在同步线上培训中,我们按照直播录播、集中答疑、实时互动、小组专题研讨、形成学习成果、反馈专家的流程，建立了学、研、馈联动的线上学习机制。这一机制确保了学员在线上学习时，能够第一时间将自己的问题困惑与专家和同学进行交流总结，提炼学习成果，并将学习成果反馈给专家，从而提升专家的课程质量，优化课程资源，并激发施训者和受训者的培训热情，确保线上培训的效能。

异步线上培训是实现个性化施训和自主选学的有效途径。我们通过开放网上研修平台的学习端口，为学员提供丰富的课程资源。学员在完成学习后，可以获得积分，当积分达到一定标准时，学员可以申请结业考核。结业考核的方式包括课创融合、学习论文和在线测评等，以满足不同学员的需求。

在线教学资源的制作和教学能力的提升等成果纳入能力提升工程2.0实践学时，并纳入继续教育学时（学分）管理。其中，课创融合考核方式是一大创新点。教师可以将所学知识与自己的课堂教学和科研相结合，形成优质课程资源，作为结业考核的凭证。我们会聘请专家对这些资源进行评估打分，以鼓励教师将培训所学转化为具体的教学实践，同时丰富培训中心的优质课程资源，形成参训教师的"智库"。

通过这种多元融合式线上培训模式，不仅能够提高学员的学习效果，还能够激发他们的学习热情，提升他们的教学能力，为我国的教育事业作出贡献。同时，这种模式也有利于推动我国教育信息化的发展，提高教育资源的利用效率，为我国教育事业的持续发展提供有力支持。

3. 训后研究与跟踪指导

在线上培训结束后，启动训后研究和跟踪指导两个环节，训后研究是针对单次培训，通过专家论证会和管理者工作例会等方式，将线上培训的学术成果和管理经验进行整理分析，为后期开展的其他培训进行学科引领和管理保障，确保培训的可持续高位发展。返岗后的线上跟踪指导则是通过组织区域内学员互助沙龙和个别问题专家指导等方式在集体培训的基础上再进一步加强个性化指导，以此助推参训教师返岗后的学习成果转化和持续成长。可以看出，在线培训模式下的"PMRT"策略，通过施训者、受训者、管理者三方的紧密合作，构建了一个三位一体、快速成长的培训学习共同体。在这个共同体中，教师可以在互动交流中分享经验，提高专业素养，实现自我成长。同时，管理者可以对培训过程进行有效监督，确保培训质量，推动在线培训模式的发展。

施训者在培训过程中发挥着至关重要的作用。他们需要具备丰富的专业知识、教学经验和敏锐的洞察力，能够针对受训者的需求设计出有针对性的培训方案。此外，施训者还需要不断更新自己的知识体系，以适应在线培训模式的发展。受训者在培训过程中是被动的接受者。然而，随着在线培训模式的普及，越来越多的教师开始意识到自己在培训中的主体地位。受训者可以通过线上学习平台自主选择学习内容，参与讨论，提出自己的观点和建议。

管理者作为培训的协调者和监督者，需要确保培训过程中的各个环节顺利进行。他们需要对培训方案进行审查和调整，对培训效果进行评估和反馈，以确保培训质量。此外，管理者还需要为培训过程中的教师提供必要的支持和帮助，如技术支持、资源保障等，以增强培训效果。

在教育培训模式正在经历深刻转型的背景下，西北大学教师发展中心所构建的"PMRT"在线培训模式，已经取得了一些可喜的成果。在2021年的"国培计划"（2021）——陕西省初中历史县级学科带头人能力提升培训项目中，通过两个阶段的深入培训，充分发挥了"PMRT"在线培训模式的独特优势，显著提升了在线培训的实效性，并收获了学员们的积极反馈。[①]但在实际操作过程中，"PMRT"在线培训模式仍面临着一些挑战，包括如何将精准教学与在线培训有机融合以及如何更高效地利用在线资源等问题。为了解决这些问题，需要进一步加强对线上培训模式的研究，特别是在个性化、专业化和跨区域化培训方面的探索。

**三、教师个性化培训**

（一）智能技术赋能个性化教师培训的机遇

教学实践环境在智能技术的助力下，为教师理论知识与实践知识的融合构筑了专业平台，实现了教学模式的创新与升级，使其更具个性化。将这一优势引入个性化教师培训领域，能够进一步促进教师培训的参与性、多元性、个性化和及时性评价的发展，进而提升培训的数字化、规范

---

① 杨馥宁，沈善良，英卫峰.搭建"PMRT"在线培训新模式 提升西部地区教师在线培训效能[J].陕西教育（高教），2023（11）：56-57.

化和网络化水平。智能技术的持续进步为个性化教师培训开辟了新路径，不仅有效推动了教育技术与教师培训的深度融合，更能够设计并实施更为显著和直观的培训策略。这些策略不仅增强了教师培训的个性化和效率，还为未来教师培训模式的创新提供了全新的思考框架。

1. 提高参与热情，满足个性需求

教师个性化专业发展需求的满足需要智能技术的支持，智能技术赋能教师培训可通过分析每位教师的专业发展需求，为其提供个性化的学习资源和路径，从而有效提高教师的参与热情。例如，学习内容的个性化。智能技术的应用可使学习内容的呈现方式多样化，将文本知识转化为视频、动画、模拟等形式，以更好地激发教师学习的兴趣。又如，学习路径的个性化。智能技术的应用可根据教师的需求和兴趣为其提供不同的学习路径，如对于想提高教学设计能力的教师，可为其提供关于教学设计的专题资源；对于想提高课堂管理能力的教师，可为其提供关于课堂管理的专题资源。再如，学习时间的个性化。智能技术的应用可使教师根据自己的时间安排进行学习，无须受培训时间、地点的限制。此外，智能技术的应用还可在学习过程中为教师提供实时的反馈，从而帮助教师更好地了解自己的学习情况，并据此进行相应的调整。

2. 打破时空约束，拓展培训路径

互联网技术的迅猛发展使教师培训的时间和空间限制被打破，使个性化教师培训的实现成为可能。首先，网络技术的发展和智能移动终端的普及使教师可以利用碎片化时间进行培训学习。对于工作在教育教学第一线的教师来说，时间和精力的分配是个大问题。除了日常的教学、班级管理、家长工作之外，还要抽出时间进行培训学习，常常会出现时间和精力不足的情况。而网络的发展和智能终端的普及使教师可以利用碎片化的时间进行培训学习，如在等公交、排队、睡前等时间利用智能手机进行学习。其次，网络技术的发展和智能技术的应用使教师培训的路径更加丰富。传统的教师培训主要是集中培训和分散培训，集中培训是指集中在一起进行的面对面的培训，分散培训是指教师回到所在的学校或者教育机构进行的培训。而网络技术和智能技术的应用使教师培训的路径更加丰富,如网络直播培训、网络在线培训、微视频培训、在线研讨交流、在线一对一辅导等。这些培训路径的出现不仅丰富了教师培训的形式,而且使教师可以根据自己的实际情况选择培训的形式和内容,从而实现个性化的教师培训。

3.关注差异需求,优化培训管理

在传统的教学培训模式中,规划和管理的职责主要由教育行政部门承担,而教师们直接参与的机会相对较少。这种培训方式往往流于形式,难以真正满足教师的实际需求。实际上,教师培训的质量和效果直接取决于教育行政部门或学校领导层的积极性和支持力度。

为了提高个性化教师培训的管理效率,我们可以借助智能技术进行培训管理制度的优化升级。智能技术能够通过分析参训教师的个人学习需求,结合其知识和技能水平,迅速制订出个性化的培训计划和提供相应的资源,以满足不同参训教师的需求。

同时,智能技术如自适应学习平台、在线课程以及电子学习社区等,可以为教师培训提供有力支持。此外,培训者还可以利用后台数据分析,根据参训教师的兴趣和学习进度,提供有针对性的反馈和指导。

智能技术还能够有效地评估参训教师培训的效果。通过数据分析和智能技术,我们可以对参训教师的参与度、学习成果、知识掌握情况等进行全面评估。这种评估方式不仅能让参训教师更清楚地了解自己的培训进度,还能为教育行政部门优化培训内容和方式提供有力依据,从而提升培训的全面执行力度和效果。

因此,借助智能技术进行培训管理制度的优化升级,不仅可以提高个性化教师培训的管理效率,还能更好地满足教师的实际需求,提升培训质量和效果。

4.及时开展评估,改善培训评价

教师培训的目的在于取得实质性的效果,而非仅仅走过场。目前,我们主要依赖行政手段,如扫码签到和签字考勤,来评估教师的培训参与度。但这种方法的问题在于,它过于简单地将参与过程的监控视为对培训成果的评价,过度关注教师的出勤率和培训覆盖面,而忽视了培训质量的提升。

为了改进这一状况，提出了下述两种解决方案。一是可以利用智能技术来优化出勤评估。通过结合智能识别技术和教师的个人设备，如智能手机或智能手环，实现自动化的出勤状态识别。此外，还可以利用面部识别技术和地理位置数据来验证教师的身份，并精确记录其出勤情况。这样的自动化系统不仅可以提高评价的准确性和效率，还能确保评价结果的真实性和可信度。二是可以利用智能移动应用和在线平台来收集教师的培训反馈和评价。在培训过程中，教师可以使用智能手机或平板电脑对所学内容进行实时评价和反馈。这些应用不仅提供互动的答疑、训练和测验功能，使教师能够自我评估，还允许他们上传任务和项目，并获得即时性的评价和反馈。这种实时反馈机制有助于教师及时调整学习策略，从而提升培训效果。同时，它也能提高评估的及时性、精确性和规范性，为教师提供更有效的学习支持和指导。

（二）智能技术赋能个性化教师培训的挑战

在教育领域日新月异的今天，智能技术为个性化教师培训带来了前所未有的机遇，同时也伴随着一系列亟待解决的挑战。下面将对以下四个核心问题进行深入探讨：培训内容的时效性、培训方式的多样性、培训效果的评估以及培训评价的完善性。这些问题在个性化教师培训中具有尤为重要的现实意义。

1. 培训内容过时，跟不上时代节奏

在教师培训领域，培训机构的培训内容大多停留在传统的教育理念、教学知识和教学方法等方面，没有充分融入智能技术的新鲜"血液"，与时代对教师提出的新要求相比，还有很大差距。在人工智能、大数据、互联网等新技术广泛应用于教育领域的背景下，教师必须掌握一定的智能技术，才能更好地实现自身专业发展。教师培训应该以智能技术为手段，以时代和教师的需求为导向，以促进教师发展为目标，为教师"提供实时的、个性化的学习资源，营造良好的学习体验，从而帮助教师提升教育教学能力"。然而，就目前的教师培训情况来看，还没有充分做到这一点。

以中国教研网为例，该平台的培训内容主要分为"综合资源""精品课程""学术观点""教师发展""评价评估""信息技术""区域资源"等七个部分。其中,"信息技术"部分主要包括"信息技术应用""网络资源的获取与管理""信息技术与课堂教学""信息技术与教育创新""信息技术与教学模式""信息技术与教师专业发展"等内容。这些内容虽然在一定程度上涉及了智能技术的应用,但还停留在比较宏观的层面,没有具体到某一种技术的操作和使用,对于智能技术的掌握和使用方面的培训内容更是少之又少。在这个信息化、智能化水平不断提高的社会,这样的教师培训内容显然已经无法满足教师的发展需求,更不利于教师的专业成长。

再如,国家教育资源公共服务平台的教师培训内容也主要集中在"教师工作坊""网络教研""教师社区""视频中心""资源中心""培训中心"等方面,虽然在一定程度上涉及了智能技术的内容,但大多是一些比较宏观的介绍,缺乏具体的、有针对性的内容。在这个"人人都有麦克风"的时代,每位教师都有自主选择培训内容、方式的权利,都有发表自己独特见解的机会。因此,教师培训应该广泛征求参训教师的意见,了解他们的实际需求,提供个性化的培训内容和精准的培训服务,让教师真正参与到培训的过程中来,而不是把他们排斥在外。

2. 培训方式单一,忽视多样化需求

随着教育信息化的发展,教师培训方式逐渐从传统的线下集中培训向网络在线培训转变。网络培训具有学习时间、地点灵活及资源丰富的优势,但也存在互动不足的缺陷。目前,网络培训的设计者更多的是从技术的层面考虑问题,缺少对学习者的关注,忽视了教师的个性化需求。

在培训内容和形式上,网络培训的内容往往是培训者将准备好的内容推送给教师,不管教师是否对内容感兴趣,也不管教师的学习情况如何,都需要教师按照要求完成培训。这种"一刀切"的培训方式忽视了教师的个性化需求,也缺少对教师学习的支持。

在培训时间上,网络培训的时长往往是固定的,一般为一周左右。对于一些教学任务较轻的学科教师来说,集中的网络培训可能会占用他们原本用于备课或自我提升的时间,从而对正常教学进度造成一定干扰。对于一些教学任务较重的学科教师来说,虽然集中的网络培训同样占用了额外的时间,但其也提供了一个相对集中的时间段,让他们能够暂时从日常教学中逃离出来，专注于自我提升和专业发展，从而有可能在长期内提升教学能力，更好地应对重的教学任务。

在培训评价上，目前的教师网络培训往往是在课程学习结束后，通过测试的方式来评价教师的学习效果。这种终结性的评价方式只能考查教师对知识的掌握情况，而不能考查教师的实际教学能力。对于教师在教学过程中遇到的问题以及教师的教学实践能力，目前的评价方式很难进行准确的评价。

3. 培训效果不佳，未将理论运用于实践

教师个性化专业发展理论认为，教师的专业发展并非线性的、单向的、不可重复的过程，而是动态的、复杂的、循环的过程。教师在复杂多变的实践情境中会面临各种具体问题，而这些问题的解决则需要教师在实践中不断地学习、反思、研究和解决。换言之，教师的专业发展需要经历"实践—反思—再实践—再反思"这样一个循环往复的过程。因此，教师培训要注重个性化，就应该在培训过程中充分考虑教师的个性化需求，并为教师的个性化学习提供支持。

然而，在实际的教师培训过程中，往往过分强调共性，而忽略了教师的个性化需求。虽然有些培训项目的设计者也试图将培训内容设计得更加灵活，以满足不同教师的个性化需求，但在实际的培训过程中，由于种种原因，如培训时间的安排、培训内容的结构化等，导致培训者很少有时间和机会将自己的个性化需求告知培训组织者，更不用说得到满足。即使有的培训者试图通过与培训组织者沟通的方式来获得个性化培训，但由于培训组织者的培训设计往往已经成型，且要同时满足不同层次、不同类型参训者的需要，因此很少能够为参训者提供个性化的培训。

此外，当前的教师培训往往过分强调理论的重要性，而忽略了实践的价值。虽然很多教师培训的内容设计者都是教育理论研究的专家，他们能够将最新的教育理论传授给教师，但是这些理论往往与教师的实际工作情境存在一定的差距，导致教师在培训过程中虽然能够了解到最新的教育理论，但是在实际的教学过程中却很难将这些理论运用到实践中。

因此，如何将教师的个性化需求融入培训过程并加以满足，如何将培训过程中所学的理论运用到实践中，是当前教师培训亟待解决的问题。

4.培训评价片面，重结果评价轻过程评价

一般而言，教师培训的评价包括过程评价和结果评价。过程评价是在培训过程中进行的评价，旨在发现问题以便及时调整培训方向，提高培训的针对性和实效性。结果评价是在培训结束后进行的评价，旨在总结培训效果，为今后改进培训提供依据。在教师培训中，往往存在"重结果评价、轻过程评价"的现象。一些培训评价只关注参训教师学到了哪些知识、掌握了哪些技能，而忽略了对培训方案、培训组织、培训者的评价。这种片面的评价不利于及时改进培训的内容、方式，也不利于培训组织者和培训者的专业发展。

在智能技术的介入下，我们不得不重新审视教师培训的评价体系。现行的评价体系往往过分侧重于培训结果的量化数据，而忽略了对培训过程的深度关注。这种结果导向的评价偏好或许源于智能技术对数据的高度依赖性。的确，培训结果的量化数据往往容易获取和分析，但在个性化教师培训中，过程评价的重要性不容忽视。它不仅聚焦于教师的实际教学过程，更关注其个人成长经历，从而为培训提供更为深入的反馈。然而，大数据的收集和分析可能带来新的挑战。大量的数据细节可能会让评价体系变得复杂且难以聚焦，使我们难以确定教师培训成功的关键因素。过多的细节和噪声可能会分散培训者的注意力，导致他们无法全面、准确地评估教师的培训效果。在这样的背景下，个性化教师培训可能会使评价体系变得片面和分散，从而难以为教师提供统一和明确的反馈。

（三）智能技术赋能个性化教师培训的对策

1.紧随时代潮流，构建个性化学习路径

在这个知识更新速度不断加快的时代，教师需要与时俱进，不断更新自己的教育理念与专业知识，教师培训是教师专业发展的重要途径。然而，传统的教师培训往往是一种"一刀切"的模式，没有考虑到教师的个性化需求，容易造成资源的浪费。而智能技术的应用则可以有效解决这一问题，为教师培训提供个性化的学习路径。

智能技术可以通过数据分析的方式，对教师的培训需求进行深入挖掘。例如，通过对教师的教学日志、工作总结等数据的分析，了解教师在教育教学中遇到的困难和问题，从而确定教师的培训需求。此外，智能技术还可以通过对教师的学习记录进行分析，了解教师的学习风格和习惯，从而为教师提供个性化的培训内容和学习路径。

智能技术可以通过自然语言处理、知识图谱等技术，为教师提供个性化的学习资源。例如，针对教师在教育教学中遇到的某一问题，智能技术可以通过知识图谱为教师提供相关的学习资源，包括教材、论文、视频等，从而帮助教师深入理解和解决问题。

智能技术还可以通过机器学习等技术，对教师的学习情况进行实时监测和反馈，从而帮助教师调整学习策略，提高学习效果。例如，当教师在培训过程中遇到困难时，智能技术可以通过实时监测教师的学习情况，及时发现教师的问题，并给出相应的建议和解决方案，从而帮助教师克服困难，提高学习效果。

2.创新培训方式，模拟课堂教学生态环境

课堂教学是教师专业生活的主阵地，也是教师专业发展的最佳场所。课堂教学的质量决定了教师的教学能力和水平，也决定着教师的职业生涯。因此，为教师提供真实的课堂教学情境，让教师在培训中经历和感受真实的课堂教学情境，是教师培训的最佳方式。然而，在现有的教师培训中，课堂教学生态环境的模拟往往被忽视，即使有也仅仅是简单的模拟，难以真正起到提升教师课堂教学能力的作用。智能技术可以为课堂教学生态环境的模拟提供支持，如通过虚拟现实技术、人工智能技术等的融合，为教师提供模拟的课堂教学环境，包括学生模型、学生的学习行为、学习状态等，还可以为教师提供实时的反馈和建议，从而帮助教师改进课堂教学。

具体而言，可以采取以下方式模拟课堂教学生态环境，开展教师培训。

（1）虚拟班级。利用智能技术为教师提供一个虚拟班级，这个虚拟班级可以是和真实班级一样大的，也可以是和真实班级一样小的，还可以是和真实班级不一样的。在虚拟班级中，可以根据需要为每一名学生提供一个虚拟学生模型，这个虚拟学生模型可以是和真实学生一样的，也可以是和真实学生不一样的。在这个虚拟班级中，教师可以开展真实的课堂教学，经历真实的课堂教学情境。

（2）智能诊断。在虚拟班级中，利用智能技术记录教师的教学过程，既包括教师、学生的行为，又包括学生的学习行为、学习状态等。在教学过程结束后，根据教学过程的记录，为教师提供实时的、针对性的反馈和建议，帮助教师改进课堂教学。

（3）同课异构。在虚拟班级中，可以让教师就同一教学内容开展课堂教学，然后让教师之间开展相互点评、相互研讨，从而帮助教师改进课堂教学。

（4）互动研讨。在虚拟班级中，可以就课堂教学的某一个环节或者某一个问题开展互动研讨，让教师之间开展深入的交流和研讨，从而帮助教师改进课堂教学。

### 3.提升培训效果，打造在线社区互动平台

在智能技术的支持下，个性化教师培训的交互性和趣味性将大幅提升。例如，在对教师的培训中，可以通过虚拟现实技术让教师体验不同的教学环境，通过智能语音技术让教师体验不同的角色，通过大数据分析技术让教师了解自身的优势和不足，从而为教师的专业发展提供更加有针对性的指导。同时，在培训过程中，可以通过在线投票、在线问答、在线研讨等方式，增强教师参与培训的积极性，提高培训的互动性和趣味性。

此外，还可以通过建立在线社区的方式，将具有相同专业发展需求的教师集中到一起，通过交流和分享，促进教师的专业发展。在线社区的建立，不仅可以将教师培训从"教师个体"扩展到"教师群体"，还可以将教师培训的时间和空间范围进行拓展，将线下的"面对面"交流扩展到线上的"键对键"交流，从而形成一个良好的教师学习和交流的生态圈。

需要注意的是，在线社区的建立和维护需要较高的成本，因此，在实际的操作过程中，可以先从小范围的、具有相同需求的教师群体开始尝试，然后逐步扩大范围，形成不同层次、不同类型的教师在线学习和交流的社区。同时，还可以通过引入第三方的方式，利用社会化媒体已有的用户群体和技术平台，建立专门的教师培训社区，从而实现个性化教师培训的精准营销和有效传播。

4.丰富评价形式,形成智能反馈评价体系

智能技术的应用可以丰富教师培训的评价形式,形成智能化的反馈评价体系,以评促改、以评促建,提高个性化教师培训的有效性。

第一,智能技术的应用可以实现对参训教师的精准评价。传统的教师培训评价往往是一种"模糊评价",难以对参训教师的表现作出精准的评价。智能技术的应用可以通过数据采集与分析,对参训教师的表现作出精准的评价,包括教师的出勤情况、学习进度、学习态度、学习交互、学习效果等。

第二,智能技术的应用可以实现对培训项目的智能评价。智能技术的应用可以通过采集和分析培训项目的相关数据,对培训项目的设计、实施、管理等进行智能评价,包括培训目标的达成度、课程内容的适切性、教学方法的有效性、管理服务的满意度等。

第三,智能技术的应用可以实现对培训效果的持续评价。智能技术的应用可以通过数据的采集和分析,对教师培训的效果进行持续的评价,包括教师的知识掌握、技能提升、态度转变、行为变化等,从而及时反馈培训的效果,并做出相应的调整。

第四,智能技术的应用可以实现对评价结果的智能反馈。智能技术的应用可以通过对评价结果的大数据分析,形成可视化的分析报告,并将分析报告反馈给相关的主体,包括参训教师、培训组织者、培训机构、教育管理者等,从而使评价结果得到有效的应用。

**四、体验式教师培训**

(一)体验式教师培训的内涵

体验式教师培训的概念有广、狭两种理解。广义的概念是指在教师培训过程中,以教师实践需求为中心,尊重教师的主体性,以体验为基础,旨在促进教师专业发展的一种培训范式。它强调教师在培训过程中的体验和实践。狭义的概念是指在教师培训过程中,以培训者创设的情境为中心,以参与互动为特征,以活动为载体,以情感体验为纽带,以促进教师专业发展为目标的一种培训方式。它强调的是一种培训方式。本书的体验式教师培训采用广义的概念。

体验式教师培训的核心在于"体验"。这里的"体验"是指人的实践活动，是主体和客体之间的双向交流和沟通，是一种图景思维活动。"体验"不是一般的"经验"，而是一种在"经验"基础上的深层次的抽象。"体验"的过程就是个体的感知过程，是用自己的全部情感和精神与外部世界交往的过程。它具有实践性、反思性、综合性和个体性等特征。

体验式教师培训的实质是一种实践性知识的学习。波兰尼认为，知识存在两种类型：一种是能够用语言符号等方式表达的显性知识，另一种是不能系统表述的、只可意会不可言传的缄默知识。体验式教师培训所指向的是缄默知识。缄默知识存在于个体内部，以身体化的方式存在，通过经验、练习而获得。它是一种动态的、情境性的、非表征性的知识。体验式教师培训就是要使教师通过体验的方式获得缄默知识。

体验式教师培训的目的是促进教师的专业发展。教师专业发展包括专业知识、专业技能、专业情感和专业精神的发展。体验式教师培训就是要使教师通过体验的方式，丰富专业知识，增强专业技能，升华专业情感和提升专业精神。

体验式教师培训的过程是一种探究的过程。在这个过程中，教师通过体验、反思、感悟等方式，对教育教学问题进行探究，获得对问题的"真知"。它强调的是一种过程。

体验式教师培训的方式是实践—反思—感悟。在这个过程中，教师通过实践将培训中获得的理论知识转化为自身的实践能力；通过反思将体验内化为自己的情感、态度和价值观；通过感悟将培训过程中的缄默知识转化为自身的智慧。它强调的是一种方式。

体验式教师培训的结果是形成一种能力和树立一种信念。能力是个体顺利完成任务的直接有效的心理特征，是个体的知识、技能、态度等在特定情况下的综合表现。信念是人们在一定的认识基础上，对某种思想理论、学说和理想所抱的坚定不移的观念和真诚信服的态度。体验式教师培训就是要使教师通过培训形成教育教学能力和对教育教学坚定的信念。它强调的是一种结果。

## （二）体验式教师培训的特征

与传统的讲授式培训相比，体验式教师培训的一个关键区别在于其体验性。体验性也就成为体验式教师培训的核心特征。

从哲学的角度看，体验是"人们亲身实践，通过体验获得认知、情感和态度"的过程。它是一种图景思维，是一种打开思维主体的视界，使其切身体会、设身处地、感同身受的过程。它是一种直觉，是一种理智的感受和情感的体验，是一种带有强烈情感色彩的感性活动。

从教育的角度看，体验是"通过亲身实践，在行为、情感和认知的相互作用过程中所获得的经验"。它不仅是一种活动，更是一种过程，即"学习者亲身参与实践，并在此过程中获得认知、情感和行为的改变"。

从培训的角度看，体验是"参训教师参与、体验培训活动，并在实践中反思、获取和整合知识的过程"。它具有亲历性、实践性、反思性、综合性和个性化等特征。亲历性是指参训教师必须亲自参加、亲身经历培训活动。实践性是指培训活动的内容是可实践、可操作的，能够让参训教师动手实践。反思性是指参训教师在体验的过程中及结束之后，都需要对自己的行为、实践进行反思。综合性是指体验的过程是行为、情感、认知相互作用的过程，是参训教师综合能力提高的过程。个性化是指每个参训教师的体验都是独特的，都是建立在自己的经验、需求和基础之上的。

体验式教师培训的体验性主要表现在以下三个方面。

第一，以"体验"为中心。体验式教师培训的过程，就是以"体验"为中心，围绕"体验"来设计和组织培训的各个环节。在培训的设计阶段，培训者要以解决问题和满足需求为中心，开发和设计出具体的、可操作的培训项目和方案。在培训的实施阶段，培训者要以"体验"为中心来组织和开展培训活动，让参训教师在"体验"中学习，在"体验"中改变。在培训的评价阶段，培训者要以"体验"为中心来收集和整理反馈信息，评价培训的质量和效果。

第二，强调"体验"的过程。体验式教师培训不是讲授式培训的延伸，而是参训教师的体验之旅。在体验式教师培训中，培训者的角色由传统的讲授者、演讲者、表演者，转变为参训教师学习的引领者、支持者和参与者。培训的内容由传统的以理论为主，转变为以体验活动为主。培训的过程由传统的以讲授、讲解为主，转变为以互动、讨论、体验、反思、实践为主。

第三，关注"体验"的质量。体验式教师培训的质量，取决于参训教师"体验"的质量。在体验式教师培训中，培训者要关注参训教师"体验"的深度、广度和频度。深度是指参训教师在"体验"的过程中，是否真正触动了心灵，是否达到了心领神会的效果。广度是指参训教师在"体验"的过程中，是否有广泛的参与，是否有广泛的互动。频度是指参训教师在"体验"的过程中，是否有多次的体验，是否有层层递进的体验。

(三)体验式教师培训的实现

1.体验式教师培训目标：从知识主导到"整全的人"

在传统的教师培训中，知识的传递和接受是单向的、被动的，人的情感、态度与价值观往往被忽略。体验式教师培训则不同，它的出现对传统的教师培训构成了一定的挑战，它要求把目光从注重知识的传授和积累转移到注重人的全面发展，从单纯强调教师的职业知识和技能的提高转变到追求人的整全发展。

体验式教师培训的目标可以分为近期目标和远期目标。近期目标是帮助教师更新教育观念、丰富专业知识、提高教育教学能力；远期目标则是实现教师的自主发展，成为反思型、研究型教师，甚至是教育专家。无论是近期目标还是远期目标，体验式教师培训都强调教师的"自我"发展，即把教师的发展看作是教师的"自我"成长的过程，而不是一种外在的要求和压力。

体验式教师培训的目标是培养具有专业自我意识的"整全的人"。在教师的专业发展中，"整全的人"包括专业素质和非专业素质两个方面。非专业素质的发展是指教师在情感、态度、价值观等方面的发展，专业素质的发展则包括专业知识、专业能力和专业精神的发展。体验式教师培训的目标就在于促进教师的整全发展，使教师既具有丰富的专业知识、较强的教育教学能力，也具有积极的专业精神和自主的专业意识。

体验式教师培训的目标是促进教师的自主发展。在传统的教师培训中，教师只是知识的容器，是接受知识的"海绵"，缺乏独立思考的能力，更没有创造性和批判性思维。长此以往，教师的发展就会受到限制，成为没有个性的"教书机器"。体验式教师培训则要求教师在培训过程中充分发挥主观能动性，积极参与培训活动，通过体验与反思，使自己成为具有独立思考能力、善于合作的"研究者"。

2. 体验式教师培训内容：从理性知识到实践问题

在传统的教师培训中，往往以理性知识的传递为主，即以培训者的"教"为主，忽视了教师的"学"。体验式教师培训则不同，它的内容更加倾向于实践性知识的传递，即以参训教师的"学"为主，让教师通过体验生成新的知识。有学者指出，"教师在遇到教育教学问题时，能够凭经验去做，很少去想理论、概念、模式等"。因此，体验式教师培训的内容应该是实践性知识，即缄默知识，它是教师的教育教学经验的结晶，是教师实践性知识的重要来源。

体验式教师培训的内容从理性知识到实践问题的转变，具体体现在以下几个方面：

第一，体验式教师培训的内容是实践性知识。有研究者将教师的知识分为理论性知识和实践性知识，并认为教师的实践性知识对教学行为的影响更直接、更有效。因此，体验式教师培训的内容应该是教师的实践性知识，即教师的缄默知识。

第二，体验式教师培训的内容是生成性的。在传统的教师培训中，往往是培训者将培训内容传递给参训教师，参训教师接受和消化知识，然后运用到实践中。在这个过程中，参训教师是被动的，其主动性和创造性得不到很好的发挥。而体验式教师培训则不同，它的内容是生成性的，即参训教师在培训过程中，通过体验和感悟生成新的知识，并将新的知识运用到实践中。

第三，体验式教师培训的内容是从实践中来的。有学者认为，教师实践性知识的生成途径有三条：一是通过"学习"生成实践性知识；二是通过"反思"生成实践性知识；三是通过"合作"生成实践性知识。这三种途径都强调了实践在生成教师实践性知识中的重要作用。因此，体验式教师培训的内容应该是从实践中来的，是教师在教育教学实践中遇到的问题和困惑。

### 3. 体验式教师培训方法：从讲授灌输到具身互动

体验式教师培训的倡导者认为，传统的教师培训是一种以讲授、讲解、告诉、灌输为主的活动，忽视了教师在培训中的自主性、能动性和创造性，忽视了教师在教育教学中的复杂情境，忽视了教师的实践需求和问题解决，因而很难真正促进教师的专业发展。体验式教师培训的倡导者强调，教师的专业发展不是简单的理论知识增加和行为的模仿，而是教师的实践需求与问题解决，实践知识的整理与反思，实践知识与理论的对话，新旧经验的冲突、融合和重新建构。这就需要改变传统的"讲授—接受"的培训模式，走向互动、建构、反思的培训模式。有学者指出，"培训者的作用，不是单向的传递，而是唤醒和激发教师的实践经验，帮助教师建构知识的意义，在思想上启发教师，在情感上影响教师，使教师对自己的实践经验产生新的认识，从而改进自己的实践"。

体验式教师培训的实践者则强调，体验的、具身的实践方式是教师学习的重要方式。有研究者通过研究发现，教师更多的是在与同事、学生的日常交往和互动中，在自己的实践中学习。因此，教师专业学习的有效方式应该是在日常教学活动和教师群体互动中，在对自我实践的反思中学习。这就需要改变以讲授为主的培训方式，采用更能体现教师学习特点的培训方式。有研究者指出，"教师专业发展的体验学习的核心在于，通过参观、讨论、反思、探究等方式，让教师看到自己的实践，并对实践产生新的认识，生成新的意义，从而改进实践，改进教育教学工作"。也有研究者指出，教师培训应该以案例为载体，以学员亲身体验为手段，通过实际体验、深入思考、广泛交流，以提高教师的实践能力为目标。教师培训中的案例最好是真实的、典型的、复杂的、情境性的，能够反映教育教学的复杂情景，体现教师面临的各种问题，展现教师的实践智慧，引发教师的实践需求，激发教师的实践反思，从而促进教师的专业发展。还有研究者指出，在体验式学习中，学习者通过反思性观察、参与性互动和行动性实践，与其他人一起，进行知识的社会性建构和自身的"格式塔"重组，实现知识、能力、态度的统整，实现情感和心灵的共鸣和升华。

### 4. 体验式教师培训过程：从去情境化到互动生成

体验式教师培训的过程与一般体验式学习的过程相似，也包括四个环节，即"具体体验""反思观察""抽象概括"和"行动应用"。这四个环节并不是简单的线性排列，而是一个螺旋式上升的循环过程。

具体体验是培训过程的起点，也是体验式教师培训的独特之处。它强调教师身临其境的感受，通过感官的刺激获得生动的、具体的、独特的体验，并将自己的感受表达出来。反思观察是教师对具体体验的深入思考，是将自己的感受与他人的感受和认知进行对照和比较的过程。在这个过程中，教师的感受和体验不断扩展和加深，并对其产生更加深刻的影响。抽象概括是教师对反思观察到的内容进行深入分析和综合，形成概念和理论的过程。行动应用是将抽象概括出的概念和理论应用到新的情境中，检验和修正概念和理论的过程。

具体体验、反思观察、抽象概括和行动应用这四个环节并不是简单的重复，而是在多次的循环中不断深化和推进的。在体验式教师培训的过程中，这四个环节的循环出现使教师的体验不断扩展和加深，并最终促进教师的专业发展。

体验式教师培训的过程与杜威的"从做中学"的思想有相似之处。杜威强调，教学的过程应该是"做"和"学"统一的过程，也是"在做中学"和"在经验中学习"的过程。在他看来，"在做中学"的"做"不是单纯的动作，而是蕴含着目的、价值和意义的活动。这种活动应该是"在经验中、通过经验而学习"的活动。体验式教师培训的过程也是"在经验中、通过经验而学习"的过程。不同的是，体验式教师培训的过程更加强调教师的感受和体验，更加强调教师的主观能动性。

### 5. 体验式教师培训场域：从封闭课堂到开放空间

体验式教师培训的空间是开放的、互动的、情境的，它不再是单向的、纯理论的、封闭的，而是强调在体验中、通过体验获得知识，以真实情境中的问题解决为导向，以学员的互动、合作为手段，以教师的引导、协助为关键。体验式教师培训的空间是一个立体的、多维的空间，它包括实体的物理空间和抽象的虚拟空间，它是线上与线下、传统与现代的结合，是理论与实践的中介,是学员与教师、学员与学员、学员与情境、学员与自我的互动空间。

体验式教师培训的空间是以学员为中心的空间。在这个空间里,学员不是被动的、接受式的,而是主动的、探究的;不是孤立的、分割的,而是合作的、分享的;不是简单重复的、机械训练的,而是灵活的、智慧的。在这个空间里,学员的需要是起点,学员的发展是目的,学员的快乐是标准。体验式教师培训的空间是学员的,也是教师的,但首先是学员的。没有学员的参与、学员的体验、学员的反思、学员的行动,就没有体验式教师培训。因此,体验式教师培训要把学员的需要和发展作为出发点和落脚点,要把学员的感受和评价作为标准和依据。

体验式教师培训的空间是真实的、情境的。在这个空间里,学员不是听故事,而是讲故事;不是读故事,而是演故事;不是背故事,而是写故事。在这个空间里,学员要"过三关"——进教室要过"入口关",进课堂要过"展示关",出教室要过"出口关"。在这个空间里,学员要"说四课"——说自己的课,说别人的课,说专家的课,说历史的课。在这个空间里,学员要"做作业"——做学员的作业,做教师的作业,做教育的作业。在这个空间里,学员要"当老师"——当"学生"的老师,当"教师"的老师,当"教育"的老师。在这个空间里,学员要"找差距"——找自己的差距,找别人的差距,找教育的差距。在这个空间里,学员要"求发展"——发展自己的发展,发展教师的发展,发展教育的发展。

6. 体验式教师培训评价:从结果评价到过程表现

传统的教师培训评价往往以培训活动结束后的学员成绩和反映为依据,忽视了教师在培训过程中的体验和表现。有研究者指出,"传统的培训评估往往是一种结果评估,即只有在培训结束后才对受训人员的表现和行为变化进行评估。而对那些试图通过培训改变教学实践的教师来说,只有在教学实践中才能够真正看到自己的成长与进步。因此,对培训的评估应该是一个持续的过程,而不是在教学实践之外进行的独立的事件。"

体验式教师培训的过程性评价强调在培训过程中对教师学习和改变的"观察"和"反思"。它不仅关注培训的结果,更关注教师在培训过程中的体验以及体验带来的观念和行为的改变。它的目的在于为培训的设计和实施提供反馈,以便改进和优化培训过程。过程性的评价可以通过课堂观察、教师日记、同伴互评、自我评价等方式进行。

(1)课堂观察。课堂观察是体验式教师培训中的重要评价手段。在培训过程中,培训者可以通过深入教师的培训课堂,观察教师在真实课堂中的教学表现,了解教师的教学观念和教学能力,发现教师的问题和困惑,从而为改进培训提供依据。

(2)教师日记。教师日记是体验式教师培训中的重要反思工具。教师在培训过程中记录自己的教学日记,不仅有助于教师的自我反思,也可以为培训者提供了解教师观念和行为的重要依据。

(3)同伴互评。在体验式教师培训中,同伴互评是指培训者和被培训者共同参与对课堂的评价。通过同伴的视角,发现自己在培训中难以发现的问题,从而促进教师的专业发展。

(4)自我评价。自我评价是指教师在培训过程中对自己的教学表现和观念的评价。教师的自我评价可以通过"出声思维"的方式进行,即在教学过程中及时口述自己的所思所想,以观察和分析自己的教学观念和行为方式。

## 第三节  建立培训效果评估与反馈机制

**一、建立数字化培训效果评估与反馈机制的意义**

建立数字化培训效果评估与反馈机制的意义主要体现在以下几方面:一是通过建立数字化培训效果评估与反馈机制,对地方高校教师数字化培训的效果进行及时、准确、客观的评价,为进一步的培训决策提供科学依据;二是通过建立数字化培训效果评估与反馈机制,对地方高校教师数字化培训的运行状况进行诊断,找出存在的问题,从而有效提升数字化培训的质量;三是通过建立数字化培训效果评估与反馈机制,使地方高校教师数字化培训的运行机制更加完善,从而有效促进数字化培训的可持续发展;四是通过建立数字化培训效果评估与反馈机制,使地方高校教师数字化培训的管理更加有效,从而有效提升数字化培训的整体效益。

在建立数字化培训效果评估与反馈机制的过程中,需要重点注意的问题包括：一是要明确数字化培训效果评估的指标体系。这个指标体系的设计，要能够从"必要性、合理性、有效性、可操作性"四个维度进行，即要能够从"为什么要评、评什么、怎么评、谁来评"这四个方面进行；二是要明确数字化培训效果评估的运行机制。这个运行机制的设计，要能够从"评估的流程、评估的方法、评估的组织"这三个方面进行；三是要明确数字化培训效果反馈的内容体系。这个内容体系的设计，要根据数字化培训的目标和内容，从"共性内容、个性内容"两个方面进行，并要能够将培训效果的反馈与培训效果的评估有机结合起来；四是要明确数字化培训效果反馈的运行机制。这个运行机制的设计要从"反馈的流程、反馈的内容、反馈的形式"这三个方面进行。

**二、数字化培训效果评估与反馈机制的构建**

（一）构建原则与目标

1. 构建原则

（1）科学性原则。数字化培训效果评估与反馈机制的构建必须有科学理论的指导，要以数字化培训理论、成人学习理论、教育评价理论为基础，确保评估指标的设计、评估方法的选择、评估结果的反馈等环节的科学性。

（2）系统性原则。要从整体出发，将教师数字化培训过程中的各个要素作为一个整体来研究，确保数字化培训效果评估与反馈机制的完整性和系统性。

（3）可操作性原则。要选择易于操作、实用性强的评估工具和方法，制定的指标体系要简单、直观、易于理解和掌握，确保数字化培训效果评估与反馈机制的可操作性。

（4）发展性原则。要坚持用发展的眼光看问题，将教师数字化培训过程中的动态信息和静态信息都纳入评估范围，确保数字化培训效果评估与反馈机制的可持续性和有效性。

2. 构建目标

地方高校教师数字化培训的最终目的是促进教师专业化发展，提高人才培养质量。因此，建立数字化培训效果评估与反馈机制的目标是要通过科学的设计与有效的运行，对数字化培训的过程和结果进行评价，并将评价结果及时反馈给培训相关主体，以优化培训流程、改进培训活动、提高培训质量，实现教师专业化发展的目标。具体来说，包括以下几个方面。一是通过对数字化培训的方案、内容、方式、支持服务、学习环境等进行评估，提高数字化培训的质量。二是通过对教师的培训需求、学习态度、学习能力、学习绩效等进行评估，调动教师参与培训的积极性。三是通过对教师工作绩效、学校的应用绩效、社会服务绩效等进行评估，提高教师和学校应用信息技术的能力。四是通过对数字化培训的方案、内容、方式、支持服务、学习环境等进行评估，将评估结果及时反馈给相关主体，优化数字化培训的流程和活动。

(二) 评估指标体系设计

教师培训的目的是促进教师的专业化发展，而教师专业化发展的外在表现则是教育教学能力的提升。因此，在设计地方高校教师数字化培训效果的评估指标体系时，应以促进教师教育教学能力提升为导向，遵循科学性、可操作性、系统性等原则，从"专业知识""专业能力""专业理念"三个维度进行设计。

专业知识维度主要考查参训教师对数字化教育技术的掌握与应用情况，包括对数字化教育资源的获取、处理、应用能力；对数字化教学设计、开发、实施和评价的能力；对数字化教学研究、协作学习的能力。

专业能力维度主要考查参训教师的数字化教学能力，包括教师在数字化教学过程中对教学目标的制定、教学内容的组织、教学方法的选择、教学活动的设计、教学媒体的应用、教学评价的开展等方面的能力。

专业理念维度主要考查参训教师对数字化教育技术的认识与态度，包括教师对数字化教育技术的认识、对数字化教学的认识、对学生信息技术应用能力的认识；教师对数字化教学的态度、对学生信息技术应用能力的态度，对信息技术与教育教学深度融合的态度。

在每个维度下,又细分了具体的指标,构建了数字化培训效果的评估指标体系,如表5-1所示。

表5-1　地方高校教师数字化培训效果的评估指标体系

| 一级指标 | 二级指标 | 三级指标 |
|---|---|---|
| 专业知识 | 数字化教育资源的获取、处理、应用能力 | 能够熟练使用数字化工具检索、获取教育资源;<br>能够对获取的教育资源进行加工、处理、整合;<br>能够将处理好的教育资源应用于教育教学 |
| 专业能力 | 数字化教学设计、开发、实施和评价的能力 | 能够根据学科特点和学生需求,设计数字化教学方案;<br>能够运用数字化工具开发数字化教学资源;<br>能够实施数字化教学,完成教学任务;<br>能够对数字化教学的过程和结果进行评价 |
| 专业理念 | 对数字化教育技术的认识与态度 | 了解与教育教学相关的数字化教育技术的发展动态;<br>了解数字化教育技术的理论基础和应用方式;<br>了解数字化教育技术应用的安全风险,具备技术风险防范能力;<br>能够认识到数字化教学的重要性;<br>能够认识到学生信息技术应用能力培养的重要性;<br>能够认识到信息技术与教育教学深度融合的重要性 |
| 态度 | | 支持运用数字化教育技术改善教育教学活动;<br>支持培养学生的信息技术应用能力;<br>支持实现信息技术与教育教学的深度融合 |
| 行为 | | 能够将数字化教育技术应用于教育教学活动;<br>能够不断更新数字化教育技术知识,提升技术应用能力;<br>能够开展信息技术与教育教学的研究,推动教育教学的改革 |

在设计评估指标体系的同时,还需要设计与之相对应的评估标准,对参训教师在各个维度的表现进行等级划分,如表5-2所示。

表5-2　参训教师在各维度的表现等级划分

| 表现维度 | A | B | C | D |
|---|---|---|---|---|
| 专业知识 | 掌握数字化教育资源的检索、获取、处理、应用技术;掌握数字化教学的设计、开发、实施、评价技术;掌握数字化教学研究、协作学习技术 | 能够熟练使用数字化工具检索、获取教育资源;能够对获取的教育资源进行加工、处理、整合;能够将处理好的教育资源应用于教育教学 | 能够使用数字化工具检索、获取教育资源;能够对获取的教育资源进行加工、处理 | 基本能够使用数字化工具检索、获取教育资源;能够对教育资源进行简单的加工、处理 |

续表5-2

| 表现维度 | A | B | C | D |
|---|---|---|---|---|
| 专业能力 | 能够根据学科特点和学生需求，设计数字化教学方案；能够运用数字化工具开发数字化教学资源；能够实施数字化教学，完成教学任务；能够对数字化教学的过程和结果进行评价 | 能够根据学科特点和学生需求，设计数字化教学方案；能够运用数字化工具开发数字化教学资源；能够实施数字化教学，完成教学任务 | 能够实施数字化教学，完成教学任务 | 基本能够实施数字化教学，完成教学任务 |
| 专业理念 | 了解数字化教育技术的发展动态；了解数字化教育技术的理论基础和应用方式；了解数字化教育技术应用的安全风险，具备技术风险防范能力 | 了解数字化教育技术的发展动态；了解数字化教育技术的理论基础和应用方式 | 了解数字化教育技术的发展动态；了解数字化教育技术的理论基础 | 基本了解数字化教育技术的发展动态；基本了解数字化教育技术的理论基础 |
| 态度 | 能够认识到数字化教学的重要性；能够认识到学生信息技术应用能力培养的重要性；能够认识到信息技术与教育教学深度融合的重要性 | 支持运用数字化教育技术改善教育教学活动；支持培养学生的信息技术应用能力；支持实现信息技术与教育教学的深度融合 | 支持运用数字化教育技术改善教育教学活动；支持培养学生的信息技术应用能力 | 基本支持运用数字化教育技术改善教育教学活动；支持培养学生的信息技术应用能力 |
| 行为 | 能够将数字化教育技术应用于教育教学活动；能够不断更新数字化教育技术知识，提升技术应用能力；能够开展信息技术与教育教学的研究，推动教育教学的改革 | 能够将数字化教育技术应用于教育教学活动；能够不断更新数字化教育技术知识，提升技术应用能力 | 能够将数字化教育技术应用于教育教学活动；基本能够不断更新数字化教育技术知识，提升技术应用能力 | 基本能够将数字化教育技术应用于教育教学活动；能够不断更新数字化教育技术知识，提升技术应用能力 |

评估指标体系和评估标准的设计，为数字化培训效果的评估提供了依据，使评估更加科学、合理、有效。

### (三) 反馈机制设计

反馈机制的建立是数字化培训评估的重要环节，也是持续提高培训质量的重要保证。数字化培训反馈机制设计的总体思路是建立数字化培训效果的即时反馈、过程反馈和结果反馈的动态反馈系统，以促进教师培训效果的即时巩固、过程调控和结果反思。

即时反馈是在数字化培训过程中的实时反馈，目的是使参训教师在学习过程中能够及时了解自己的学习情况，从而对学习进行及时调控。即时反馈的内容包括任务的完成情况、测试的答题情况、论坛的参与情况等。即时反馈的方式可以通过在数字化培训平台的学习界面中增加相应的显示模块来实现，模块的位置可以设计在页面的顶部，以保证教师在学习的过程中能够方便地看到自己的学习情况。同时，即时反馈的内容也可以通过数字化培训平台的即时通信工具进行发送，以保证教师在学习的过程中能够随时地接收到反馈信息。

过程反馈是在数字化培训结束后的反馈，目的是使参训教师能够对自己的学习情况进行反思，从而促进教师对学习的总结和提炼。过程反馈的内容包括学习的总体情况、学习的过程记录、学习的成果（作品、总结等）等。过程反馈的方式可以通过数字化培训平台的学习记录模块来实现，同时也可以通过数字化培训平台的交流工具进行发送。

结果反馈是在数字化培训结束后的反馈，目的是使参训教师的领导和同事了解教师的学习和培训的情况，从而促进教师的职业发展。结果反馈的内容包括学习的证书、学习的成果（作品、总结等）、学习的评价等。结果反馈的方式可以通过数字化培训平台的证书模块来实现，同时也可以通过数字化培训平台的交流工具进行发送。

动态反馈系统的设计是以提高参训教师的学习效果和促进教师的专业发展为根本目标，因此，在设计的过程中需要充分考虑反馈的内容、方式和时间。反馈内容要能够真实地反映教师的学习和培训的情况，反馈方式要能够方便教师和他人的查阅和交流，反馈时间要能够在数字化培训的过程中进行。

在地方高校教师数字化培训中，反馈机制的建立主要包括以下三个步骤：

（1）确定反馈对象。反馈对象即需要接收培训效果反馈信息的对象，可以是教师、培训管理者、学校管理者、教育主管部门等。例如,在对地方高校教师进行数字化教学能力培训后,将培训效果的反馈信息反馈给教师个人,有助于教师了解自身的培训效果,从而在今后的教学工作中学以致用;将培训效果的反馈信息反馈给学校管理者,有助于其了解培训的成效,从而在今后的教师培训中做出合理的决策。

(2)收集反馈信息。收集反馈信息是指将培训过程中收集到的数据和信息进行归纳、总结,并将其作为反馈信息的内容。例如,在对地方高校教师进行数字化教学能力培训的过程中,可以通过调查问卷、访谈、测验、作品评价等方式收集教师在教学理念、教学设计、教学开发、教学实施、教学评价、教学研究等方面的培训效果信息。

(3)反馈信息处理。反馈信息处理是指将收集到的反馈信息进行分析、总结和归纳,并将处理后的信息反馈给相应的对象。例如,将收集到的地方高校教师数字化教学能力培训效果的信息进行分析、总结和归纳,并将处理后的信息反馈给教师、学校管理者和教育主管部门,有助于他们了解培训的效果,从而在制订下一步的培训计划时做到有的放矢。

(四)实施策略与方法

地方高校教师数字化培训的实施策略与方法,可从以下几个方面来进行设计:

(1)建立专门的数字化培训管理机构。地方高校的教师培训工作,长期以来都是由学校的继续教育学院或成人教育学院来负责。随着数智时代的到来,培训的数字化转型已是大势所趋,因此有必要建立专门的数字化培训管理机构,统筹负责全校的数字化培训工作,同时协调和整合学校内部和外部的数字化培训资源。数字化培训管理机构可以和传统的教师培训管理机构合署办公,也可以是一个相对独立的部门。无论如何,数字化培训管理机构应该具有数字化培训的设计、开发、实施、评价和研究的功能,能够根据学校的实际情况和教师的培训需求,科学地制定数字化培训方案,合理地设计数字化培训内容,有效地开展数字化培训活动,客观地评估数字化培训效果,及时地反馈数字化培训信息,持续地改进数字化培训质量。

(2)制定数字化培训的实施方案。数字化培训的实施方案是对数字化培训的组织与实施的总体规划和安排,包括数字化培训的目标、内容、模式、方式、评价等。制定数字化培训的实施方案要以国家教育信息化和教师培训相关政策为指导，以学校和教师的实际需求为依据，以数字化培训的目标和内容为基础，以数字化培训的评价标准为参照，以提高数字化培训的质量和效果为目标。在制定数字化培训的实施方案的过程中要广泛征求教师、专家和领导的意见和建议，充分考虑各种主客观因素的影响和制约，合理设计数字化培训的各个环节和流程，明确规定数字化培训的各种要求和标准，确保数字化培训的实施方案的科学性、可行性和有效性。

（3）开发数字化培训的课程资源。数字化培训的课程资源是指能够支持数字化培训的教学活动，实现数字化培训的教学目标的各种素材、工具、平台和系统的总称。开发数字化培训的课程资源要根据数字化培训的内容和形式，选择和设计相应的课程资源；要根据数字化培训的过程和环节，组织和呈现相应的课程资源；要根据数字化培训的需求和效果，更新和完善相应的课程资源。在开发数字化培训的课程资源的过程中，要充分利用各种信息技术和手段，广泛收集各种网络和媒体的资源，积极制作各种文字、图像、音频、视频和动画的素材，灵活设计各种网站、网页、论坛、微博和微信的平台，巧妙构建各种系统、应用和游戏的工具。

（4）开展数字化培训的教学活动。数字化培训的教学活动是指在数字化培训的过程中，教师和学员之间、学员与学员之间，以数字化的课程资源为中介，以数字化的培训平台为支撑，以数字化的评价工具为手段而开展的各种教学实践活动。开展数字化培训的教学活动要根据数字化培训的内容和形式，选择和设计相应的教学策略；要根据数字化培训的过程和环节，组织和呈现相应的教学活动；要根据数字化培训的需求和效果，更新和完善相应的教学方法。在开展数字化培训的教学活动的过程中，要充分利用各种信息技术和手段，广泛开展各种自主、合作和探究的学习活动，积极引导教师和学员的互动和参与，有效促进教师和学员的交流和沟通，合理利用数字化培训的评价结果，适时调整数字化培训的内容和形式，切实提高数字化培训的质量和效果。

（5）设计数字化培训的评价工具。数字化培训的评价工具是指用于测定数字化培训的效果，衡量数字化培训的质量，评估数字化培训的价值的各种标准、量表、问卷和量规的总称。设计数字化培训的评价工具要根据数字化培训的目标和内容，确定相应的评价标准；要根据数字化培训的过程和环节，制定相应的评价量表；要根据数字化培训的对象和群体，设计相应的评价问卷；要根据数字化培训的重点和难点，制定相应的评价量规。在设计数字化培训的评价工具的过程中,要充分利用各种信息技术和手段,广泛借鉴各种国内外的评价工具的经验,积极探索各种数字化的评价工具的方法,合理利用各种数字化的评价工具的结果,及时反馈数字化培训的评价信息,有效改进数字化培训的过程和结果。

(6)构建数字化培训的反馈机制。数字化培训的反馈机制是指在数字化培训的过程中对数字化培训的设计、开发、实施和评价的各个环节,对数字化培训的教师、学员、管理和支持的各个方面,对数字化培训的内容、过程、质量和效果的各个要素而进行的各种信息的收集、处理、分析和运用的活动和过程。构建数字化培训的反馈机制要根据数字化培训的目标和需求,确定相应的反馈内容;要根据数字化培训的过程和环节,设计相应的反馈方式;要根据数字化培训的结果和效果,选择相应的反馈工具;要根据数字化培训的评价和改进,运用相应的反馈结果。在构建数字化培训的反馈机制的过程中,要充分利用各种信息技术和手段,广泛收集各种数字化的反馈信息,积极分析各种数字化的反馈结果,合理运用各种数字化的反馈工具,有效改进各种数字化的反馈方式,切实提高数字化培训的质量和效果。

# 第六章

## 地方高校教师数字素养提升的创新诉求：数字化教师学习共同体

随着智能时代的深入发展，数字技术已经渗透到社会各个领域，成为推动社会进步的重要力量。在数字化转型的大背景下，教育领域的数字化进程也在加速推进，这无疑对教师提出了新的挑战和要求。特别是新冠肺炎疫情期间，大规模的线上教学使教师的数字能力成为一个不可或缺的技能。因此，提升教师数字胜任力，打造一支高质量的数字化教师队伍，已经成为当前教育发展的重要任务。地方高校教师数字素养提升的创新诉求在于构建数字化教师学习共同体，通过这一平台，教师能够共享数字教育资源，交流数字化教学经验，从而不断提升自身的数字素养，适应数字化教育的发展需求，共同推动教育教学质量的提升。

# 第一节　构建数字化教师学习平台

## 一、为教师深度学习提供机遇和平台

为了打造深度学习、养成数字素养的"教师中心"，需要重新审视并改进现有的教师培训模式。赫尔巴特的教学理念尽管有其独特的价值，但在当今数字化时代，其"专家中心"教育模式显得过于单一和权威导向，难以充分满足参训教师的兴趣和需求。

教师培训应更加注重参训教师的主体地位，倡导"具身互动式"的培训方式。具身互动强调通过身体参与和体验活动，使教师在培训过程中与他人实现交流、对话和沟通。这种互动不仅有助于激发教师的主动性和积极性，还能使他们在实践中深化对数字素养的理解和掌握。

同时，情境认知理论为我们提供了另一个重要的视角。学习发生的情境对于理解人类认知具有关键作用。因此，教师数字素养的提升需要从"去情境化"向重视"情境化"转变。这意味着需要将数字素养的培养融入教师日常工作和生活的各个方面，让他们在真实的情境中学习和应用数字技能。

此外，知识是个体与环境交互作用中的一种属性，是一种动态的建构和组织过程。因此，教师培训应更加注重教师的社会和文化背景以及他们与环境的互动。通过这种方式，教师可以更好地理解和应对环境变化，协调自己的行为，从而提升自己的数字素养。

## 二、基于移动互联网的教师自主学习模式平台构建

### （一）教师移动自主学习模式的研究背景

随着时代的进步和技术的革新，教师的学习和培训模式亟待改革。这不仅是对国家政策的响应，也是适应新时代教育需求、提升教师个人专

业素养的必然选择。

国家政策明确提出了对教师教育的重视和要求，将教师队伍建设作为重大政治任务和根本性民生工程；强调了教师在新时代教育中的重要地位，也为教师培训模式的改革提供了政策支持。

在"互联网+"的时代背景下，学习已经成为每个人的生活习惯和方式。教师作为教育的引领者，更需要通过自主学习和再学习，不断更新知识体系，提升专业能力。

技术的进步为教师培训模式的改革提供了有力支持。无线网络通信技术和信息技术的迅猛发展，使教师能够随时随地进行学习，实现了"人人、时时、处处"的学习可能性。

然而，当前的教师培训模式仍然存在一些问题，如工学矛盾、课程体系不完善、学习平台局限性等。这些问题迫切需要得到解决，以适应新时代对教师学习和培训的新要求。

(二)教师移动自主学习平台构建的理论基础与概念界定

移动互联网的迅猛发展为教师的移动自主学习提供了强有力的技术支撑。移动互联网通过智能移动终端实现了随时随地的通信和服务获取，为教师提供了便捷的学习途径。教师不再受限于固定的学习场所和时间，可以在任何地点、任何时间进行学习，极大地提高了学习的灵活性和效率。

成人学习理论为教师培训提供了重要的理论依据。成人学习者具有独立自主、经验丰富、动机强烈和注重效果等特点。教师培训需要充分考虑到这些特点，整合学习资源，提供丰富完备的学习资源，以满足教师的学习需求。同时，教师培训还需要充分利用教师的碎片时间，打破培训方式对时间和地点的限制，提升培训效果。

"iSPEED"移动自主学习模式是一种基于移动互联网的教师或学生自主学习模式，通过整合互联网资源，利用移动设备的便捷性，实现了随时随地的学习和自我提升。

在实施"iSPEED"移动自主学习模式时，需要注重以下几个方面：首先，要构建完善的学习平台，提供丰富的学习资源和个性化学习工具；其次，要设计符合成人学习特点的学习课程和活动，激发教师的学习兴趣和动力；最后，要建立有效的学习评价和反馈机制，及时了解教师的学习情况和需求，不断优化学习模式。

(三)教师"iSPEED"移动自主学习模式的技术支撑

基于理论基础和核心概念构建，对参训教师的学习时间、学习需求、学习路径、学习特点以及学习成效进行深入分析，可以得出以下结论：

(1)参训教师的学习时间具有碎片化特点，由于日常工作和生活的压力，他们很难拥有整块的学习时间。因此，移动自主学习模式需要适应这种碎片化学习时间的特点，提供随时随地的学习机会。

(2)参训教师的学习需求多样化，他们不仅需要更新专业知识，还需要提升教育教学技能、教育管理能力等方面的素养。因此，学习资源需要丰富多样，以满足不同教师的需求。

(3)在学习路径上，参训教师倾向于个性化学习，他们希望能够根据自己的学习进度和能力进行自主选择。移动自主学习模式应提供个性化的学习路径，让教师可以根据自己的需求进行定制。

(4)参训教师的学习特点表现为自主学习和协作学习相结合。他们既需要独立思考和解决问题，也需要与他人交流和分享经验。因此，移动自主学习平台应支持这两种学习方式，提供丰富的交互功能。

(5)学习成效是衡量移动自主学习模式成功与否的关键指标。通过定期的学习评价和反馈机制，可以了解参训教师的学习进展和成效，进而对学习模式进行不断优化。

基于以上分析，教师移动自主学习模式的技术支撑要点包括数字化学习服务平台、学习App以及学习资源三个方面的建设。数字化学习服务平台应具备强大的数据处理能力、安全性和稳定性，以满足大量教师的并发访问和学习需求。学习App应提供简洁易用的界面设计和丰富的学习功能，使教师能够随时随地进行自主学习。学习资源建设则需要注重内容的丰富性、形式的多样性和交互性，以满足教师的个性化学习需求。

在平台建设方面，采用B/S架构的学习服务平台能够方便教师通过互联网进行访问和使用，无须安装特定的软件。平台应涵盖教学服务、教务服务、学习服务等多个方面，为教师提供一站式的学习体验。同时，平台还应具备强大的数据分析和处理能力，以便对学习效果进行监控和评估。

在课程资源建设方面，应根据"iSPEED"教师自主学习模式的要求，结合博物馆、社会大课堂等丰富的学习资源，开发具有针对性和实用性的课程。课程应涵盖人文、科技等多个领域，以探究式任务等形式激发教师的学习兴趣和积极性。同时，课程资源的呈现形式也应多样化，包括文本、图片、视频等多种形式，以满足教师的不同学习需求。

(四) 教师移动自主学习 App 的构建与应用

1. 移动自主学习平台构架

移动学习平台采用C/S架构，即客户端—服务器架构，这种架构使平台能够高效地处理大量的用户请求和数据交互。

自主学习管理系统方便授课教师进行课程论证、班组管理、备课等操作。自主学习手机端为学习者提供了便捷的学习界面，包括学习班级选择、课程详情查看、任务选择与提交等功能。数据接口则实现了自主学习平台与区级学习服务平台之间的数据交互，确保了数据的准确性和一致性。

"iSPEED"自主学习模式的实施，不仅能够提升学习者的学习效率和学习兴趣，还能够促进教师之间的交流与合作，推动教育教学的创新与发展。

2. 自主学习 App 模块功能的设计

"iSPEED"自主学习模式中的App系统模块设计全面而精细，充分考虑到了移动学习的特点和教师的实际需求。各个模块的功能设计既相互独立又相互关联，共同构成了一个完整的学习生态系统。

登录模块作为用户进入App的入口，通过验证学员继续教育培训的相关信息，确保了用户身份的真实性和安全性。这一模块的设计有效防止了非法访问和滥用资源的情况发生，保障了学习环境的纯净和有序。

课程选择模块为学员提供了灵活多样的课程选择空间。学员可以根据自己的兴趣和学习需求，在模块中浏览和选择适合自己的课程进行学习。这种个性化的学习方式有助于激发学员的学习动力，提高学习效果。

课程学习模块是App的核心部分，它以主题式组织呈现各种学习资源，为学员提供了丰富的学习内容和互动体验。导学资源的设计言简意赅、短小精悍，能够帮助学员快速了解学习要点和任务要求。实践任务的设计注重培养学员的实践能力和创新能力，通过完成任务，学员能够将所学知识应用到实际情境中，实现知识的内化和转化。学习成果上传和学习检测功能则有助于学员及时反思和总结学习成果，查漏补缺，进一步提高学习效果。

定位模块是App的一大特色，它充分利用了智能手机的定位功能，实现了对学员学习地点的实时监测和记录。这一模块的设计有助于确保学员按照要求前往实践地点进行任务提交，避免了虚假学习和作弊行为的发生。同时，定位数据还可以为后期的学习分析和优化提供有力支持。

### 3. 自主学习App的开发与应用

自主学习手机端的开发与应用是一个经过精心设计和迭代的过程，它充分利用了AppCan混合应用开发工具的优势，确保了应用的易用性和用户体验，同时提高了开发效率，保证了iOS和Android端应用的一致性。通过内部测试和公开测试，开发者收集了宝贵的反馈，并对应用进行了优化和升级，最终推出了功能更加完善、用户体验更加出色的V1.1版本。

在这个过程中，自主学习App的实践应用与开发相辅相成，相互印证。通过有针对性的深入探讨、体验验证、功能优化，App的开发历经了多个版本的迭代，自主学习实践也经历了从内部测试到公开测试，再到定向实验班自主测试的不同阶段。这些测试不仅验证了App的功能和效果，还收集了教师的使用体验和反馈，为应用的进一步优化提供了依据。

此外，自主学习App的开发还注重与数字化学习平台的融合，通过接入定位功能和地图API，实现了对参训教师学习地点的实时监控和记录，确保了自主学习活动的真实性和有效性。同时，App的学分记录功能也与学习平台数据进行了完好对接，实现了学习成果的量化管理和评估。

### （五）自主学习App的技术特色与创新点

该App不仅具备iOS和Android手机平台的良好兼容性，确保了广泛的用户覆盖，还支持丰富多样的学习资源和任务形式，满足了教师多样化的学习需求。同时，App提供精准的定位监控功能，确保了自主学习活动的真实性和有效性。此外，网络平台与手机端的统一认证和学分互通机制，实现了学习成果的量化管理和评估，为教师的专业发展提供了有力支持。

### 三、集成化网络学习虚拟组织平台构建探索

对于高校来说，信息技术在管理、教学支持、科学研究、继续教育以及全球化等方面都产生了深远影响。它降低了管理成本，提高了教学质量，重构了科学研究的流程，扩大了继续教育的规模，并提升了高校的全球化水平。这些变化为高校解决大批量培育学生和注重学生个性化学习之间的矛盾提供了可能。因此，高校应充分利用信息技术的优势，结合高等教育的核心任务，积极创新教育模式和方法，为学生提供更加灵活、个性化的学习体验，以培养更多具有创新精神和实践能力的高级专门人才。

集成化网络学习虚拟组织平台作为学校教学改革的一种创新实践，其重要性逐渐得到了许多高校的认可。虽然平台在建设、应用、监管、维护等方面仍面临诸多挑战，特别是在政策支持和制度保障方面还有待加强。但不容置疑的是，这一发展方向具有广阔的前景和巨大的潜力。未来，集成化网络学习虚拟组织平台将在高校教学、科研以及文化传承等方面发挥越来越重要的作用，为高等教育的发展注入新的活力。

（一）虚拟组织的优势及可引性

虚拟组织的概念起源于虚拟企业，随着信息技术的飞速发展和社会信息化程度的提升，这一概念已经扩展至包括各种新型组织形式。虚拟组织不再局限于企业间，而是涵盖了多个领域和行业的合作，旨在实现特定目标，通过分工、协作、资源整合以及权责分配等方式，形成一个集合体。虚拟组织平台则为这些组织的构建提供了数字化环境，使组织成员能够跨越地理空间限制，进行高效的沟通和协作。

虚拟组织相较于传统组织，具有显著的优势。首先，它在组织上具有高度的柔性，能够根据目标或项目的需求进行快速组建和解散，灵活应对各种变化。其次，虚拟组织在事件响应上表现出敏捷性，因为其成员具备专业技能和资源优势，并借助现代通信技术实现快速的信息交流和决策。此外，虚拟组织的成长速度较快，成员间的知识共享和技术整合能够促进集体智慧的迅速形成。最后，虚拟组织的结构扁平化，减少了层级，提高了决策效率。

对于高校而言，面对科学知识不断细化、交叉、综合的趋势，传统的

学科分类和专业设置往往难以迅速适应社会需求的变化。因此,利用信息技术平台组建虚拟学习组织,成为教师与学生适应社会环境变化的重要途径。虚拟学习组织包括师师、师生、生生之间的合作,以研究专题为导向,开展自主学习、合作式学习、研究性学习。这种方式不仅能够弥补传统课堂的不足,还能提高学生的创新能力和实践能力,培养具有创新精神的高级专门人才。

（二）构建自主学习环境的模式探索

（1）灵活的协作与任务分配机制。虚拟组织的核心优势之一在于其能够灵活地组织和协调不同成员的工作。在网络学习虚拟组织平台中,应设计灵活的协作和任务分配机制,允许学习者根据自己的兴趣和能力选择任务,同时促进学习者之间的合作与共享。通过共同完成任务,学习者不仅可以提高学习效率,还可以培养团队协作精神和沟通能力。

（2）有效的学习评估与反馈机制。学习评估与反馈是提升学习效果的关键环节。在虚拟组织平台中,应建立有效的学习评估机制,对学习者的学习过程和学习成果进行定期评估。同时,平台还应提供及时的反馈和建议,帮助学习者了解自己的不足和进步,调整学习策略,提高自主学习能力。

（3）持续的平台更新与升级。随着信息技术的不断发展和教育理念的更新,网络学习虚拟组织平台需要不断地进行更新和升级。平台应关注最新的教育技术和教育理念,及时将新的功能和工具集成到平台中,以满足学习者的不断变化的需求。同时,平台还应定期进行维护和优化,确保平台的稳定性和安全性。

（4）注重教师的角色与作用。在虚拟组织平台的建设中,教师扮演着至关重要的角色。他们不仅是知识的传授者,更是学习活动的引导者和促进者。因此,在平台设计中应充分考虑教师的需求,提供便捷的教学管理和资源制作工具,同时鼓励教师积极参与到平台的建设和运营中来,发挥其在教学改革中的积极作用。

（三）校本实践

通过系统规划和建设,逐步在学校实施教学信息化工程,建立起集成化网络学习虚拟组织平台——教师中心和学生中心。这两个中心根据使用人员和需求的不同,在主题、内容、组织管理方法、监控等各方面均有所差异,以满足不同用户群体的学习需求。

(1)服务保障体系。服务保障体系是教师中心和学生中心的重要组成部分,旨在为用户提供全方位的服务和支持。教师中心的服务保障体系包括教学策略支持、教学研究支持、教育技术能力培训等内容,旨在提升教师的教学水平和信息化应用能力。学生中心的服务保障体系则包括学习策略支持、数字化学习能力培训等内容,旨在帮助学生更好地利用数字化资源进行学习。

学校有一支专业团队负责服务保障工作,包括在平台上组建学习模块、举办大型培训会等,以提高教师的教育技术能力和学生的数字化学习能力。同时,团队还为用户提供技术支持和信息查询反馈窗口,确保用户在使用平台过程中得到及时帮助和解决问题。

(2)虚拟组织社区。虚拟组织社区是教师中心和学生中心的另一大特色。在虚拟教研室中,教师可以自由组建团队,进行有关教学的组织交流讨论活动,促进教学经验的分享和教学方法的创新。学生在学习虚拟组织社区中则可以自主建立虚拟学习团队,开展自主学习、协作学习、研究性学习等活动,提升学习效果和团队合作能力。

(3)交流论坛。交流论坛是教师和学生共同参与的重要平台,为师生提供了基于各种专题的讨论空间。在这里,教师可以发布教学心得、分享教学经验;学生可以提出问题、寻求帮助;师生之间可以互相交流、互相学习。这种互动式的交流方式有助于增进师生之间的了解和信任,促进教学相长。

教师中心和学生中心虽然面向的对象不同,但都是基于统一的硬件资源和数字平台构建而成的。两个中心之间可以便捷地互通信息、共享资源,实现了资源的最大化利用和效益的最大化发挥。同时,两个中心都由统一的部门进行管理和服务,提供了统一的技术保障和支持,确保了平台的稳定运行和持续发展。

(四)绩效综述

(1)学习资源中心与交流平台的建立。教师中心和学生中心已发展成为校内最大的学习资源中心和交流平台。平台上汇聚了海量的数字化教学资源和学习资源，涵盖了各个学科领域，为师生提供了便捷的学习途径。同时，平台上的交流论坛、虚拟组织社区等功能模块，为师生提供了广阔的互动空间，促进了知识分享与经验交流。

（2）虚拟团队建设促进跨学科交流。教师中心和学生中心的虚拟团队建设功能，大大促进了不同院系、不同学科间的交流互动。通过虚拟团队的形式，教师可以打破学科壁垒，开展跨学科研究，推动学校边缘学科的发展。同时，学生也可以在虚拟团队中接触到不同学科的知识和方法，拓宽视野，培养综合素质。

（3）三大课堂的互联互动与人才培养。教师中心和学生中心实现了传统课堂、网络课堂和实践课堂的互联互动，为学校培养应用型、创新型人才提供了良好的环境和氛围。学生可以通过网络平台进行自主学习和协作学习，同时结合实践课堂进行实验操作和创新实践，全面提升自身能力。

（4）教学方式变革与学习空间拓展。教师中心和学生中心的建设，促使教师和学生逐步形成传统课堂和网络课堂相结合的教学模式。这种混合式教学模式极大地拓展了学生的学习空间，使学生能够随时随地进行学习，从而提高了学习效率。

（5）项目驱动式研究团队与教学创新。教师中心和学生中心还积极推行项目驱动式的研究团队组建方式。通过以项目或研究专题为驱动，教师和学生组成多个灵活多样的研究团队，共同开展研究与实践活动。这种组织方式不仅提高了师生的研究能力和创新能力，还产生了多个具有国内、省内影响力的教学改革创新项目。

## 第二节　定期组织数字素养经验分享

定期组织数字素养经验分享活动不仅能够让参与者互相学习、交流心得，还能激发他们对数字技术的兴趣和热情。

## 一、定期组织数字素养经验分享活动概述与目标

定期组织数字素养经验分享活动,旨在进一步推动全民数字素养的提升,并加强不同背景、领域人群之间的交流与合作。在当今数字化快速发展的时代,数字素养已成为每个人不可或缺的一项基本技能。举办这样的经验分享活动,旨在为参与者提供一个广阔的学习与交流平台,使他们能够深入了解数字技术的最新动态,掌握数字素养的核心要素,并不断提升自己的数字技能。

在活动过程中,应特别注重促进不同背景、领域人群之间的交流与融合。通过邀请来自各行各业、拥有丰富实践经验的嘉宾和专家进行主题分享,希望能够打破行业壁垒,让不同领域的人们能够相互学习、相互借鉴。同时,鼓励参与者积极发言、提问,与嘉宾和其他参与者进行深入交流,共同探讨数字素养的未来发展趋势和应用前景。

此外,应特别关注激发参与者在数字技术领域的创新思维。通过分享创新案例、探讨数字技术的创新应用等方式,希望能够激发参与者的创新思维和想象力,鼓励他们不断探索数字技术的新领域、新应用,为数字化时代的发展贡献智慧和力量。

总之,定期组织数字素养经验分享活动,不仅能够促进全民数字素养的提升,还能够加强不同背景、领域人群之间的交流与合作,推动数字技术在社会各领域的广泛应用和创新发展。在这样一个充满机遇和挑战的时代,数字素养经验分享活动将成为推动数字化时代发展的重要力量。

## 二、定期组织数字素养经验分享活动内容与形式

### (一)主题分享与专家指导

邀请行业内的专家、学者或经验丰富的从业者参与数字素养经验分享活动,对于提升活动的专业性和实用性具有至关重要的作用。这些嘉宾通常拥有深厚的学术背景和丰富的实践经验,他们的分享能够为参与者提供前沿、实用的知识,帮助他们更好地理解和掌握数字素养的核心内容。

在数字技能提升方面，可以邀请相关领域的专家就最新的数字技术和工具进行深入解读。比如，人工智能、大数据、云计算等领域的专家可以分享这些技术在各个行业的应用案例和前景以及如何利用这些技术提升个人的工作效率和创新能力。此外，还可以邀请编程高手或软件工程师，分享编程技巧、软件开发流程等方面的经验，帮助参与者提升编程能力和软件应用水平。

在网络安全防护方面，可以邀请网络安全领域的专家就当前的网络威胁和攻击手段进行剖析，分享如何有效防范网络攻击、保护个人隐私和数据安全的经验和技巧。这些专家可以结合实际案例，为参与者提供实用的网络安全防护建议，帮助他们增强网络安全意识，提升网络安全防护能力。

在信息真伪鉴别方面，可以邀请媒体从业者、信息传播学者或经验丰富的信息分析师，分享如何识别虚假信息、避免被网络谣言误导的技巧和方法。他们可以从信息传播的角度，分析虚假信息的特征和传播规律，为参与者提供有效的信息鉴别策略，帮助他们提高信息筛选和判断能力。

通过邀请这些行业内的专家、学者或经验丰富的从业者进行分享，我们能够为参与者提供一个全面、深入的学习平台，帮助他们了解数字素养的最新动态和前沿知识，掌握数字技能、网络安全和信息鉴别等方面的实用技巧，为他们在数字化时代中更好地适应和发展提供有力支持。

（二）小组讨论与深入交流

在数字素养经验分享活动中，参与者根据个人兴趣或需求自由组成小组，进行针对某一数字素养话题的深入探讨，是一种极具价值和意义的交流形式。这种小组交流形式不仅有助于激发思维碰撞，促进观点交换，更能深化参与者对数字素养的理解和掌握。

（1）自由分组的方式充分尊重了参与者的个人意愿和兴趣。每个人都有自己关注的焦点和疑惑，通过自由选择小组，参与者能够找到与自己志同道合的人，共同就某一话题展开深入讨论。这种针对性的交流能够更好地满足参与者的学习需求，提高活动的针对性和实效性。

（2）小组交流形式有助于激发思维碰撞和观点交换。在小组内，成员们可以畅所欲言，分享自己的见解和经验，同时也可以倾听他人的观点，从中汲取新的思路和灵感。这种互动式的交流方式有助于打破固有思维，拓宽视野，让参与者能够更全面地了解数字素养的各个方面。

（3）小组交流还有助于加深参与者对数字素养的理解和掌握。通过深入的探讨和交流，参与者能够更深入地了解数字素养的内涵和外延，掌握其核心要素和关键技能。同时，小组内的合作和交流也能够促进参与者之间的互助学习，让他们在相互帮助中共同成长。

（4）小组交流形式还能够增强活动的趣味性和互动性。在轻松愉快的氛围中，参与者们可以更加积极地参与到讨论中来，分享自己的经验和心得，同时也能够从他人的分享中获得新的启示和收获。这种互动式的交流方式不仅能够提升活动的吸引力，还能够增强参与者之间的友谊和合作。

（三）经验分享与心得交流

鼓励参与者分享自己在提升数字素养过程中的经验、挑战和收获，是数字素养经验分享活动不可或缺的一环。这种分享不仅能够促进参与者之间的深入交流，还能够为其他人提供宝贵的参考和启示，推动共同成长。

（1）分享经验能够加强参与者的学习成果。当参与者主动分享自己提升数字素养的经验时，他们实际上是在对自己的学习成果进行了一次梳理和总结。这种过程有助于加深他们对数字素养的理解和掌握，使学习成果更加牢固。同时，通过分享，参与者还能够发现自己在学习过程中可能忽略的细节或不足之处，从而进一步完善自己的知识和技能。

（2）分享挑战和困难有助于增进理解和支持。在提升数字素养的过程中，每个人或多或少都会遇到一些挑战和困难。通过分享这些经历和感受，参与者能够让他人更加了解自己在学习过程中的艰辛和付出，增进彼此之间的理解和支持。同时，这种分享还能够激发其他人的共鸣，促使他们分享自己的类似经历或提供解决方案，从而形成一种互助互学的良好氛围。

（3）分享收获能够激发更多人的学习动力。当参与者分享自己在提升数字素养过程中的收获和成果时，他们实际上是在向其他人展示数字素养的魅力和价值。这种正面的激励能够激发更多人对数字素养的兴趣和热情，促使他们积极参与到学习活动中来。同时，通过了解他人的收获，参与者还能够发现自己的学习目标和方向，从而更好地规划自己的学习路径。

（4）这种真实的案例和心得分享能够为其他人提供宝贵的参考和启示。每个参与者的学习经历都是独一无二的，他们的经验、挑战和收获都是宝贵的财富。通过分享这些案例和心得，其他人可以从中汲取经验和教训，避免走弯路，提高学习效率。同时，这些真实的案例还能够为其他人在面对类似问题时提供解决思路和方法，帮助他们更好地应对挑战。

（四）互动环节与趣味体验

在数字素养经验分享活动中，设置问答、游戏等互动环节对于增加活动的趣味性和提高参与度起着至关重要的作用。这些环节不仅能够活跃现场氛围，还能让参与者在轻松愉快的氛围中加深对数字素养的理解和记忆。

问答环节的设置可以涵盖数字素养的各个方面，从基础知识到实践应用，既考查参与者的掌握程度，又为他们提供了一个展示自我的平台。精心设计的问题，可以引导参与者深入思考数字素养的核心要素和实际应用，激发他们的求知欲和探索精神。同时，问答环节还能让参与者相互学习，通过他人的回答发现自己的不足之处，从而进一步完善自己的知识体系。

游戏环节的设置则更加注重参与者的体验和互动。可以设计一些与数字素养相关的益智游戏、团队合作游戏等，让参与者在游戏中学习、在互动中成长。这些游戏不仅能提升参与者的学习兴趣和积极性，还能让他们在轻松愉快的氛围中加深对数字素养的理解和记忆。通过游戏，参与者可以更加直观地了解数字素养的实用性和趣味性，从而更加积极地投入到学习和实践中去。

此外，互动环节的设置还能促进参与者之间的交流与合作。在问答环节中，参与者可以相互提问、相互解答，通过交流碰撞出思想的火花；在游戏环节中，参与者需要相互协作、共同完成任务，通过合作增强团队凝聚力和协作能力。这种互动与合作不仅能够加深参与者对数字素养的理解和掌握，还能培养他们的沟通能力和团队协作精神，为他们在数字化时代中更好地适应和发展提供有力支持。

### 三、定期组织数字素养经验分享活动组织与宣传

(一)确定活动主题与时间

根据参与者的需求和兴趣,精心策划每次活动的主题和时间,是确保数字素养经验分享活动能够吸引广泛人群参与的关键。

(1)针对参与者的需求,深入调研,了解他们在数字素养方面的具体需求和痛点。通过问卷调查、面对面访谈等方式,收集参与者的反馈和建议,从而更准确地把握他们的学习需求。在此基础上,可以策划出更加贴近实际、更具针对性的活动主题,如数字技能提升、网络安全防护、数据分析应用等,以满足不同参与者的学习需求。

(2)考虑参与者的兴趣,要关注时下热点话题和流行趋势,选择能够引起广泛共鸣和兴趣的活动主题。例如,可以结合当前热门的数字技术或应用,如人工智能、区块链、虚拟现实等,策划相关主题的分享和交流活动。同时,还可以邀请行业内的知名人士或专家学者,分享他们的见解和经验,以吸引更多参与者的关注和参与。

除了主题策划,活动时间的安排也是吸引参与者的重要因素。要充分考虑参与者的日程安排和时间需求,选择适合大多数人的时间段进行活动。例如,可以利用周末或节假日等闲暇时间,或者安排在工作日的晚上,以便更多人能够参与。同时,还要提前进行活动宣传和推广,通过社交媒体、邮件通知等渠道,提前告知参与者活动的时间、地点和主题,以便他们提前做好安排和准备。

(二)嘉宾与参与者邀请

为了确保数字素养经验分享活动能够吸引广泛的人群参与,可以通过社交媒体、邮件等多种渠道,积极邀请相关领域的专家、学者以及感兴趣的公众前来参与。

(1)社交媒体作为现代信息传播的重要平台,具有传播速度快、覆盖面广的特点。可以在微博、微信、抖音等热门社交媒体平台上创建活动官方账号,定期发布活动信息、分享精彩内容,吸引关注者参与。此外,还

可以利用社交媒体平台的广告投放功能,精准定位目标受众,提高活动的曝光率和参与度。

(2)邮件作为一种传统的沟通方式,具有针对性强、信息准确的特点。可以提前收集相关领域的专家、学者以及潜在参与者的邮箱地址,通过邮件的方式邀请他们参加活动。邮件中可以详细介绍活动的主题、时间、地点以及参与方式,同时附上活动宣传资料和往期活动的精彩回顾,以吸引他们的兴趣和关注。

(3)积极与相关领域的机构、组织进行合作,通过他们的渠道邀请专家、学者参与活动。例如,可以与高校、研究机构、行业协会等建立合作关系,共同策划和举办数字素养经验分享活动,实现资源共享和互利共赢。

在邀请过程中,还需要注意以下几点:一是确保邀请信息的准确性和完整性,避免出现误解或遗漏;二是尊重受邀者的意愿和时间安排,避免过度打扰或强行邀请;三是及时跟进邀请情况,了解受邀者的反馈和需求,以便做好后续安排和服务。

(三)场地与设备准备

为了确保数字素养经验分享活动能够顺利进行,为嘉宾和参与者提供一个优质的分享与交流环境是至关重要的。因此,在筹备活动的过程中必须精心选择并布置活动场地,确保其宽敞、舒适,并配备必要的音响、投影等设备。

(1)活动场地的选择应当充分考虑参与者的数量和活动需求。场地应足够宽敞,以确保参与者在活动过程中能够自由走动、交流和互动。同时,场地内的座位布局也应合理,为参与者提供舒适的座席,并便于他们观看演讲或演示。

(2)活动场地的环境氛围也非常重要。通过布置绿植、摆放装饰物等方式,营造出温馨、宜人的氛围。同时,保持场地的整洁和卫生也是必不可少的,以确保参与者能够在舒适的环境中参与活动。

(3)为了确保活动的顺利进行,需要配备必要的音响、投影等设备。音响设备应具有良好的音质和音量调节功能,以确保嘉宾的演讲能够被清晰地传达给参与者。投影设备则能够展示演讲内容、案例分析等相关资料,帮助参与者更好地理解和掌握知识。

（4）在设备准备方面，需要提前进行调试和测试，确保设备在活动当天能够正常运行。同时，还可以准备一些备用设备，以应对可能出现的突发情况。

（5）除了硬件设备外，还应关注活动场地的网络服务。提供稳定、高速的网络连接，可以方便嘉宾和参与者进行在线互动、分享资料等操作，进一步丰富活动的形式和内容。

（四）宣传推广

为了提高数字素养经验分享活动的知名度和影响力，可以利用各种宣传渠道进行广泛宣传。

可以利用微博、微信、抖音等热门社交媒体平台，发布活动相关信息，包括活动主题、时间、地点、嘉宾阵容等，吸引潜在参与者的关注。可以设计一些有趣的互动环节，如话题讨论、有奖转发等，鼓励用户积极参与并分享活动信息，从而扩大活动的影响力。或者可以在网站上发布详细的活动介绍、日程安排、参与方式等内容，并提供在线报名、资料下载等服务，方便用户了解和参与活动。同时，还可以对网站进行美化设计，提升用户体验，吸引更多人访问和了解活动。

此外，可以利用其他宣传渠道，如邮件群发、短信通知、户外广告等，对活动进行定向宣传。例如，可以向之前参与过类似活动的用户发送邮件或短信，邀请他们再次参与；在人流密集的公共场所设置活动宣传展板或横幅，吸引路人的注意。

在宣传过程中，需要注意以下几点：一是要确保宣传信息的准确性和一致性，避免出现误导或混淆；二是要注重宣传内容的创意和吸引力，以吸引更多人的关注和参与；三是要及时跟进宣传效果，根据实际情况调整宣传策略，以达到最佳宣传效果。

**四、定期组织数字素养经验分享活动效果评估与持续改进**

（一）问卷调查与反馈收集

在活动结束后，向参与者发放问卷是一种非常有效的方式，用以了解他们对活动的满意度、收获以及宝贵的建议。这不仅可以帮助我们评估活动的效果,还可以为今后的活动提供改进的方向和依据。

通过问卷,可以收集到参与者对活动整体安排、内容质量、嘉宾表现、场地设施等方面的评价。这些反馈可以直观地反映出活动的优点和不足,使我们能够了解哪些环节得到了参与者的认可,哪些环节需要改进。

问卷还可以帮助我们了解参与者在活动中的收获。通过询问他们学到了哪些新知识、技能或经验,可以评估活动目标的达成情况,并了解参与者的学习成果,这对于衡量活动效果和提升活动质量具有重要意义。

此外,问卷中的开放性问题部分,可以让参与者提出自己的建议和意见。他们的建议可能涉及活动内容、形式、宣传、组织等各个方面,这些宝贵的建议可以为今后的活动策划和改进提供重要参考。

为了确保问卷的有效性和准确性,需要注意以下几点:一是问卷设计要简洁明了,避免冗余和复杂的问题;二是要确保问卷的发放范围覆盖所有参与者,以便收集到全面的反馈;三是要及时对问卷结果进行统计和分析,找出问题的根源和解决方案,并及时将改进措施应用到下一次活动中。

(二)反馈总结与改进措施

根据问卷调查结果,对数字素养经验分享活动进行全面总结是至关重要的。通过深入分析参与者的反馈,找出存在的问题和不足,并提出针对性的改进措施,以便在未来的活动中不断优化和提升。

统计参与者对活动各个方面的评价,可以明确活动的优点和亮点以及需要改进的地方。例如,如果大部分参与者对活动内容表示满意,但对场地设施提出了一些意见,那么我们就需要重点关注场地设施方面的改进。

在总结过程中,需要深入挖掘参与者提出的建议和意见。这些建议可能涉及活动的组织、内容、形式等多个方面,都是改进活动的宝贵财富。要认真倾听参与者的声音,理解他们的需求和期望,以便更好地满足他们的学习和发展需求。

针对存在的问题和不足,需要提出具体的改进措施。例如,如果场地设施不够完善,可以考虑更换场地或增加相关设施;如果活动内容过于单一,可以增加更多元化的主题和分享形式;如果宣传不够到位,可以加大宣传力度,利用更多的宣传渠道进行推广。

同时，还需要关注活动的长期效果和影响。通过问卷调查，可以了解参与者在活动后的学习和应用情况以及他们对数字素养的理解和认识是否有所提升。这将有助于评估活动的实际效果，并为未来的活动策划提供更有针对性的建议。

在总结过程中，还需要反思活动的整体策划和执行情况。思考在活动组织、嘉宾邀请、宣传推广等方面是否做到了最好，是否有可以改进的地方。通过不断反思和总结，积累经验，提升活动质量，为未来的数字素养经验分享活动奠定更加坚实的基础。

(三) 持续跟进与合作拓展

在数字素养经验分享活动结束后，对活动中建立的联系和合作进行持续跟进是至关重要的。通过积极维护和发展这些关系，可以拓展活动的合作网络，为活动的持续发展注入新的动力。

与活动中的嘉宾、专家和参与者保持密切的联系。通过定期发送邮件、短信或电话沟通，了解他们的近况和需求，分享最新的活动信息和资源。同时，还可以邀请他们参与后续的活动或项目，共同推动数字素养的普及和提升。

积极寻求与其他机构、组织或企业的合作机会。通过与其他领域的专家、学者或从业者建立合作关系，可以共同策划和举办更具影响力和专业性的数字素养经验分享活动。此外，还可以与企业合作，开展实践项目或案例研究，将数字素养与实际应用相结合，提升参与者的实践能力和职业素养。

在拓展合作网络的过程中，可以利用社交媒体、专业论坛等线上平台，积极宣传和推广活动，吸引更多的合作伙伴和参与者。通过发布活动动态、分享成功案例、开展线上讨论等方式，扩大活动的影响力，吸引更多人的关注和参与。

同时，还要注重合作关系的维护和深化。通过定期举办座谈会、交流会等活动，加强合作伙伴之间的沟通和交流，分享经验和资源，共同推动数字素养事业的发展。此外，还可以建立合作机制，明确各方的责任和权益，确保合作的顺利进行和长期发展。

## 五、欧盟提升成人数字素养的经验

### (一)DCDS项目的形成背景

欧盟数字经济与社会指数报告揭示了一个令人关注的现象：在2019年，高达42%的欧盟人口（16岁—74岁）尚不具备基础的数字素养。面对这一挑战，欧盟委员会已经将提高欧洲公民的数字素养列为优先任务，并密集出台了一系列举措来应对。

欧盟意识到，数字素养不仅是个人发展的关键，也是社会进步和国家竞争力的重要基石。因此，从《欧洲新技能议程》的发布，到"提高技能路径建议"的提出，再到"数字欧洲计划"的专门聚焦，欧盟都在努力构建一个全方位的数字素养提升体系。

在这个体系中，欧盟不仅要求成员国制定国家数字技能战略，还通过建立数字技能和工作联盟以及推出具体的培训和开发项目，来确保欧洲人民能够掌握足够的数字技能。此外，欧盟还通过多个科研资助体系为成员国的数字素养提升项目提供资金支持，确保这些项目能够落地生根，产生实效。

DCDS项目作为其中的一个典型案例，展示了欧盟在提升成人数字素养方面的实践行动。这个项目不仅开发出了一个模块化的数字素养评估和培训系统，还为政府、培训行业等提供了有力的支持，帮助他们更好地评估、开发和验证欧洲成年人的基础数字素养。通过这些举措，欧盟正在逐步构建一个数字素养提升的生态系统，这个系统既包括了政策层面的引导和支持，也包括了具体项目的实施和推进。

### (二)DCDS项目的基本情况

DCDS项目是一项针对欧洲25岁以上缺乏基础数字素养的成人群体的创新举措。该项目旨在通过科学有效的系统，帮助他们掌握使用在线服务、搜索获取信息等基础数字技能，从而更好地融入数字化社会。

项目的实施团队由来自六个欧盟成员国的八个组织组成，这些组织在电子包容、成人教育以及成人数字素养培训方面具有丰富的经验。他们共同合作,确保项目的专业性和高效性。

为了使项目更加贴近欧洲各国的实际需求,DCDS项目在五个国家进行了实地研究和试点测试。通过前期调研,项目团队深入了解了各国成人学习和数字包容政策的现状以及低水平数字素养成年人的培训需求。这些调研结果为项目的推进提供了重要的参考依据。

在试点阶段,项目团队重点关注了五个方面的工作:推动各国将成人数字素养培养作为数字包容计划的重点;加强合作伙伴间的信息共享和合作;推进跨部门合作和广泛参与;开发灵活多样的教学材料;提供友好、有吸引力的数字素养培养方案。这些工作的开展为项目的成功实施奠定了坚实的基础。

试点阶段共有12名培训师和150名学习者参与,涵盖了不同年龄段、受教育程度和职业背景的用户。试点评估报告显示,该系统获得了积极的反馈,参与者普遍认为通过培训增强了使用数字设备和服务的信心,并获得了预期的数字技能。

根据试点过程中的建议和反馈,DCDS项目对课程体系、自我评估工具和技术支持等方面进行了优化改进。这些改进措施将进一步提升项目的质量和效果,为更多缺乏基础数字素养的成人提供有效的帮助。

(三)DCDS项目的主要内容

1.课程体系:以欧洲公民数字素养框架为参照的结构化课程

DCDS项目以DigComp框架为基础,参考了欧盟委员会和各成员国在数字素养战略规划方面的指南,成功开发了一套针对性的培训课程体系。这一框架自2013年首次发布以来,经过多次更新,已经成为制定数字素养战略的重要参考。DigComp框架涵盖了5个素养领域、21种具体素养以及8个熟练层级,为评估和提升数字素养提供了全面的指导。

在DCDS项目中,特别关注前两级,即基础级水平的数字素养。基于DigComp2.1版本,项目团队开发了四条学习路径的培训课程体系,旨在满足不同学习者的数字学习需求。这些学习路径包括基础、通信和社交媒体、数字内容创建以及探索信息和通信技术,每一条路径都包含了一系列主题模块和学习单元,以系统性和针对性地提升学习者的数字素养。

具体来说，基础路径旨在提高学习者的基本数字素养，使他们能够适应信息化环境，融入数字化时代。通信和社交媒体路径则关注社交和生活场景，帮助学习者提升在线交流和协作能力。数字内容创建路径则聚焦于工作场所中的必备技能，使学习者能够创建和编辑数字内容。探索信息和通信技术路径则涉及编程、信息安全保护等高级技能，为学习者进一步探索和利用信息技术提供支持。

这一培训课程体系的设计，充分考虑了学习者的不同需求和背景，通过灵活多样的学习单元和教学活动，使学习者在实践中逐步提升数字素养。同时，项目团队还根据试点过程中的反馈和建议，对课程体系进行了优化改进，以确保其有效性和可持续性。

### 2.线上平台：突出游戏化特色的在线学习平台

数字素养发展环境（DCDE）作为DCDS项目的在线学习平台，为学习者提供了一个全面、便捷的数字素养提升路径。该平台由希腊开放大学的研究小组精心设计，旨在通过一系列功能和服务，帮助学习者系统地提升数字素养。

DCDE平台提供了自我评估工具，使学习者能够准确了解自身的数字素养水平和存在的差距。这一功能为学习者制订个性化的学习计划提供了重要参考。

平台还具备在线管理工具，能够将学习者档案中的信息与自我评估结果相结合，为学习者提供针对性的学习建议。这一功能有助于学习者更加高效地利用平台资源，实现学习目标的最大化。

在线学习应用程序是学员参与学习路径的主要工具。通过这个应用程序，学习者可以随时随地访问平台上的学习资源，参与各种学习活动，提升自己的数字素养。

此外，DCDE平台还提供了数字素养验证和认证工具，有助于学员和导师了解学习成果，评估课程质量。这一功能为学习者提供了明确的学习目标和动力，同时也为导师提供了改进课程的依据。

论坛服务为学员提供了一个与导师或同伴交流互动的平台。通过论坛，学习者可以分享学习心得、交流经验、解决问题，从而增强学习效果和动力。

DCDE平台汇聚了大量数字素养领域的学习资源，学员可以免费获取。这些资源包括课程资料、教学视频、案例分析等，为学习者提供了丰富的学习素材和参考。

在搭建在线平台的过程中，研究小组注重用户体验，融入了游戏化思维。通过积分、徽章和排行榜等游戏化技术，平台能够激发学习者的积极情感反应，增强他们参与课程的动力。同时，故事元素和虚拟学习情境的加入，也使课程学习更加吸引人和有趣。

3. 教学模式：体现成人学习特点的混合式教学

DCDS项目针对数字素养水平较低的成年人设计了一套混合教学模式。该模式充分考虑了成人的学习特点、需求和动机，旨在通过个性化的培训方案提升他们的数字素养。

项目伊始，学员通过自我评估工具了解自身数字素养现状，并与导师共同制定培训方案。这一步骤确保了培训内容的针对性和有效性，使学员能够根据自身需求和目标水平进行有针对性的学习。

在学习过程中，导师充分考虑学员的社会经验和背景信息，确保培训方案既符合学员的实际情况，又能满足其学习需求。同时，教学活动以学员承担的社会角色和任务为中心，通过"提问—解决"的方式提高学习迁移能力，使学员能够将所学内容应用到实际工作和生活中。

此外，DCDS项目强调社会学习的价值，学员在形成学习社区的过程中进行信息交换和思想交流。通过异质性的、小规模的学习小组安排，激发学员的活跃参与和同伴教学热情，促进学员之间的合作与互动。

在混合教学模式方面，DCDS项目根据学员数字素养水平的不同阶段灵活调整线上和线下教学的比重。初始阶段以线下教学为主，帮助学员建立数字素养基础；随着学员水平的提高，逐渐增加线上教学的比重，使学员能够更方便地获取学习资源和参与讨论。同时，项目注重线上和线下教学之间的连贯性和整合性，通过一系列顺序和交替的教学活动安排，确保学员能够在不同学习环境中无缝衔接，提高学习效果。

(四)DCDS项目的思考与启示

DCDS项目的成功实施表明，要提升成人的数字素养，需要注重个性化培训方案的制定，充分利用线上和线下的混合教学模式，强化导师在学习过程中的引导和支持作用以及建立学习社区促进学员间的交流与合作。这些经验对于我们在更大范围内推广数字素养教育，提升国民整体数字素养水平具有重要的借鉴意义。

（1）关注"数字弱势群体"，促进数字包容。数字包容是一个在数字化社会中至关重要的概念。它强调的是在知识和经济社会中，个人和团体通过信息通信技术（ICT）对信息获取的有效参与，以消除和打破信息获取屏障，使每个人都能够按照其意愿和能力去获取社会利益。数字包容的目标是建立一个对所有人机会均等的社会，最小化"数字鸿沟"的风险，使社会各个阶层都能平衡协调地获取信息并参与社会活动。

在建设数字中国的进程中，我国已经取得了一系列重要成果，但数字素养整体水平偏低和"数字鸿沟"的问题仍然存在。尤其是在农村地区和非网民群体中，数字技能的缺乏成为他们融入数字化社会的主要障碍。因此，推进数字包容、关注"数字弱势群体"并开展"数字扫盲工作"显得尤为重要。

针对这一问题，我国已经出台了一系列重大战略规划，如《国家信息化发展战略纲要》和《"十三五"国家信息化规划》等，旨在加快数字化社会的建设进程。同时，还需要在成人数字素养提升方面采取更多有效措施，如加强数字技能培训、推动终身学习数字化平台体系建设等，以提高全民的数字素养水平，缩小"数字鸿沟"，促进社会的数字包容。

此外，针对中老年群体等"数字弱势群体"，需要开展更具针对性的数字扫盲工作，如提供简单易懂的培训课程、设计适合他们使用的数字产品等，帮助他们更好地融入数字化社会，享受数字化带来的便利和福祉。

（2）加强数字素养研究，建设能力框架。在构建数字素养能力框架时，我们可以借鉴国外的先进经验，如欧盟的DigComp框架等。这些框架在设计时的方法论、框架理念和内容以及研制方法等方面都具有一定的权威性，可以为我们提供有益的参考。需要注意到的是，不同国家在经济、社会、文化等方面存在较大的差异，因此不能一味地模仿国外的能力框架，而是应该结合我国的实际情况，进行理性的分析和借鉴。

（3）推进数字发展项目，贴合成人需求。成年人作为社会的重要支柱，在生活中扮演着多重角色。从职业人到家庭成员，从社区参与者到终身学习者，这种角色的多样性使他们在数字素养提升方面的需求也呈现出复杂性和多元化的特点。因此，任何旨在提升成人数字素养的项目或课程设计，都必须深入了解和考虑这一群体的具体需求。

DCDS培训课程的设计理念充分体现了对成人学习者需求的尊重。它将正式学习与非正式学习巧妙结合，线上学习与线下学习无缝对接，不仅为学习者提供了灵活多样的学习方式，更确保了学习内容的深度和广度。模块化的学习内容设计使学习者可以根据自己的兴趣和需求，选择适合自己的学习路径，实现个性化的学习体验。

在DCDE平台中，游戏化的学习路径设计更是为提升学习者积极性注入了新的活力。通过游戏环境中的合作、协作、问题解决、沟通和竞争等功能，学习者在轻松愉快的氛围中提升了数字素养，实现了寓教于乐。这种设计既发挥了多媒体技术的优势，又体现了高交互性的特点，使学习过程变得更加生动、有趣和有效。

随着信息时代的加速发展，提升成人数字素养已经成为一项紧迫而重要的任务。这需要全社会形成多方协作的数字素养推进模式，政府、企业、教育机构、社区等各方都应积极参与其中，共同为提升成人数字素养贡献力量。同时，还应及时了解和分析国际数字素养发展及项目开发的新动向，借鉴有益经验，不断完善和优化本土的相关工作。

# 第三节 鼓励教师间的合作与互助

在数字化教师学习共同体中，鼓励教师间的合作与互助需要多方面的支持和保障。这些措施和保障，可以有效促进教师之间的合作与互助，提升他们的数字素养和教学能力，共同推动教育教学的创新发展。

## 一、共享数字教育资源与经验

鼓励教师积极分享数字教育资源以及定期举办数字教学经验交流会，对于提升整个教师团队的数字素养和教学质量具有深远意义。

当教师愿意主动分享自己在教学过程中使用的数字教育资源时，不仅体现了他们的开放与合作精神，更有助于形成一个资源共享、互相学习的良好氛围。这些资源可能包括精心制作的在线课程、富有创意的教育应用或是经过筛选和整理的数字教材等。其他教师可以通过借鉴和使用这些资源，快速提升自己的数字教学能力，丰富教学内容，使教学更加生动有趣。

定期举办数字教学经验交流会，为教师提供了一个宝贵的互动学习平台。在这个平台上，教师们可以畅所欲言，分享自己在数字教学方面的成功案例、遇到的挑战以及应对策略。通过倾听他人的经验，教师可以从中汲取灵感，发现新的教学方法和策略。同时，这种交流也有助于教师们形成共同的问题解决机制，面对教学中的难题时能够相互支持、共同解决。此外，这种分享与交流的过程也有助于教师个人的成长与提升。通过不断地分享与反思，教师可以更加清晰地认识到自己在数字教学方面的优点与不足，从而有针对性地制订改进计划，提升自己的教学水平和专业素养。

## 二、协作开展数字教学研究

教师可以组成研究小组，共同研究数字技术在教育中的应用，以推动数字教育的深入发展。这样的研究小组不仅能为教师提供一个交流学术思想、共享研究资源的平台，还能促进教师之间的合作与共同成长。

在研究过程中，教师可以共同探讨如何更有效地利用数字技术提升教学质量。他们可以关注数字技术在课堂教学、学生评估、学习资源管理等方面的应用，并结合实际教学案例，提出创新性的教学策略和方法。通过不断尝试和实践，教师可以逐渐完善自己的教学理念，提高教学效果。

此外，研究小组还可以通过共同撰写论文、参与课题研究等方式，促进教师之间的学术交流与合作。撰写论文不仅能够帮助教师梳理研究成果、提升学术水平，还能为其他教师提供有价值的参考和借鉴。参与课题研究则能够让教师深入研究某个特定的教育领域或问题，通过共同探讨和合作，形成更为深入和全面的研究成果。

## 三、共同提升数字技能与素养

教师之间相互学习数字技能，不仅能够提升个人的数字素养，还能为整个教学团队注入新的活力和创新力。在数字化时代，数据分析、在线课程设计、虚拟现实技术应用等技能已经成为教师必备的教学工具。通过共同学习和实践，教师可以相互分享经验，探讨遇到的问题，共同进步。

例如，数据分析技能可以帮助教师更好地了解学生的学习情况，制订更精准的教学计划。在线课程设计可以让教师打破传统课堂的限制，为学生创造更丰富、更具互动性的学习体验。虚拟现实技术的应用能够为学生提供身临其境的学习情境，使抽象的知识更加直观易懂。

除了教师之间的自主学习和交流，学校或教育机构也应该积极组织定期的数字技能培训活动。这些活动可以邀请数字技术领域的专家为教师提供指导，帮助教师掌握最新的数字技术和教学方法。同时，学校还可以建立数字技能学习的长效机制，如设立教师学习社群、提供在线学习资源等，为教师提供持续学习的支持和保障。

通过教师之间的自主学习和学校的组织培训，可以形成一个良好的数字技能学习氛围。教师可以在这个氛围中不断提升自己的数字素养，为教学质量和效果的提升提供有力的支撑。同时，这也能够推动整个教育行业的数字化转型，培养出更多适应数字化时代需求的人才。

**四、建立数字教学互助机制**

在教学过程中，教师运用数字技术进行教学时可能会遭遇各类技术和操作难题，这些问题若不能及时得到解决，不仅会影响教学效率，还可能阻碍教师进一步探索和实践数字化教学的积极性。因此，建立互助机制显得尤为重要，它能够帮助教师快速解决问题，保障教学的顺利进行。

具体来说，建立在线问答平台是一种有效的互助机制。这个平台可以成为一个教师之间交流技术问题、分享经验心得的聚集地。教师在遇到技术难题时，可以在平台上发布问题，寻求其他教师的帮助。同时，他们也可以浏览平台上已有的问题和解答，寻找自己所需的解决方案。这种互助方式既方便又高效，能够充分利用教师之间的智慧和资源，实现知识的共享和传递。

另外，设立数字技术支持团队也是解决教师数字技术问题的有力保障。这个团队可以由专业的技术人员组成，负责为教师提供一对一的技术支持和帮助。当教师遇到难以解决的问题时，可以联系技术支持团队，寻求专业的指导和帮助。技术支持团队可以根据教师的具体需求，提供个性化的解决方案，帮助教师快速克服技术障碍，恢复教学的正常进行。

除了建立在线问答平台和设立数字技术支持团队，还可以定期组织技术培训和交流活动，提升教师的数字技术应用能力。这些活动可以包括技术讲座、实操演示、经验分享等环节，让教师在参与中学习和成长。

**五、激励与认可合作成果**

(一)设立奖励机制

1. 明确奖励标准

奖励机制在激发教师合作积极性、推动数字素养提升方面起着至关重要的作用。为了确保这一机制的有效实施，需要建立一系列明确的评价标准，这些标准应全面反映教师在数字素养提升方面的具体表现。

参与数字教育项目的积极性是衡量教师数字素养提升意愿的重要标准，包括教师主动申请和参与各类数字教育项目，如在线课程设计、数字化教学资源开发等。通过这些项目的参与，教师能够更深入地了解和应用数字技术，提升自己的教学水平和数字素养。

数字教学资源的创新应用也是评价教师数字素养提升成果的关键指标，包括教师能够创造性地利用数字技术，开发具有新颖性、实用性的教学资源，如数字化教材、互动课件等。这些资源的创新应用不仅能够激发学生的学习兴趣，还能够提升教学效果，推动数字素养的普及和提升。

此外，在合作互助中所展现的领导力和团队协作精神也是评价教师数字素养提升成果的重要方面。优秀的教师应该能够在合作中发挥领导作用，带领团队共同完成任务，同时能够积极与其他教师沟通交流，分享经验和资源，形成良好的合作氛围。这种领导力和团队协作精神不仅有助于提升教师个人的数字素养，还能够推动整个教师团队的共同进步。

2. 多样化奖励形式

奖励形式在激励教师积极参与数字素养提升和合作互助活动中扮演着举足轻重的角色。除了传统的荣誉证书和奖金，还应考虑更多元化的奖励形式，以满足教师在职业发展中的不同需求。

随着教育技术的不断更新，教师需要不断地学习新知识、掌握新技能。因此，为表现突出的教师提供进修机会，如参加国内外知名的教育研讨会、访问知名教育机构或参与高级研修课程，可以帮助他们拓宽视野、增长见识，进一步提升自己的专业素养和数字素养。

优先参与高级研讨会或培训也是一种有效的奖励方式。这些活动通常汇聚了行业内的专家学者和优秀教育实践者，为教师提供了与同行交流、学习的平台。通过优先参与这些活动，教师可以深入了解最新的教育理念和技术趋势，为自己的教学实践注入新的活力。

此外，宣传优秀事迹也是一种重要的奖励形式。学校可以通过官方网站、校报、社交媒体等渠道，对在数字素养提升和合作互助方面表现突出的教师进行广泛宣传。这不仅可以让更多的人了解他们的优秀事迹和成果，还可以提升他们在学校和社会上的知名度和影响力，进一步激发他们的工作热情和积极性。

还可以考虑将奖励形式与教师的职业发展紧密结合起来。例如，将教师在数字素养提升和合作互助方面的表现作为职称评定、岗位晋升的重要依据之一。这样，教师就能更加明确地看到自己在这些方面的努力与成果对于职业发展的重要意义，从而更加积极地投入到相关活动中去。

### 3. 定期评审与反馈

奖励机制的定期评审是确保其公平、公正和透明的重要环节。通过定期评审，可以对奖励机制的实施效果进行客观评估，及时发现并纠正存在的问题，确保每一位教师的努力和成果都能得到应有的认可。

在评审过程中，应坚持公平、公正的原则，避免主观臆断和偏见的影响。可以制定详细的评审标准和流程，明确评审人员的职责和权限，确保评审结果的客观性和准确性。同时，评审过程应公开透明，接受教师们的监督和质询，以增强其公信力和认可度。

除了定期评审外，提供及时反馈也是奖励机制中不可或缺的一环。及时反馈能够帮助教师及时了解自己在数字素养提升和合作互助方面的进步与不足，从而有针对性地改进自己的教学方法和策略。可以建立有效的反馈机制，如定期与教师进行面对面交流、发送个性化的反馈报告等，让教师能够直观地看到自己的成长轨迹和改进方向。

定期评审和及时反馈，可以不断优化奖励机制，使其更加符合教师们的实际需求和发展方向。同时,这也有助于激发教师的积极性和主动性,推动他们在数字素养提升和合作互助方面取得更好的成绩。因此,应该高度重视奖励机制的定期评审和及时反馈工作,确保其能够发挥最大的激励作用。

(二)展示和推广教师间的合作成果

1.建立展示平台

为了充分展示和推广教师合作成果,可以通过多种渠道建立专门的展示平台。这些平台不仅可以让教师的辛勤付出得到应有的认可,还能为其他教师提供宝贵的学习资源,进一步推动数字素养提升和教学质量改进。

可以在官网上设立专门的"教师合作成果展示"栏目,定期发布合作成果的相关信息,包括项目介绍、团队成员、实施过程、成果展示等。通过图文并茂的展示方式,让更多人了解教师们的合作精神和创新实践。

教育论坛也是展示教师合作成果的重要平台,可以积极与教育论坛合作,将合作成果的相关信息发布到论坛上,吸引更多同行和专家的关注和讨论。通过论坛的互动功能,教师可以与同行进行深入的交流和探讨,共同推动教育领域的进步。

此外,社交媒体作为现代信息传播的重要工具,同样可以用于展示教师合作成果。可以利用微博、微信公众号等社交媒体平台,发布合作成果的短视频、图片和文章,让更多人了解并分享教师们的优秀实践案例。同时,社交媒体的实时互动功能也能让教师及时获得反馈和建议,进一步完善和提升他们的合作成果。

通过建立这些专门的展示平台,可以有效地推广教师合作成果,让更多人了解并受益于教师们的创新实践。这不仅能够提升教师的知名度和影响力,还能激发更多教师积极参与合作,共同推动数字素养提升和教学质量改进。

2．组织交流活动

定期举办教师合作成果交流会、分享会等活动，不仅为优秀教师提供了展示和讲解合作经验和成果的平台，更为其他教师提供了宝贵的学习和借鉴机会。这样的活动对于推动教师间的深入交流与合作、促进数字素养提升和教学质量改进具有重要意义。

在交流会上，优秀教师可以现场展示他们的合作成果，如共同开发的数字教学资源、创新的教学设计等。通过生动的案例和详细的讲解，他们可以向其他教师传递自己在合作过程中积累的宝贵经验。同时，与会教师可以积极参与讨论，提出自己的见解和建议，形成互动交流的良好氛围。

此外，分享会还可以设置主题演讲、圆桌论坛等环节，邀请教育领域的专家学者或具有丰富经验的教师代表就数字素养提升、合作互助等话题进行深入探讨。他们的见解和建议能够为教师提供新的思路和方法，推动数字素养提升和教学质量改进工作的深入开展。

通过定期举办这样的活动，可以构建一个良好的教师交流与合作平台，激发教师的积极性和创造力。同时，这也是一种有效的激励方式，能够鼓励更多的教师积极投入到数字素养提升和合作互助的实践中去。

3．制作宣传材料

制作合作成果的宣传册、视频等多媒体材料，并通过学校内部和外部渠道进行广泛传播，对于提升教师合作成果的知名度和影响力至关重要。这一举措不仅能够让更多的人了解并认可教师的辛勤付出和优秀成果，还能够激发更多教师积极参与合作，共同推动数字素养提升和教学质量改进。

在制作多媒体材料时，需要注重材料的视觉效果和内容的丰富性。宣传册可以设计得精美大方，通过图文结合的方式展示合作成果的关键信息和亮点；视频可以采用生动有趣的动画和实景拍摄，以更直观的方式展现教师在教学实践中的创新应用和数字素养提升成果。

在传播过程中，可以利用学校内部的官方网站、校报、公告栏等渠道进行广泛宣传，让全校师生都能够了解到这些合作成果。同时，还可以通过社交媒体、教育论坛等外部渠道进行推广，吸引更多外部关注和认可。

此外，还可以组织合作成果展示会、交流会等活动，邀请校内外相关领域的专家学者和同行前来参观交流，进一步扩大合作成果的影响力。

通过广泛传播合作成果的宣传册、视频等多媒体材料，不仅可以提升教师的知名度和影响力，还能够为学校的数字化建设和教学改革树立典范，推动整个教育领域的进步和发展。因此，应该高度重视合作成果的宣传和推广工作，为教师的优秀成果创造更多的展示机会和影响力。

4. 案例研究与教学应用

对优秀的合作成果进行深入案例研究，不仅是对教师团队辛勤努力的认可，更是对数字素养提升和教学质量改进的有益探索。通过案例研究，可以深入剖析这些成果背后的成功经验和教学方法，为其他教师提供宝贵的借鉴和启示。

案例研究能够帮助我们揭示优秀合作成果中的关键成功因素，这包括团队成员之间的有效沟通、协作和分工以及他们如何充分利用数字技术提升教学效果。通过深入分析这些因素，可以发现其中蕴含的普适性规律，为其他教师提供可操作的指导。

案例研究有助于提炼出优秀的教学方法。这些教学方法可能是基于数字技术的创新应用，也可能是对传统教学方式的改进和拓展。通过案例研究，可以将这些教学方法进行归纳和总结，形成一套具有推广价值的教学策略，为其他教师提供教学创新的思路。

将优秀合作成果中的成功经验和教学方法应用于实际教学中，是推动数字素养提升和教学质量改进的关键步骤。通过实践应用，可以检验这些经验和方法的有效性和可行性，进一步完善和优化它们。同时，这也能够激发更多教师参与数字素养提升和合作互助活动的积极性，形成良性循环。

因此，对优秀的合作成果进行深入案例研究，提炼其成功经验和教学方法，并将其应用于实际教学中，是一项具有重要意义的工作。这不仅有助于提升教师团队的数字素养和教学质量，还能够推动整个教育领域的创新和发展。

### 六、团队协作下的个性化发展

技术发展在推动信息爆炸和知识快速更新的同时，也给教育领域带来了前所未有的挑战与机遇。这种深度的团队协作不仅能够帮助教师解决实际教学中的问题，还能促进他们之间的知识共享和经验交流，从而推动整个教师团队的专业水平提升。

值得一提的是，技术发展在实现规模效应和协作效应的基础上，还能精准识别教师个人的需求，诊断其个人发展的痛点，并规划出个性化的发展路径。这种个性化的专业发展路径能够确保每位教师都能在最适合自己的方向上得到成长，从而实现教师专业发展的个性化和精准化。这不仅有助于解决教师专业发展中规模和质量的两难困境，还能够激发教师们的积极性和创新精神，推动整个教育领域的持续进步。

未来，随着技术的不断发展和教育改革的深入推进，团队协作和个性化发展将成为教师专业发展的重要方向。我们应充分利用新一代信息技术的优势，打造更加高效、便捷、个性化的教师团队协作平台，为教师们的专业成长提供有力支持。同时，还需要关注教师个人的需求和特点，为他们提供多样化的专业发展路径和资源，确保每位教师都能在教育改革的大潮中不断成长和进步。

## 第四节 构建数字化教学资源库

### 一、收集与整理优质数字化教学资源

收集与整理优质数字化教学资源是一项至关重要的任务，它涉及对教育领域内各类数字资源的筛选、分类、存储和管理，旨在为教师提供丰富、高质量的教学素材，进而提升教学质量和效率。收集与整理优质数字化教学资源是一项系统性的工作，需要明确目标、多渠道获取、筛选评估、分类存储、建立共享机制以及定期更新维护。通过这一过程，可以为教师提供丰富、高质量的教学素材，促进教学质量的提升。

## （一）明确收集目标

在开始收集数字化教学资源之前，明确收集的目标和需求是至关重要的一步。这一过程不仅有助于更加精准地定位所需的资源，还能提高收集工作的效率和质量。

数字化教学资源种类繁多，包括视频、音频、图片、文档等多种格式。根据教学目标和内容，可以有针对性地选择适合的资源类型。例如，对于需要展示复杂过程或实验的教学内容，视频资源可能更为直观和生动；对于需要强调文字说明或提供详细资料的内容，文档资源则更为合适。

不同学科领域的教学内容和需求存在差异，因此需要根据具体的学科特点来选择资源。同时，不同年级的学生在认知水平和学习能力上也有所不同，需要选择适合他们年龄段的资源，以确保教学的针对性和有效性。

此外，资源的质量标准也是不可忽视的。优质的教学资源应该具有准确性、完整性、清晰度和实用性等特点。在收集过程中，需要对资源的质量进行严格把关，避免收集到低质、无效的资源，浪费时间和精力。

明确收集的目标和需求，可以更加有针对性地开展收集工作。这不仅可以提高收集效率，还能确保我们收集到的资源能够满足教学的实际需求，为提升教学质量和效果提供有力支持。因此，在开始收集数字化教学资源之前，务必花费一些时间来明确目标和需求，为后续的收集工作打下坚实的基础。

## （二）多渠道获取资源

数字化教学资源的获取途径多种多样，每一种途径都有其独特的优势和特点，可以根据实际需要灵活运用。

教育类网站和平台是获取数字化教学资源的重要途径之一。这些平台通常具有专业性和权威性，汇聚了大量的优质教学资源。例如，国家教育资源公共服务平台就是一个集中了全国范围内优质教育资源的平台，涵盖了各个学科和年级的教学资源。学科网则专注于提供特定学科的教学资源，帮助教师快速找到适合自己教学需求的素材。

开放教育资源库是获取数字化教学资源的重要渠道。这些资源库通常包含全球范围内知名高校和教育机构提供的免费教学资源,质量上乘且内容丰富。例如,麻省理工学院(MIT)开放课程提供了大量的高质量课程视频和课件,可以帮助教师了解国际先进的教学理念和方法。可汗学院则以其简洁明了的教学视频而闻名,适用于各个年级和学科的教学。

此外,社交媒体和教育论坛是获取数字化教学资源的宝贵途径。在这些平台上,教师会分享自己的教学经验和资源,形成了一个庞大的教学资源共享社区。通过关注和参与这些社区,可以获取到一手的教学资源,了解最新的教学动态和趋势。同时,也可以与其他教师进行交流和讨论,共同提高教学水平。

与学术机构和出版社建立合作关系也是获取数字化教学资源的一种有效方式。这些机构通常拥有丰富的研究成果和教学资料,通过与其建立合作关系,可以获取到最新的教学资源,了解学科前沿动态。此外,一些出版社也会出版与教育教学相关的书籍和期刊,这些出版物也是获取教学资源的重要途径之一。

(三)筛选与评估资源

在收集到大量数字化教学资源后,筛选和评估工作显得尤为重要,这是确保资源优质性和适用性的关键步骤。

通过快速浏览资源的内容,可以初步判断其是否符合教学目标和需求。这一步骤需要教师具备对教学内容和教学目标的深入理解,以便准确地判断资源是否适合用于教学。在预览过程中,可以关注资源的主题、内容结构、呈现方式等方面,确保其与教学计划和课程目标相匹配。

检查资源质量是确保资源优质性的重要步骤。我们需要评估资源的清晰度、准确性、完整性等方面。清晰度是指资源的图像、音频或视频质量是否清晰,能否满足学生的学习需求;准确性是指资源的内容是否真实可靠,没有错误或误导性信息;完整性则是指资源是否完整无缺,包含了所需的所有信息和内容。通过仔细检查这些方面,可以筛选出质量达标的资源,确保它们在教学中能够发挥最大的作用。

查阅用户评价是了解资源实际效果的有效途径。其他用户对该资源的评价和使用反馈可以为教师提供宝贵的参考信息。通过查看用户评价,可以了解资源在实际使用中的优缺点以及用户对其教学效果的评价。这有助于教师更全面地了解资源的适用性,并作出更准确的筛选决策。同时，也可以通过与其他用户交流，获取更多的使用经验和建议，为今后的教学提供借鉴和参考。

(四) 分类与存储资源

经过严格的筛选和评估后，接下来是将这些优质数字化教学资源进行分类和存储。这一步不仅有助于教师更高效地管理和使用这些资源，还能确保它们在未来的教学工作中能够迅速被找到和应用。

在分类方面，可以根据多种维度进行。首先，按照学科分类是最直接且常用的方式，如语文、数学、英语等。这样，教师在寻找特定学科的教学资源时，可以迅速定位到相关类别。其次，年级也是一个重要的分类维度，因为不同年级的教学内容和难度存在差异。将资源按照年级进行分类，有助于教师找到适合特定年龄段学生的教学资源。此外，资源类型也是一个不可忽视的分类维度，如视频、音频、图片、文档等。这有助于教师根据教学需求选择最合适的资源类型。

在存储方面，可以选择云存储或本地存储两种方式。云存储具有便捷、高效、可共享等优点。通过将资源上传到云端，教师可以随时随地访问这些资源，无须担心存储空间的限制。同时，云存储还支持多人协作和共享，使资源的传播和使用更加便捷。然而，云存储也存在一定的安全隐患，如数据泄露、网络攻击等。因此，在选择云存储服务时，需要确保其具有良好的安全性和稳定性。

本地存储则更加安全可控，数据存储在本地设备上，不易受到外部攻击。同时，本地存储还可以根据需要进行备份和恢复，确保数据的完整性和可靠性。本地存储的缺点在于存储空间有限，且不便于多人协作和共享。因此，在选择存储方式时，需要综合考虑安全性、便捷性、存储空间等因素，选择最适合自己的方式。

(五) 建立资源共享机制

为了使数字化教学资源在教学实践中的效用最大化，建立资源共享机制是至关重要的。允许教师互相分享和使用这些资源，可以打破信息孤岛，促进教育教学的创新发展。为实现这一目标，设置资源共享平台或社群是一个行之有效的途径，它能够为教师提供一个便捷、高效的交流和合作平台。

资源共享平台可以是一个在线的、集中存储和展示数字化教学资源的网站或应用。这个平台应该具备对用户友好的界面和强大的搜索功能，以便教师能够快速找到所需的资源。同时，平台还应支持资源的上传、下载和评论功能，让教师能够方便地分享自己的教学资源，并对他人的资源进行点评和反馈。

除了资源共享平台，社群也是一个重要的资源共享渠道。通过社交媒体、论坛或专门的教师交流群，教师可以实时分享自己的教学经验和资源，并与其他教师进行互动和讨论。这种社群式的交流方式不仅能够促进教师之间的合作与互助，还能够激发创新思维，推动教育教学方法的改进。

在建立资源共享机制的过程中，还需要注意以下几点：

（1）确保资源的质量和安全。平台应该有一套完善的审核机制，对上传的资源进行质量检查和内容筛选，确保资源的准确性和适用性。同时，还要加强数据保护措施，防止资源被非法获取或滥用。

（2）鼓励教师积极参与资源共享。可以通过举办培训活动、提供奖励机制等方式，激发教师分享资源的积极性和热情。同时，还要建立良好的互动氛围，让教师愿意在平台上分享自己的经验和见解。

（3）不断完善和优化资源共享机制。通过收集教师的反馈和建议，不断改进平台的功能和服务，提高资源共享的效率和效果。同时，还要关注教育教学的新动态和新需求，及时更新和丰富平台上的资源内容。

（六）定期更新与维护

数字化教学资源作为教育教学的重要组成部分，其时效性和可用性至关重要。为了确保这些资源能够始终保持最新、最有效的状态，需要定期对其进行更新和维护。

设定一个定期更新周期是确保资源时效性的关键。这个周期可以根据学科特点、教学需求以及资源的使用情况来灵活调整。例如，对于某些快速变化的学科领域，更新周期可能需要更短，以确保资源能够跟上学科发展的步伐。同时，还需要对资源库进行定期检查，及时发现并处理过期或失效的资源。

在更新和维护过程中，需要注意以下几点：（1）及时删除或替换过期资源。随着时间的推移，一些教学资源可能会因为内容过时、技术更新等原因而失效。对于这些资源，需要及时进行清理，避免给使用者带来困扰。（2）关注新资源的补充。随着教育教学的不断发展，新的教学理念、方法和资源不断涌现。我们应保持敏锐的洞察力，及时将这些新资源纳入资源库中，为教师提供更丰富、更优质的教学选择。（3）对资源进行定期的维护和优化，包括修复资源中的错误、提升资源的加载速度、优化资源的呈现方式等。通过这些措施，可以确保资源在使用过程中保持良好的性能和用户体验。

**二、建立数字化教学资源共享机制**

建立数字化教学资源共享机制是推动教育教学创新、提升教学质量和效率的关键步骤。这一机制的设立旨在打破信息壁垒，促进教师之间的深度交流与合作，进而实现教学资源的最大化利用。

在这一过程中，第一，要明确共享机制的目标与原则。构建一个资源丰富、更新迅速且使用便捷的数字化教学资源共享平台，满足广大教师的日常教学需求，是核心目标。同时，也应坚持公平、开放、共享的原则，确保每位教师都能平等地获取和利用这些宝贵资源。

第二，组建一支专业的资源管理团队是确保机制顺利运行的重要一环。他们负责资源的收集、整理、分类、审核及更新工作，确保呈现在平台上的教学资源既丰富又具时效性。与学科教师的紧密沟通，能让他们更准确地把握教学需求，从而筛选出更为合适的教学资源。

第三，搭建一个功能完善的数字化教学资源共享平台，是实现资源共享的基石。这一平台应具备资源上传与下载、分类与检索、评论与反馈以及互动与交流等功能，以满足教师的多样化需求。同时，还应采用先进的加密技术和备份机制，确保资源的安全性和稳定性，防止数据泄露或丢失。

第四，在推广和使用方面，应积极通过培训活动、宣传资料等多种渠道，提高教师对数字化教学资源共享平台的认知度和使用意愿。同时，鼓励教师积极参与资源的分享和交流，形成良好的资源共享氛围，推动教学经验的广泛传播。

第五，为确保共享机制的持续发展，还需建立相应的激励机制和评价体系。通过设立优秀资源奖、积极参与奖等奖项，表彰在资源共享中作出杰出贡献的教师，激发他们的积极性和创造力。此外，定期对共享机制的运行情况进行评估和总结，及时发现问题并进行改进，也可以确保机制的不断优化和发展。

### 三、定期对教学资源进行更新与优化

定期对教学资源进行更新与优化，对于维持数字化教学资源共享机制的有效运行至关重要。这一举措旨在确保教学资源始终保持最新状态，同时提升其质量和可用性，以更好地满足教师的教学需求，推动教育教学的创新发展。

随着学科知识的不断更新和教学方法的持续演进，教学资源也需要与时俱进。定期更新，能够将最新的研究成果、教学案例和教学方法及时纳入资源库中，使教师能够轻松获取最新、最准确的教学资源。这不仅有助于教师更新教学内容，提高教学质量，更能激发学生的学习兴趣和积极性，促进教学效果的提升。

同时，优化教学资源也是提升其质量和可用性的关键所在。在更新过程中，应对资源进行严格的筛选、整理和分类，确保其准确性和有效性。此外，还应根据教师的反馈和使用情况，对资源进行优化和改进，如优化呈现方式、增加互动性和实践性等，使其更符合学生的学习需求，提升资源的使用效果。

为了有效地进行资源更新与优化，可以采取以下措施：

（1）建立定期更新的制度。可以设定一个固定的时间段，如每个学期末或年初，对教学资源进行全面的检查和更新。这样可以确保资源库的时效性，避免资源的过时和失效。

（2）加强与教师的沟通与反馈机制。通过定期的调查问卷、座谈会等方式，收集教师对教学资源的意见和建议，了解他们的教学需求和使用情况。根据反馈结果，对教学资源进行针对性的优化和改进，以满足教师的实际需求。

（3）关注学科发展和教育政策的变化。及时关注学科领域的最新研究成果和教育政策的调整，将这些变化纳入教学资源的更新范围中。这有助于确保教学资源与学科发展和教育政策保持同步，为教学工作提供有力的支持。

（4）利用技术手段提升资源的可用性。借助先进的技术手段，如人工智能、大数据分析等，对教学资源进行智能推荐和个性化定制。通过算法分析教师的教学习惯和学生的学习需求，为教师推荐最合适的教学资源，提高资源的使用效率和效果。

# 第七章

# 地方高校教师数字素养提升的支持服务：教师数字化实践平台

随着信息技术的快速发展，数字化已成为现代社会的重要特征。在这样的背景下，地方高校教师数字素养的提升显得尤为重要。而构建教师数字化实践平台是提升地方高校教师数字素养的有效途径。通过平台提供的丰富资源、培训机会、实践机会和支持服务，教师可以逐渐掌握数字化教学的基本方法和技能，提高自己的数字素养，为更好地适应信息化时代的教学需求打下坚实的基础。

# 第一节 推进校企合作，促进教师数字素养内化

## 一、概述

(一) 校企合作的重要性

校企合作是以市场和社会需求为导向，学校和企业双方共同参与人才的培养过程，采用课堂教学与学生实践、学生培养与企业发展相结合的方式，培养能直接上岗工作的实用型人才的一种教育模式。校企合作是教育与产业二者的深度合作，是高校与企业双赢的模式。

校企合作是高校培养高素质、应用型人才的有效路径。在校企合作的过程中，学校能够利用企业的资源，建立校外实习基地，为学生提供实习场所，使学生将理论知识运用到实践中，从而提高学生的实践能力。另外，校企合作还能培养"双师型"教师，提高教师的实践能力。

校企合作也是企业获得优秀人才的重要渠道。企业参与高校人才培养的过程，能够根据自身的需求培养适合本企业的人才，在降低新员工培训成本的同时，也能在一定程度上降低员工的流动率。

在数智时代，校企合作的意义更加凸显。首先，校企合作能够使高校的教育目标和教育内容更加清晰明确，及时地反映出社会的发展方向和行业的发展动态，培养出更多适应社会发展的优秀人才。其次，校企合作能够有效弥补高校教育经费不足的问题，推动高校教育的发展和改革。最后，校企合作能够促进企业的发展，使企业获得优秀的人才，增强企业的竞争力。

因此，应以校企合作为依托，促进教师数字素养的内化。地方高校应与当地企业建立长期稳定的合作关系，为教师数字素养的内化提供更多的实践机会。首先，高校可以邀请企业的技术人员为教师开展专题讲座，使教师了解行业的发展动态和技术的应用前景，从而转变教育观念，更新教学理念，提高实践能力。其次，高校可以安排教师到企业实践，使教师

在实际的工作岗位上提高实践能力,将行业的新技术、新方法融入课堂教学中,培养出更多优秀的人才。最后,高校还应鼓励教师主动参与企业的项目研究,将理论与实践相结合,在实际的工作中提高解决问题的能力,从而促进教师数字素养的内化。

(二)地方高校教师数字素养内化的必要性

教师的数字素养是信息素养发展的新阶段,是信息素养与时俱进的表现。随着信息技术的发展,信息素养的内涵也在不断地丰富和发展,从最初的"获取信息"到"信息的评价和利用",再到"信息的检索、评价、利用、创造和传播",直至现在的"数字素养"。教师数字素养是指教师利用数字技术获取、评价、处理、利用和传播信息的能力,简单地说,就是利用数字技术处理信息的素养。教师数字素养的提升是新的时代背景下教师专业发展的新诉求。

教育部发布的《关于加强和改进新时代基础教育教研工作的意见》(教基〔2019〕14号)中指出教学研究是提高教育教学质量的重要基础,是推进教学改革、加强教学建设、促进教学质量提高的重要手段,是教师履行教育教学职责、促进自身成长的内在要求,是学校提高办学水平、提高人才培养质量的重要支撑。地方高校教师是高等教育的主力军,其教学水平的高低直接影响着高等教育的质量。地方高校教师的数字素养水平也必将影响着地方高校的教学研究、教学改革、教学建设等方面的发展。

教育部发布的《关于深化本科教育教学改革,全面提高人才培养质量的意见》(教高〔2019〕6号)中指出深化教育教学改革,是提高人才培养质量的重点,要全面提高课程建设质量,推动科研反哺教学,积极发展"互联网+教育",推动课堂教学革命。课堂教学是教育教学的主阵地,课堂教学质量的高低直接影响着人才培养的质量。地方高校教师是课堂教学的主体,其数字素养水平的高低直接影响着课堂教学质量的高低。教师的数字素养是课堂教学质量的保证,教师的数字素养越高,其获取、评价、处理、利用和传播信息的能力越强,越能推动教学内容更新、教学方法创新、教学手段先进、教学资源丰富、教学环境优化,从而提高课堂教学质量。

## 二、数智时代下校企合作现状与挑战

（一）校企合作现状的分析结果

近年来,我国校企合作的开展取得了一定的成效,但地方高校的校企合作还存在一些问题,如表7-1所示。

表7-1 地方高校校企合作的现状分析

| 问题 | 表现 |
| --- | --- |
| 浅层化 | 走马观花参观 |
| 表面化 | 短期实习,走走过场 |
| 形式化 | 缺乏合作机制、合作平台、合作的延续性和深入性 |
| 功利化 | 校企合作的开展只为应付评估 |

（二）校企合作面临的主要挑战

校企合作的目标是互利共赢,但在具体实施的过程中,往往会出现学校热、企业不热的"壁炉现象"。数智时代的到来,使企业参与校企合作的积极性进一步降低,从而导致地方高校教师数字素养培育的企业参与度不高。

一方面,相较于应用型高校,地方本科高校的科研能力较弱,与企业的合作多以技术开发、委托项目的形式展开,合作模式单一,且多为一次性合作,难以形成长期、有效的合作机制。另一方面,相较于职业院校,地方本科高校的地域性较弱,往往不能满足地方企业的特定需求,因而难以形成有效的校企合作。此外,地方本科高校的人才培养目标是培养研究型、创新型人才,课程设置往往以理论教学为主,实践教学的比重较低,学生的实践能力不强,难以满足企业的实际需求。企业的参与积极性因此受到影响,校企合作的开展也就更加举步维艰。

数智时代的到来也使企业的生产模式、管理模式、经营模式都发生了很大变化,企业对人才的需求也随之发生了变化。相较于传统产业,数字经济产业的知识更新速度更快,对人才的知识更新速度要求也更高。而地方本科高校的课程设置往往更新较慢，难以满足企业对人才培养的要求。此外，地方本科高校往往不能根据地方产业的发展及时调整专业设置，导致专业与产业脱节，难以满足企业的发展需求。

地方本科高校往往还缺乏必要的实验实训基地，即使有也常因为设备更新不及时而难以满足企业的实际需求。即使学校有一定的实践经验的教师，也往往因为缺乏必要的企业实践经验而难以对学生的实践能力进行有效指导。此外，相较于理论教学，实践教学对教师的要求更高，需要教师有一定的实践能力和丰富的实践经验，而这对于教师来说无疑是一个巨大的挑战。

**三、校企合作在推进地方高校教师数字素养内化中的作用**

*（一）校企合作在教师数字素养培养中的关键作用*

教师数字素养的培养是一个复杂的系统工程，既需要地方高校的积极作为，也需要政府、行业和企业等多方力量的协同支持。其中，校企合作的协同推进在教师数字素养培养中发挥着举足轻重的作用。

校企合作的协同推进可以为地方高校教师数字素养培养提供企业资源的有力支持。教师数字素养的培养需要以真实的数字化环境为支撑，而校企合作的协同推进可以帮助地方高校教师接触到最新的数字化理念、技术和方法，让教师在真实的数字化环境中进行实践操作，从而有效提升教师的数字素养。

校企合作的协同推进可以为地方高校教师数字素养培养提供企业场景的有力支持。教师数字素养的培养需要以真实的数字化场景为依托，而校企合作的协同推进可以将企业中的数字化场景引入地方高校的教师培养过程中，让教师在真实的数字化场景中进行体验和实践，从而有效提升教师的数字素养。

校企合作的协同推进可以为地方高校教师数字素养培养提供企业人员的有力支持。教师数字素养的培养需要以真实的数字化人员为伙伴，而校企合作的协同推进可以将企业中的数字化人员引入地方高校的教师培养过程中，让教师与数字化人员进行交流和学习，从而有效提升教师的数字素养。

校企合作的协同推进还有助于深化教师对数字素养重要性的认识。通过校企合作协同推进，教师可以近距离地感受到企业对数字化的需求和依赖，从而深化教师对数字素养重要性的认识，进而促进教师数字素养的内化。

(二)校企合作对数智时代地方高校发展的推动作用

校企合作的实施，有利于企业以低成本、高效益的方式对人力资源进行开发，使企业竞争的关键点从技术竞争、市场竞争转向人才竞争。企业参与合作的目的是对人才进行培养，使其具备一定的技术与能力，进而创造价值。在合作的过程中，企业为学校提供资金、设备、场所等支持，并选派业务能力强的员工到学校任教，将行业发展的最新动态传递给教师和学生，使其能够对行业前沿知识和技术进行了解，并将其融入教学实践中。同时，企业也会参与教师培训、课程设置、人才培养方案的制定等工作，并将行业的发展趋势、技术需求、人才质量要求反馈给学校，从而使学校的教学、科研、管理等方面的工作能够更好地适应行业发展的需要，进而为企业的发展提供人才支撑和技术支持。

在数智时代的背景下，企业的技术水平、研发能力、管理理念等都发生了很大变化，校企合作的内容与形式也不断创新。例如，在人工智能、大数据、区块链等技术的支持下，企业通过网络平台参与校企合作，能够有效降低运营成本，提高管理的智能化、精准化、个性化水平，从而使校企合作的运行机制更加顺畅、高效。同时，企业也能够借助网络平台，对参与校企合作的教师和学生的工作情况进行实时监督和管理，并将教师和学生的工作情况反馈给学校，从而使学校能够及时调整教学内容和方式，教师也能够及时调整教学方法，学生也能够及时转变学习方式，进而更好地适应企业的生产和管理要求。

**四、校企合作推进地方高校教师数字素养内化的策略与方法**

(一)校企合作策略的制定

校企合作的开展要以地方高校的教师为中心，以促进教师数字素养的内化为目标，通过制定合理的策略，为教师数字素养的内化提供制度支持。首先，建立"双师型"教师制度。"双师型"教师是"教师+工程师"的综合，既具有教师的职业能力，又具有工程师的职业能力。地方高校要制定"双师型"教师培养制度，鼓励教师到企业实习，学习最新的技术，将技术应用到教学中，促进教学的改革。其次，建立校企合作培养人才制度。地方高校与企业合作，要以培养高素质的人才为目标，制定校企合作培养人才的制度，将教师的技术能力、学生的数字素养作为衡量人才的标准，促进教师数字素养的内化。再次，建立教师到企业实践的制度。教师到企业实践，既能增加教师的实践经验，又能促进教师数字素养的内化。地方高校要制定教师到企业实践的制度，将教师到企业实践作为晋升的必要条件，提高教师到企业实践的积极性。最后，建立校企合作评价制度。地方高校与企业合作，要建立合理的评价制度，对校企合作的质量进行评价，促进校企合作的健康发展。将教师的技术能力、学生的数字素养作为评价的标准，促进教师数字素养的内化。

（二）校企合作方法的选择与应用

方法是为达到某种目标而采取的措施、途径、手段等，是人类认识世界、改造世界的途径和手段。方法的选择与应用，将影响着校企合作的深度与广度，影响着地方高校教师数字素养培育的效果。

在数智时代，校企合作的方法与手段更加多样，如现代信息技术的应用，可使校企合作的时空得以拓展，使校企合作的效率大大提高。在此，我们提出基于现代信息技术的"云端建构"与"混合式"培训的方法，以期为校企双方提供更多的选择。

"云端建构"与"混合式"培训的方法，即依托"云计算"技术，建构起"云端"的培训平台，将集中培训、网络培训、个人自主学习等方法进行混合，实现地方高校教师数字素养的培育。

具体而言，一是要建构"云端"的培训平台。这一平台的建构，可充分利用现有的"云计算"技术和"云计算"平台，如阿里云平台、腾讯云平台、百度云平台等，也可由高校与电信运营商合作建构自己的"云计算"平台。这一"云计算"平台，应具有存储大量的培训资料、进行培训管理、实现在线互动等功能。二是要将集中培训、网络培训、个人自主学习的方法进行混合。在"云端建构"的平台上，将培训资料进行分类，如将与人工智能、大数据、区块链、虚拟现实、增强现实等技术相关的资料分别建立资料库；将各种培训内容进行细分，如将教育技术的理论、技术的发展前沿、技术的应用、技术的教学应用、技术的教育应用案例等内容分别建立资料库。教师可以根据自己的需要，选择相应的培训内容进行学习。三是要对培训的过程进行管理。可由高校的教务处、教师发展中心等部门来负责，对培训的过程进行监督与管理，对培训的效果进行评估。四是要对培训的效果进行反馈。在"云端建构"的平台上，设计相应的反馈表，由参加培训的教师填写，将培训的效果进行反馈，以进一步改进培训的内容与方法。

## 第二节 深化产教融合，促进理论与实践相结合

### 一、数智时代产教融合现状分析

（一）产教融合的概念与特点

产教融合是产业与教育的深度合作，是为解决人才培养与产业需求脱节问题的有益尝试。2014年，国务院《关于加快发展现代职业教育的决定》（国发〔2014〕19号）中提出，"产教融合、特色发展"是推进现代职业教育体系建设的重要策略。2015年，教育部《高等职业教育创新发展行动计划（2015-2018年）》（教职成〔2015〕9号）中提出，"产教融合、校企合作"是高等职业教育的基本办学模式。2016年，教育部、人力资源和社会保障部、工业和信息化部《关于开展示范性职业教育集团（联盟）建设的通知》（教职成司函〔2019〕92号）中提出，"供需对接、资源共享、责任共担、互利共赢、集团合作"以推动职业教育集团化发展。从上述政策文件中可以看出，产教融合的重要性和必要性日益凸显。

产教融合是产业与教育的深度合作，其本质是以服务为宗旨，以就业为导向，走产学研结合的道路。产教融合的核心思想是将产业的知识和技术引入教育教学过程，使学校教育与产业有机结合，学校与企业共同明确人才培养目标、制定人才培养方案、实施人才培养过程、开展人才培养

质量评价。通过校企合作，学校可以借助企业的资源，提高人才培养的质量，办出特色；企业可以获得稳定的人力资源，节约人才培养成本。

产教融合具有以下特点：第一，合作双赢性。产教融合的合作基础是产业与教育的各自优势，双方的合作是对双方优势的共享，是实现"1+1>2"的共赢。第二，合作全面性。产教融合不仅是简单的学生实习，还包括合作培养人才、合作开展研究、合作共建机构、合作开发资源等。第三，合作深入性。产教融合要求双方的合作要深入到人才培养过程中，而不仅仅是一种形式。第四，合作稳定性。只有当合作的双方具有稳定的合作基础和合作关系时，才能实现人才培养和产业发展的深度融合。

### (二) 产教融合在数智时代的现状

随着新一轮科技革命和产业变革的深入推进，大数据、人工智能、互联网+、区块链等技术逐步与教育行业相融合，数智时代的产教融合模式也在持续推进。一方面，在数智时代的背景下，企业的发展离不开智能化技术的支持，而高校作为技术的发源地，其技术的发展离不开企业的资金支持和技术支持，因此，企业与高校的合作越来越密切。另一方面，在数智时代的背景下，产业的发展对技术技能型人才提出了新的要求，而高校的人才培养目标也要紧跟时代的发展，培养出满足产业发展需要的技术技能型人才。因此，在数智时代的背景下，产教融合的发展模式要紧跟时代的发展。

### (三) 产教融合中存在的问题

虽然国家和地方政府的政策文件中经常强调产教融合的重要性，但在实际的运行中，由于相关制度的不完善，导致产教融合的合作难以深入，存在一定的问题。

一是地方高校的利益诉求不明确。地方高校的教师参与校企合作的积极性不高，往往是被动地参与其中，其主要原因就是高校的利益诉求不明确。高校的教师除了教学还有科研任务，而校企合作往往需要教师投入大量的时间和精力，无法保证其教学和科研的正常进行。

二是企业的积极性不高。企业的本质是追求利益的，而产教融合的合作模式中，企业需要投入大量的人力、物力和财力，而最终的收益却不能够得到有效的保障,因此企业的积极性并不高。

三是合作模式的单一化。目前的产教融合的合作模式主要是订单班、现代学徒制和共建产业学院等,合作模式比较单一,不能满足企业和高校的多样化的合作诉求。

四是评价和激励制度的不完善。虽然国家的政策文件中经常强调要完善评价和激励制度,但在实际的运行中,由于相关制度的缺失,导致很多地方高校和企业在合作的过程中即使出现了"双赢"的现象,即高校获得了合作的经验,而企业获得了成本较低的劳动力资源,也得不到有效的评价和激励。

## 二、深化产教融合,促进地方高校教师理论与实践相结合的策略

(一)政策支持与制度保障

政策支持与制度保障是深化产教融合的有力支撑。近年来,国家和地方政府不断出台相关政策,为地方高校产教融合的发展提供政策支持。2015年,《关于引导部分地方普通本科高校向应用型转变的指导意见》提出,加强实验实训实习基地建设,引入企业开展合作育人,推动企业参与人才培养。2017年,《关于进一步激发社会领域投资活力的意见》(国办发〔2017〕21号),对进一步激发社会领域投资活力提出了具体要求。2019年,《国家产教融合建设试点实施方案》(发改社会〔2019〕1558号),对开展国家产教融合建设试点工作进行了总体部署。2019年,《建设产教融合型企业实施办法(试行)》(发改社会〔2019〕590号),对建设产教融合型企业提出了具体要求。2019年,《关于深化本科教育教学改革全面提高人才培养质量的意见》(教高〔2019〕6号),对深化教育教学综合改革提出了具体要求。2019年,《国家职业教育改革实施方案》(国发〔2019〕4号)(简称"职教20条"),对我国职业教育改革提出了具体要求。2020年,《关于促进国家高新技术产业开发区高质量发展的若干意见》(国办发〔2020〕7号),对促进国家高新技术产业开发区高质量发展提出了具体要求。

地方高校应以国家政策为导向,结合地方政策和高校自身的实际情况,制定相关的实施细则和管理办法,为深化产教融合提供制度保障。

## （二）校企合作与产业资源整合

校企合作是地方高校的生存之本，也是其发展壮大的必由之路。数智时代的校企合作，需要以智能制造、大数据、人工智能、云计算等为背景，将产业的技术、资源、信息、设备与学校的人才、技术、服务相结合，全面推进"引企入教"，推进校企合作的人才培养，推进校企合作的技术研发，推进校企合作的资源共享。

推进"引企入教"的人才培养。地方高校要根据地方产业发展的需要，与企业合作共建二级学院，或将企业的技术研发部门和生产车间引入学校，建立校企合作的产教园区，让学生在学校就可以接受企业的技术培训和实践锻炼，毕业后能够直接上岗。例如，长沙师范学院与企业合作共建了移动互联网学院，将企业的技术和项目引入教学，学生在学校就可以参与企业的项目开发，毕业后能够直接上岗，学生的就业率和就业质量明显提高。

推进校企合作的技术研发。地方高校要与企业加强合作，共建技术研发平台，或将企业的研发部门引入学校，围绕企业的技术难题开展科研攻关，促进科技成果转化，为地方产业发展服务。例如，浙江科技学院与中控集团合作成立了中控集团工业自动化人才培养基地，围绕中控集团的技术研发和产品升级，开展科研和技术攻关，取得了良好的效果。

推进校企合作的资源共享。地方高校与企业要在人才培养与技术研发的基础上，共享资源，实现互利共赢。例如，浙江建设职业技术学院与企业合作，共建了集"产、学、研、用"为一体的实训基地，实现了人才培养、技术研发、成果转化和产业孵化的有机融合，为地方产业发展作出了重要贡献。

## （三）教师培训与发展

教师培训与发展是提升教师实践教学能力的重要手段。首先，地方高校可与企业合作，共建"双师型"教师培养培训基地，为教师实践能力的培养提供场所。其次，地方高校可邀请企业工程技术人员参与制定培养目标、培养方案、教学内容和教学方法，以确保实践教学的有效开展。再次，地方高校要支持教师定期到企业实践，学习新技术、新工艺、新设备,不断提升实践教学能力。最后,地方高校要不断完善实践教学评价体系,将教师的实践教学、实践研究、技术服务等内容纳入教师考核评价体系,并占一定比例,以促进教师实践能力的持续发展。

例如,常熟理工学院与博世汽车技术服务(中国)有限公司合作,建立了"博世—常熟理工学院汽车服务工程实践教育中心",该中心既是教学场所,又是企业的研发基地和技术服务中心。学校教师和企业工程师共同培养服务工程专业的学生,学生在这里可以学习到最新的技术,教师也可以在这里开展实践教学和研究。经过多年的实践,该专业的学生的实践能力和创新能力显著增强,该专业的毕业生也得到了用人单位的好评。

(四)课程体系建设与教学方法改革

课程是教育的载体,课程体系的建设与教学方法改革是应用型人才培养的关键。

首先,要优化课程体系。课程体系的设置要与产业的转型升级相结合,与行业的发展和企业的需求相结合,与职业岗位(群)的任职要求相结合。要积极与行业企业合作开发项目化课程,引入行业企业优质课程,校企合作开发实践课程,形成课程共建共享机制。

其次,要改革教学方法。要将知识传授与能力培养相结合,理论教学与实践教学相结合,采用启发式、探究式等教学方法,推广案例教学、项目教学、任务教学等教学模式,将教学过程与生产过程相对接。

再次,要加强实践教学。实践教学是培养学生实践能力和创新精神的重要途径。要强化实验教学资源建设,建设好实验教学平台,建立校企一体化合作的实践教学基地,推进与行业企业共建实践教学基地,实践性教学课时占比达到50%以上。

最后,要推进信息技术与教育教学的深度融合,推广应用线上线下混合式教学等教学模式,推动教学改革,提升教学质量。

# 第三节 提升教师实践能力,搭建实践平台

**一、地方高校教师实践能力提升的必要性**

随着我国高等教育大众化的深入推进以及"互联网+""人工智能"的出现,我国高等教育已经进入了一个以"数智化"为典型特征的新时代。在数智时代,知识获取方式和传授方式、教和学关系正在发生根本性变化,地方高校要培养具有较强的实践能力、创新精神、创业意识和创业能力的高级应用型人才,就必须拥有一支具有较强的实践能力、良好的师德师风、合理的年龄结构、较高的理论水平的"双师双能型"教师队伍。

教师是学校教育的第一资源,是办学的核心要素,是提高教育教学质量的关键。有好的教师,才有好的教育。地方高校教师的实践能力的强弱,实践教学能力的高低,直接影响着实践教学的效果,影响着高素质应用型人才的培养质量。因此,地方高校必须下大力气,努力提高教师实践能力,使教师的实践能力与培养应用型人才的要求相适应。

提高地方高校教师实践能力是强化实践育人的需要。实践育人是新形势下高校思想政治工作的重要组成部分,是全面实施素质教育的有效途径。强化实践育人,就是要进一步更新教育观念,将实践教学纳入人才培养的全过程,将实践教学与理论教学摆在同等重要的位置,促使学生的知识、能力、素质协调发展。强化实践育人,要求教师既能开展实践活动的设计、实施、评价、研究,又能对学生的实践活动进行有效的指导,这就需要教师具有较强的实践能力。

提高地方高校教师实践能力是服务地方经济的需要。服务社会是地方高校的办学宗旨,为区域经济和社会发展培养高素质应用型人才是地方高校的首要任务。随着经济的发展和技术的进步,地方经济发展对高素质应用型人才的需求量越来越大,对高素质应用型人才的要求也越来越高,这要求地方高校不断提高人才培养质量,培养更多的高素质应用型人才。要培养高素质应用型人才,就必须拥有一支高水平的实践教学师资队伍,这要求教师必须具有较强的实践能力。

提高地方高校教师实践能力是提高人才培养质量的需要。实践教学是高等教育教学的重要组成部分，是培养学生实践能力和创新精神的关键环节，对于提高人才培养质量具有重要作用。教师是实践教学的设计者、实施者、评价者和研究者，是学生实践活动的指导者，教师的实践能力的强弱，直接影响着实践教学的设计、实施、评价和研究的水平，直接影响着学生实践活动的效果，直接影响着人才培养的质量。因此，地方高校要提高人才培养的质量，就必须提高教师实践能力。

## 二、实践平台的主要功能与特点

### （一）实践平台的功能

#### 1. 教学实践

教学实践是地方高校教师实践能力的重要方面。教学实践能力的提升，需要教师将所学的理论知识运用到自己的教学中，并在教学实践中进一步丰富和发展理论认识。

例如，某高校在2010年就开始实施了"双师型"教师队伍的建设工作，并逐步形成了自己的特色，即"双师型"教师队伍的建设与实践教学的开展相结合。在这种理念的指导下，学校的"双师型"教师队伍的建设取得了一定的成效。但是，通过调查研究发现，目前地方高校的教师在实践教学能力方面还存在一些问题，具体表现在：一是对实践教学的重要性认识不足。很多教师认为，只要自己有一定的理论知识，就可以胜任教学工作，至于实践教学，可以在理论教学的基础上进行适当的补充和扩展，没有必要单独进行。二是对实践教学的内容和方法的选择缺乏针对性。很多教师在开展实践教学的过程中，不知道该如何选择实践教学的内容和方法，往往是想到什么就讲什么，或者是完全按照理论教学的模式进行，缺乏必要的实践教学环节。三是对实践教学的评价缺乏有效性。很多教师在开展实践教学的过程中，对学生的实践学习效果缺乏必要的评价，或者是评价的方式方法不正确，导致实践教学的效果不明显。

要想解决上述问题，就需要教师深入企业，了解企业的实际生产过程,掌握企业的第一手资料,并将这些资料与自己的教学相结合,从而丰富和发展自己的教学实践。例如,在开展实践教学的过程中,教师可以将企业的一些典型案例引入课堂,通过对这些案例的分析和研究,加深学生对理论知识的理解和掌握。同时,教师还可以将企业的一些新技术、新工艺、新方法引入课堂,让学生了解和掌握企业的最新发展动态,从而增强学生的实践能力。此外,教师还可以将企业的一些优秀的管理经验和方法引入课堂,让学生了解和学习企业的先进管理经验和方法,从而提高学生的管理能力。

2. 科研创新

地方的科研创新可以为地方的经济发展和社会进步作出贡献。然而,由于地方高校的平台较低,地方高校的教师很难获得国家级的纵向项目,这在一定程度上影响了教师积极性。

搭建教师实践能力的培养平台,可以有效地促进教师的科研创新。首先,实践平台的建立可以帮助教师解决实践能力的"短板",提升教师的实践能力,进而提升教师的教学水平,使教师的教学更接近生产实际,这将激发学生的学习兴趣,提高学生的实践能力,从而使科研成果的转化更为顺畅,促进科研成果的快速转化。其次,实践平台的建立可以使教师的实践能力得到企业的认可,进而建立校企合作的平台,使教师的科研成果可以直接服务于企业,这将极大地提高教师的科研积极性。

以长春工业大学为例,该校的"电气与电子信息工程学院大学生电子设计竞赛培训中心"就是一个很好的实践平台。该中心拥有电工电子实验室、电子工艺实习室、EDA实验室、自控实验室、可编程控制器实验室、电机与电器实验室、电力系统实验室、电子信息与通信工程实验室、光电工程实验室、检测技术与自动化装置实验室、机械基础实验室等13个实验室,可以满足大学生电子设计竞赛和大学生智能汽车竞赛的实践需求。该实践平台自2006年建立以来,已经使长春工业大学的学生在全国大学生电子设计竞赛和全国大学生智能汽车竞赛中获得了国家一等奖的好成绩,同时也极大地提高了教师的科研积极性和科研能力。

3. 教师培训

教师培训的目标是培养新时代所需要的、具有较强实践能力的地方高校教师。实践导向的教师培训模式的构建，要以实践为基础，以高校为主体，以政府为引导，以企业与行业为依托，实现教师培训主体的多元化，并形成长效机制。

（1）高校要主动承担起教师培训的主体责任。地方高校要转变观念，充分认识到实践能力的重要性，将提升教师实践能力作为师资队伍建设的重点工作。一是要建立激励机制，将教师实践能力作为教师职称评审、年度考核、评奖评优的重要依据，在教师职称评审中，要将教师实践经历和实践成果作为必备条件，对实践能力强、实践成果突出的教师，在职级晋升、职称评审、评奖评优等方面予以倾斜。二是要建立健全教师培训制度。地方高校要制定科学的教师培训制度，通过制定《教师实践锻炼管理办法》《教师实践锻炼实施细则》《教师实践锻炼指导书》等，对实践锻炼的目标任务、内容形式、时间安排、组织管理、考核评价等进行明确，确保实践锻炼取得实效。三是要建立教师培训专项经费。地方高校要将教师培训经费列入学校财务预算，并随着学校办学收入的增长逐步提高，主要用于实践教学能力和实践教学环节的培训、课程开发、教材建设以及对培训教师的补助、交通费、住宿费等。四是要建立专兼结合的"双师型"实践教学团队。地方高校要根据实践教学的需要，从行业、企业聘请专业技术人员或能工巧匠担任兼职教师，承担实践课程的教学。

（2）政府要发挥引导作用。地方政府要高度重视实践能力的提升，将其作为推进人力资源供给侧结构性改革的重要抓手，立足"服务区域经济社会发展"的办学定位，坚持"以服务求支持、以贡献求发展"，积极融入区域经济社会发展大局，主动对接区域主导产业、特色产业，建立校地、校企合作机制，构建互利共赢的实践能力培养模式。一是要建立教师实践锻炼基地。政府要积极主动与有条件的企业、行业合作，建立相对稳定的教师实践锻炼基地，为高校教师提升实践能力提供场所。二是要建立健全政策法规。政府要制定一系列有利于教师实践能力提升的政策法规，在政策上鼓励企业接受高校教师实践锻炼，并给予政策上的优惠。三是要加强对高校教师实践能力培养工作的指导、监督和管理。政府要指导和监督高校教师实践能力的培养工作，将教师实践能力的培养纳入地方高校绩效考核的指标体系,对实践能力培养成效好的高校,在教育资源配置上予以倾斜。

（3）企业与行业要积极承担起教师实践锻炼的社会责任。企业与行业是地方高校的重要校外实习基地,也是地方高校教师实践锻炼的重要场所。一是要建立健全教师实践锻炼的运行机制。企业与行业要建立健全教师实践锻炼的运行机制,明确教师实践锻炼的目标、任务、内容、方式、时间安排和负责人,确保实践锻炼取得实效。二是要配备指导老师。企业与行业要为每一位来企业实践锻炼的教师配备指导老师,负责指导教师的实践工作,帮助教师提升实践能力。三是要积极为高校教师提供良好的实践环境。企业与行业要积极为来企业实践锻炼的高校教师提供良好的工作、生活环境,解决教师的后顾之忧,让教师能够安心实践、全心实践。四是要积极帮助高校解决技术难题。企业与行业要发挥自身技术和人才优势,帮助高校教师解决技术难题,为高校教师提供技术开发与服务,实现高校与企业的互利共赢。

4.社会服务

高校的重要职能之一就是服务社会,地方高校更是服务地方的重要力量。地方高校的教师通过社会服务,将所学的知识和技能运用于实践,既可以丰富教学内容,又可以提升实践能力。

搭建地方高校教师实践能力的提升平台,可以通过如下途径开展社会服务工作：

（1）建立教师工作室。教师工作室是高校教师将自己的科研成果或技术项目通过学校平台实施转化,并将技术和产品服务于社会的创新创业教育实践平台。它是高校教师将自己的科研成果或技术项目通过学校平台实施转化的重要途径,也是高校教师开展社会服务的孵化器。

（2）开展协同创新。协同创新是以知识增值为核心,企业、高校、研究机构为主体,政府、中介机构、用户等多方共同参与,通过知识创新、技术创新、管理创新,形成强大的协同创新力量。对于地方高校来说,可以通过与政府、企业、研究机构、行业组织等开展协同创新,围绕地方社会经济发展的重大需求,促进资源共享,发挥各自优势,开展技术开发、成果转化、联合攻关,提升实践能力。

（3）开展社会培训。地方高校要充分利用自身的教育资源,积极开展社会培训。首先，要积极开展企业员工培训。企业员工培训是高校服务社会、为地方经济建设和社会发展服务的重要途径。其次，要积极开展新型职业农民培训。新型职业农民培训是高校服务社会、为推进农业现代化服务的重要途径。再次，要积极开展社区教育。社区教育是以促进社区和人的全面发展为宗旨，以提高社区居民生活质量为目标的教育活动。开展社区教育，是高校服务社会、为构建社会主义和谐社会服务的重要途径。

(二) 实践平台的特点

1. 资源整合

实践教学资源的丰富性、实践教学平台的真实性、实践教学情境的仿真性，是保障实践教学质量的重要基础。然而，地方高校受办学经费、学校规模、企业参与积极性等因素的影响，在实践教学资源的建设与整合上普遍存在短板。因此，地方高校教师的实践能力提升，需要政府、行业、企业和高校共同参与，形成合力。

首先，政府应充分发挥主导作用，通过政策倾斜、经费支持等手段，引导和鼓励企业参与实践教学资源的建设和整合。例如，政府可通过税收优惠、奖励资金等政策，激发企业参与实践教学资源建设的积极性。同时，政府也可设立专项经费，用于购买、建设或改造实践教学平台。

其次，高校要发挥自身的主体作用，通过多渠道筹措资金，加强校内实践教学资源建设。一是可以通过自筹、捐赠、校企合作等方式，建立学校实践教学专项基金，用于支持校内实践教学资源的建设与整合。二是可以通过校企共建的方式，建立校内实践教学平台。例如，在校内建设仿真实验室、实训中心、创新创业中心等，为教师提供实践场所。

再次，高校要充分发挥校友会、基金会等组织的作用，积极联系校友和社会力量，争取他们对实践教学资源建设的支持。例如，校友会可以组织校友捐赠，在校内建设以校友名字命名的实验楼、实训中心、创新创业中心等，或者通过校友捐赠，在企业建立校外实践教学基地。

最后，高校要积极与行业、企业合作，通过校企共建、共享的方式，整合行业、企业的实践教学资源，为教师的实践能力提升提供平台和场所。

例如，高校可以与企业合作，建立校企共建的实践教学基地，为教师提供实践场所。同时，高校还可以与企业合作，共同开发实践教学资源，如共同开发实践教学项目、共同编写实践教材等。

2. 技术创新

实践教学平台的构建，有赖于实践平台的技术支撑。实践平台的技术架构包括实践平台的软、硬件建设以及网络平台的搭建。

就实践平台的硬件建设而言，需要添置与更新实验实训设备，建设实验室、实训室，这是实践教学的基础。但地方高校受办学经费的制约，往往难以做到这一点。因此，需要创新实践平台的技术架构，构建基于虚拟现实技术的实践教学平台，实现虚实结合的实践教学。

基于虚拟现实技术的实践教学平台，是指以虚拟现实技术为基础，通过计算机技术和网络技术，构建一个与实践环境相似的虚拟实践环境，使学生通过在虚拟环境中的实践操作，达到实践教学的目的。这种实践教学平台可以降低实践教学的成本，弥补实践教学条件的不足，提高实践教学的质量。

就实践平台的软件建设而言，需要开发与建设一定的实践教学资源，包括实践教学项目、实践教学教材、实践教学视频等。这些实践教学资源需要不断更新与维护，以保证实践教学的有效开展。

实践教学资源的建设与更新，同样需要技术的支撑。因此，需要技术创新，利用信息技术，构建基于大数据、人工智能技术的实践教学资源建设与更新平台。

基于大数据、人工智能技术的实践教学资源建设与更新平台，是指通过大数据、人工智能技术，对实践教学资源进行分析、挖掘、整合，自动建设与更新实践教学资源。这个平台可以自动搜索网络上的优秀实践教学资源，进行分析、整合，形成新的实践教学资源；可以根据学生的学习情况，分析其学习特点，自动推送适合的实践教学资源。例如，根据学生的实践操作情况，分析其实践能力的不足，自动推送相应的实践教学资源。这可以通过人工智能技术中的机器学习技术来实现。机器学习是一门多领域交叉学科，涉及概率论、统计学、逼近论、凸分析、算法复杂度理论等多门学科，主要研究计算机怎样模拟或实现人类的学习行为，以获取新的知识或技能，重新组织已有的知识结构使之不断改善自身的性能。

### 3. 环境友好

"环境友好"的要义在于：在提升地方高校教师实践能力的过程中，应充分考虑教师的心理感受和合理需求，将教师的职业生涯设计、发展愿景、兴趣爱好、创新创意等纳入实践能力培养的范畴，将实践教学的趣味性、艺术性、互动性、参与性作为开展实践教学的出发点和落脚点，将实践教学的有益性、有效性、高效性、长效性作为评价实践教学的标准，让教师在实践教学的过程中体会到乐趣、增强获得感，从而乐于实践、敢于实践、善于实践。

提升地方高校教师的实践能力，既有利于教师的专业化发展，也有利于培养应用型人才，更有利于服务区域经济社会发展。因此，地方高校应坚持"环境友好"的理念，努力搭建"人人参与、人人尽力、人人享有"的实践平台，不断提升教师实践能力。

首先，要营造"和而不同"的文化氛围。"和而不同"源自《论语·子路》的"君子和而不同，小人同而不和"。"和"指的是"和睦""和谐"，"同"指的是"相同""一致"。"和而不同"强调的是在和谐一致的基础上，保持自己的个性，尊重、宽容和接纳差异的存在。地方高校要搭建实践平台，提升教师实践能力，就必须营造"和而不同"的文化氛围，尊重教师的个体差异，充分发挥每一位教师的专业特长和兴趣爱好，让每位教师在和谐的氛围中开展实践，在愉悦的心情中从事实践，在共同的愿景中实现实践。

其次，要搭建"各取所需"的实践平台。"各取所需"的实践平台是指根据教师的不同需求搭建的具有个性化的实践平台。美国心理学家亚伯拉罕·马斯洛在他的需要层次理论中提出了人类需求的五级模型，从低到高分别为生理需求、安全需求、社交需求、尊重需求和自我实现需求。地方高校要搭建"各取所需"的实践平台，应该从满足教师的低级需求到高级需求出发，既开展针对新教师的岗前培训，也开展针对老教师的继续教育；既开展针对公共课教师的实践活动，也开展针对专业课教师的实践活动；既开展针对普通教师的实践活动，也开展针对双师型教师的实践活动。只有满足了教师的各种不同需求，才能真正搭建好"各取所需"的实践平台。

最后，要建立"鼓励创新"的容错机制。容错机制是指在实践的过程中，对于由于认识不足、经验欠缺、方法不当、技术不熟等原因导致的失误或错误，能够予以容错和包容。建立"鼓励创新"的容错机制，是对教师的尊重，是对教师的信任，是对教师的期待，能够让教师在实践的过程中放手去做、放心去做、大胆尝试，从而激发教师的创新潜能，点燃教师的创新激情，唤醒教师的创新自信，让教师在创新中不断成长、在创新中收获成功、在创新中提升能力。因此，地方高校要搭建实践平台，就必须建立"鼓励创新"的容错机制，对于教师在实践过程中出现的失误或错误要予以理解和包容，对于教师在实践过程中的新方法、新技术、新手段要予以鼓励和支持，对于教师在实践过程中的新思想、新观点、新见解要予以尊重和肯定。

4. 开放共享

开放共享可以让教师之间的交流和合作更加便捷，也可以让实践平台得到更广泛的认可和使用。

开放共享可以促进教师之间的交流和合作。在实践平台中，教师可以相互交流实践经验和心得，分享实践成果和资源，从而提高实践能力和教学水平。同时，教师还可以在实践中相互学习，共同进步。

开放共享可以提高实践平台的认可度和使用率。实践平台开放共享可以让更多的人了解和实践，提高实践平台的知名度和影响力。同时，实践平台也可以通过开放共享吸引更多的教师和学生参与实践，从而提高实践平台的利用率。

开放共享可以促进实践平台的发展和创新。实践平台开放共享可以让更多的人参与实践平台的建设和管理，提出新的想法和建议，促进实践平台的发展和创新。

**三、实践平台搭建在提升教师实践能力中的关键作用**

实践平台的搭建是一项系统工程，需要多方协同合作，才能发挥其最大的功效。首先，地方高校要高度重视实践平台的搭建工作，将其列入学校的重要议事日程，坚持人、财、物的优先投入，为实践平台的有效搭建提供政策支持和制度保障。其次，要整合校内外各种资源，形成合力，为实践平台的有效搭建提供资源支持。最后，要完善实践平台的运行机制，制定科学的管理制度和激励机制，调动教师参与实践平台的积极性和主动性。

实践平台的有效搭建能促进高校与政府、行业、企业等机构的深度合作，实现资源共享和互补。例如，高校和企业可以共建实习实训基地，企业的技术专家可以来学校为学生授课，高校的教师和学生可以去企业实习和实训，这样就能实现"双赢"的合作效果。通过校企合作，高校可以将企业的新技术、新方法、新工艺引入教学中，培养出更多的高素质技术技能型人才，为地方经济的发展提供人才支撑。

实践平台的有效搭建能促进高校与高校之间的交流与合作，实现共同发展。例如，同类型的高校之间可以搭建实践平台，实现教学资源的共享，相互参观学习，交流经验，共同提高。不同类型的高校之间也可以搭建实践平台，实现跨学科、跨专业的交流与合作，取长补短，互通有无，为培养创新创业型人才提供支持。

实践平台的有效搭建能促进高校与科研院所之间的交流与合作，实现协同创新。例如，高校可以和科研院所合作，共同承担科研项目，让高校的教师和学生参与科研项目的研究，培养他们的实践能力和创新能力。同时，科研院所也可以派技术专家来高校，为学生开设讲座，介绍科研院所的研究项目，激发学生的科研兴趣，鼓励他们积极参与科研项目的研究。

### 四、提升地方高校教师实践能力的路径与方法

#### （一）提升教师实践能力的路径

在数智时代的背景下，提升地方高校教师的实践能力是一项系统工程，需要多方协同和多措并举。地方高校应秉持"引进来"和"走出去"相结合的原则，构建一个全方位、多层次、多渠道的实践能力提升体系，持续推动教师实践能力的提升。

"引进来"策略包括邀请企业导师进入课堂，通过专题讲座、项目案例分析和产品研发指导等方式，将行业的新技术、新工艺、新方法融入教学中，实现教学与行业、企业实际的紧密结合。这种做法不仅丰富了教学内容，还能使学生直接接触到行业的最新动态，提高他们的实践能力和创

新能力。"走出去"策略则是支持教师到企业兼职,参与企业的研发和生产。这样的实践经历让教师能更深入地了解企业的实际运营情况,使教学更贴近实际,从而提高实践教学的有效性。

地方高校还应推动与地方政府的合作,通过"走出去"策略支持教师到地方政府相关部门挂职锻炼,参与政府的决策咨询、技术服务等工作。教师通过这样的经历,可以更好地理解政府的决策过程,掌握政府的决策需求,从而为教学内容的选择和课程的设置提供有益的参考。"请进来"策略则是邀请地方政府的相关部门的领导和专家到学校作专题报告,介绍政府的决策过程和服务需求。这样的举措能为课程设置和教学内容的选择提供重要的依据,有助于教师及时更新教学内容,使之更符合社会的需求。

在校企合作方面,"走出去"策略包括支持教师参加行业、企业举办的学术会议,以了解行业的技术发展趋势,把握企业的技术需求。而"请进来"策略则是邀请行业、企业的专家、学者到学校作专题报告,分享行业的技术发展趋势和企业的技术需求,为课程设置和教学内容的选择提供有力的支持。

在国际合作方面,"走出去"策略是支持教师到国外学习、培训,以了解国外的教育理念、教学方法,学习国外的新技术、新工艺。"请进来"策略则是邀请国外的专家、学者到学校作专题报告,介绍国外的教育理念、教学方法,学习国外的新技术、新工艺。

(二)提升教师实践能力的方法

地方高校要提升教师实践能力,就要为教师搭建平台,让教师有更多的时间和空间开展实践活动,积累实践经验。

(1)搭建校企合作的平台。校企合作是地方高校的生存之本,也是提升教师实践能力的有效路径。地方高校要与企业合作,建立教师实践基地,为教师实践提供必要的场所。学校要制定相关的政策,鼓励和支持教师到企业实践。例如,学校可以与企业合作,让教师参与企业的研发和生产,让教师在实际的工作岗位上得到锻炼和提高。同时,学校也可以邀请企业的技术人员到学校开展讲座,让教师了解企业的最新技术和发展动态。

(2)搭建实践教学的平台。地方高校要加强实践教学的环节,让教师在教学中得到锻炼和提高。学校要为教师提供必要的实践条件，如实验室、实训基地等。同时，学校也要加强实践教学的管理，确保实践教学的质量。例如，学校可以建立实践教学的评价体系，对教师的实践教学进行评价，激励教师提高实践教学的质量。

（3）搭建科技创新的平台。地方高校要鼓励和支持教师开展科技创新活动，让教师在科研中得到锻炼和提高。学校要为教师提供必要的科研条件，如科研实验室、科研经费等。同时，学校也要加强科研的管理，确保科研的质量。例如，学校可以建立科研的评价体系，对教师的科研进行评价，激励教师提高科研的质量。

## 第四节　建立实践成果评价与激励机制

### 一、数智时代对地方高校教师实践成果评价与激励机制的影响

数智时代对地方高校教师实践成果评价与激励机制的影响主要表现在以下几个方面：

第一，数据化评价方式在数智时代成为评价教师实践成果的重要方式。地方高校可以通过收集教师的教学、科研、服务等方面的数据，采用定量和定性相结合的方式进行评价。这种方式可以更加客观、准确地评价教师的实践成果，提高评价的公正性和科学性。例如，可以通过数据分析工具，如教学评估系统、科研数据挖掘工具等，对教师的教学、科研成果进行量化评价，同时结合教师的教学风格、学术贡献、服务贡献等多维度进行定性评价，从而更加全面地评价教师的实践成果。

第二，智能化激励机制在数智时代为地方高校教师实践带来了新的机遇。地方高校可以通过建立智能化激励机制，实现对教师的自动评价和奖励。这种方式可以更加高效、便捷地激励教师，提高其工作积极性和创造性。例如，可以利用人工智能技术，如机器学习、深度学习等，对教师的实践成果进行自动评价，并根据评价结果给予相应的奖励，如晋升、加薪、奖金等，从而激发教师的积极性和创造力。

第三，多元化的评价与激励方式在数智时代对地方高校教师实践产生了积极影响。地方高校可以通过多元化的评价与激励方式来激励教师。

例如，除了传统的评价和奖励方式外，还可以采用学习、交流、竞赛等多种方式来激励教师。这种方式可以更加全面地激励教师，提高其工作积极性和创造性。

第四，个性化评价与激励机制在数智时代对地方高校教师实践具有重要作用。地方高校可以通过建立个性化评价与激励机制来激励教师。例如，针对不同教师的特点和需求，制定不同的评价标准和激励方案。这种方式可以更加精准地激励教师，提高其工作积极性和创造性。

**二、数智时代地方高校教师实践成果评价与激励机制的构建**

（一）评价指标体系设计

1. 教学成果

教学成果是评价教师教学水平的重要依据。在数字智能时代背景下，地方高校教师的教学成果应当具备以下特点：一是教学内容丰富，符合时代发展需求；二是教学方法新颖，注重学生主体地位；三是教学效果显著，有助于学生综合素质的提高。为了更好地评价教师的教学成果，地方高校可以建立一套科学、合理的评价体系，充分考虑教学成果的多样性、创新性和实际效果。

在数字智能时代背景下，地方高校教师的教学成果评价与激励机制应当注重以下几个方面：一是将评价结果与教师的职称晋升、评优评先、奖励等挂钩，激发教师的工作积极性；二是关注教师的个人成长，为教师提供进修、培训等机会，提升教师的专业素养；三是建立良好的工作氛围，鼓励教师之间的交流与合作，共同提高教学质量。

此外，还应注重教学成果的实践性。在数字智能时代背景下，地方高校教师的教学成果应当注重实践性，即教师的教学成果应当能够直接应用于实际工作，推动地方经济社会发展。为此，地方高校应当加强与地方企业的合作，将教学成果转化为实际生产力，提高教师的教学实践能力。

## 2. 科研创新

建立地方高校教师实践成果评价与激励机制，需要注重科研创新方面的评价与激励。评价方面，可以建立以科研创新为核心的评价体系，包括科研成果的数量、质量、影响力等指标，以评价教师的科研创新水平。同时，可以采用定量和定性相结合的评价方法，既要注重教师的科研成果数量和质量，也要注重其科研成果的影响力。

在激励方面，可以采取多种激励措施，以激发教师的科研创新积极性。例如，可以设立科研创新奖励基金，对教师的科研成果给予奖励；开展科研创新竞赛，激发教师的科研创新热情；进行科研创新培训，提高教师的科研创新能力。

## 3. 社会服务

社会服务是评价与激励机制中不可或缺的一部分。社会服务是教师实践成果转化的重要途径，也是评价教师实践成果的重要标准。

评价教师的社会服务实践成果，需要从以下几个方面入手：

一是服务内容和形式。教师的社会服务实践成果，应当是有针对性的、能够解决实际问题的。服务内容和形式应当与教师的学科专业和研究方向相匹配，同时也应当符合社会的发展需求。

二是服务效果。教师的社会服务实践成果，应当能够产生实际的社会效益。评价教师的社会服务实践成果，应当关注服务效果的转化程度，包括服务对象的数量、质量、满意度等。

三是社会影响。教师的社会服务实践成果，应当具有一定的社会影响力。评价教师的社会服务实践成果，应当关注服务成果的传播范围和影响力，包括媒体报道、公众评价等。

## 4. 教育教学改革

在数字化与智能化时代，地方高校对于教师实践成果的评价与激励机制，必须更加聚焦于教育教学改革。教育教学改革不仅是提升教师教学水平与学生学习效果的核心要素，更是推动地方高校持续发展的关键因素。

在教育教学改革过程中，教师的教学能力与教学方法显得尤为重要。为此，教师应致力于教学内容的更新与优化，灵活运用多样化的教学方法和手段，以提升教学效果。同时，教师亦需不断提升自身能力，包括掌握新的教学技术和理念以及参与教育培训等，以适应教育教学改革的需求。

学生是教学活动的核心，教育教学改革应着重关注学生的学习体验与成果，这包括学生的学习兴趣、学习积极性以及学习成果等。为此，教师应根据学生的个性与需求，采用针对性的教学方法和手段，以优化学生的学习效果。

此外，教育教学改革亦需重视学校的教育教学管理与评价工作。学校应建立科学的教育教学管理与评价体系，加强对教师教学的管理与评价，及时发现并解决教育教学中的问题。同时，学校亦应重视对教师教学成果的评价与奖励，以激发教师的教学热情和创造力。

在教育教学改革中，社会和企业的参与亦不可忽视。社会和企业应积极参与教育教学改革，为师生提供丰富的学习资源和机会，如教学实习和就业机会等。同时，社会和企业亦应关注教师和学生的成长，为他们提供必要的支持与帮助。

（二）评价方法与技术应用

1. 数据采集与分析

在数字化与智能化时代背景下，构建地方高校教师的实践成果评估与奖励机制，对于提升教师的教学质量与推动学校教育改革具有至关重要的作用。其中，数据的采集与分析环节扮演着至关重要的角色，因为它们为评估与奖励提供了客观、精确且全面的数据支撑。

首先，必须明确数据采集的目标与范围。目标是全面而精准地收集教师在教学、科研、服务等多个方面的实践成果，包括教学计划、方法、效果、科研成果以及服务贡献等。数据采集的范围应涵盖地方高校的所有教师，以确保评估与奖励机制的公正性与普遍性。

其次，需要精心设计数据采集的方式与工具。数据采集方式包括问卷调查、访谈、实地观察等多种方法，需根据实践成果的类型选择最适合的方式。同时，数据采集工具如电子表格、数据库、统计软件等，也需确保数据采集的精确性与高效性。

再次，在数据采集的基础上，需要进行数据的深入分析与处理。数据分析包括数据的清洗、整理与深入分析，旨在发现数据中的内在规律、趋势与关联性。数据处理则涉及数据的可视化、建模与模拟等操作，以便更好地理解与运用数据。

最后，数据分析与处理的结果需以图表、报告等形式清晰、简洁、直观地呈现出来，供教师、学校领导及相关部门进行评估与决策参考。这些图表与报告应能准确反映教师实践成果的评价与奖励情况，为提升教学质量与推动教育改革提供有力支持。

### 2. 人工智能辅助评价

建立地方高校教师实践成果评价与激励机制，可以利用人工智能技术，提高评价的效率和准确性。

可以利用自然语言处理技术，对教师的论文、报告等进行自动化的评价。这种评价方式可以节省大量的人力和时间，提高评价的效率。同时，人工智能辅助评价还可以对教师的成果进行深度分析，识别出其中的亮点和不足，为教师提供更好的改进方向。

可以利用人工智能技术进行个性化评价。每个教师的教学风格、研究方向和成果都有所不同，因此，评价时需要考虑到这些因素。人工智能技术可以根据教师的个人特点，对其成果进行个性化评价，提供更为精准的评价结果。

可以利用人工智能技术进行智能推荐。教师在评价过程中，可以输入自己的研究方向、教学内容和成果等信息，人工智能技术可以根据这些信息，为教师推荐相关的评价标准和评价方法。这种智能推荐方式可以提高评价的准确性和有效性，为教师提供更好的指导。

### 3. 第三方评价机构参与

第三方评价机构在评价过程中具有专业性、客观性和公正性等优势，能够有效地推动地方高校教师实践成果的评价与激励机制的完善。

第三方评价机构能够提高评价的客观性。传统的评价方式往往受到评价者的主观意识和情感因素的影响，容易出现评价偏差。第三方评价机构能够独立、客观地评价地方高校教师的实践成果，避免评价过程中出现主观偏见，从而提高评价的客观性。

第三方评价机构能够提高评价的专业性。地方高校教师实践成果的评价涉及多个学科领域，需要具备丰富的专业知识和较高的专业技能。第三方评价机构拥有专业的评价团队，能够对地方高校教师的实践成果进行全面、深入的评价，提高评价的专业性。

第三方评价机构能够提高评价的公正性。第三方评价机构在评价过程中，能够保持公正、公平的态度，不受任何利益关系的影响。同时，第三方评价机构在评价过程中能够充分尊重地方高校教师的个人隐私和保障评价的公正性。

(三)激励机制设计

1. 物质激励

在数智时代，建立地方高校教师实践成果评价与激励机制，物质激励是其中不可或缺的一部分。物质激励是一种以物质奖励为主要手段，以激发教师积极性和创造力为目的的激励方式。

物质激励可以提高教师的积极性和创造力。教师是高校教学和科研工作的主要力量，他们的积极性和创造力直接关系到高校的教学质量和科研水平。通过物质激励，可以激发教师的工作热情，使他们更加积极地投入教学和科研工作中，从而提高教学质量和科研水平。

物质激励可以提高教师的归属感和认同感。教师是高校的重要成员，他们的工作成果直接关系到高校的声誉和发展。通过物质激励，可以让教师感受到自己的工作得到了肯定和认可，从而提高他们的归属感和认同感，使他们更加愿意为高校的发展贡献自己的力量。

物质激励可以提高教师的竞争力和影响力。在数智时代，高校之间的竞争越来越激烈，教师的竞争力和影响力也越来越重要。通过物质激励，可以让教师感受到自己的竞争力和影响力得到了提高，从而激发他们的竞争意识和创新意识。

## 2. 精神激励

精神激励是指通过激励教师的思想、情感和价值观，激发教师的工作积极性和创造力，促进教师个人发展和学校整体发展。

精神激励可以提高教师的积极性和创造力。在数智时代，地方高校教师面临着诸多挑战，如课程改革、教学方式转变、科研压力等。这些挑战需要教师不断更新知识、提高技能，以适应时代的发展。精神激励可以激发教师内在的积极性和创造力，使教师更加主动地参与课程改革、教学方式转变、科研工作等，从而提高教师的工作积极性和创造力。

精神激励可以促进教师个人发展。地方高校教师不仅需要关注学校的整体发展，还需要关注自己的个人发展。精神激励可以帮助教师树立正确的价值观和人生观，促进教师个人成长和发展。例如，通过表彰优秀教师、开展教师培训、组织教师交流等活动，提高教师的专业素质和教学水平，促进教师个人发展。

精神激励可以促进学校整体发展。地方高校教师实践成果评价与激励机制的建立，旨在提高教师的工作积极性和创造力，促进教师个人发展和学校整体发展。精神激励作为一种重要的激励手段，可以帮助学校吸引和留住优秀的教师，提高教师的工作积极性和创造力，从而促进学校整体发展。

## 3. 职业发展激励

为了激励教师进行自我学习和提升，可以设立一系列的职业发展激励措施。例如，提供培训和进修的机会，鼓励教师参加学术会议和研讨会，提供技术支持和资源以及给予教师晋升的机会，激发教师的学习热情，提高他们的专业水平。同时，还可以考虑设立一些灵活的激励措施。例如，提供远程培训和在线课程，为教师提供更多的学习机会和资源。除了职业发展激励，还可以考虑提供更好的工作环境和福利待遇，提高教师的满意度和忠诚度，从而提高地方高校的教学质量。

4.社会声誉激励

社会声誉激励是指通过提高教师的知名度和声誉,激励教师积极实践和贡献。在数智时代,社会声誉激励可以发挥重要的作用,帮助地方高校建立更加科学、合理的教师实践成果评价与激励机制。

社会声誉激励可以提高教师的职业尊严和自豪感,从而激励教师更加积极地投入到实践中。教师是社会发展的中坚力量,他们的职业尊严和自豪感直接关系到教师队伍的整体素质和教学水平。在数智时代,社会声誉激励可以通过多种方式实现。例如,建立教师荣誉制度,对教师进行表彰和奖励,提高教师的社会地位和声誉。

社会声誉激励可以促进教师之间的竞争和合作,从而提高教学水平。教师之间的竞争和合作可以激发教师的积极性和创造力,促进教师之间的交流和合作,提高教学水平。在数智时代,社会声誉激励可以通过开展教师竞赛和建立合作平台,促进教师之间的竞争和合作,提高教学水平和实践成果。

社会声誉激励可以促进地方高校与社会的互动和合作,从而提高地方高校的知名度和影响力。地方高校是地方社会的重要组成部分,它们的知名度和影响力直接关系到地方社会的发展和进步。在数智时代,社会声誉激励可以通过与地方企业、政府部门和社会组织建立合作关系,提高地方高校的知名度和影响力,从而促进地方经济的发展。

(四)实施与监督

1.组织与管理

一是要建立科学合理的管理体系。管理体系应充分考虑教师实践成果评价与激励机制的目标、任务、职责、权利、利益等要素,确保体系科学、合理、有效。具体来说,可以设立专门的领导小组,负责制定评价与激励机制的具体方案,明确评价标准、评价方法、评价程序等;同时,要建立相应的制度、规定,确保评价与激励机制的实施过程规范、有序。

二是要明确评价与激励机制的目标。评价与激励机制的目标应立足于提高教师教育教学质量，促进地方经济社会发展。具体来说，可以设定教师实践成果的量化指标，如教学科研成果、科研项目、社会服务等方面的成果。同时，要将评价与激励机制的目标与地方高校的发展战略、人才培养目标相衔接，确保评价与激励机制的有效实施。

三是要创新评价与激励机制的方法。评价与激励机制的方法应体现时代特点，适应数智时代的发展需求。具体来说，可以运用大数据、人工智能等技术手段，对教师实践成果进行量化分析、评价，提高评价的客观性、公正性、科学性。同时，要注重评价与激励机制的实践性，将评价结果与教师个人职业发展、职称晋升、薪酬待遇等挂钩，激发教师的工作积极性和创造力。

四是要加强评价与激励机制的培训与宣传。评价与激励机制的实施，需要广大教师的积极参与和支持。因此，要加强培训与宣传，提高教师对评价与激励机制的认识，增强其参与评价与激励机制的主动性和自觉性。具体来说，可以定期开展评价与激励机制的培训课程，邀请专家进行讲解。同时，要加强宣传，通过各种渠道，如学校官网、微信公众号、教师论坛等，广泛传播评价与激励机制的理念、目标、方法、效果等，营造良好的舆论氛围。

### 2. 动态调整与优化

动态调整与优化机制可以实现评价与激励机制的持续改进和升级。在传统的评价与激励机制中，评价与激励通常是静态的，无法根据社会的发展和教师的需求进行改进和升级。在数智时代，这种静态的评价与激励机制已经无法满足教师的需求。因此，要建立动态调整与优化的机制，以实现评价与激励机制的持续改进和升级。

动态调整与优化机制还可以帮助教师更好地实现自我提升和发展。在传统的评价与激励机制中，教师通常需要按照固定的评价标准进行评价和激励，而动态调整与优化机制则可以根据教师的实际情况和需求，灵活地调整和优化评价与激励机制，帮助教师更好地实现自我发展。

# 第八章

# 地方高校教师数字素养培养的促进机制：
## 数字素养评价系统

在教育数字化转型的过程中，教师需要不断适应新的教育场景和教学方式，提升自身的数字素养和技能，包括了解并掌握数字技术的基本原理和应用方法，能够利用数字技术开展教学设计和实践活动以及具备数据分析和评价的能力等。同时，教师还需要具备创新意识和创新能力，能够积极探索数字技术与教育教学的深度融合，推动教育教学的创新和发展。地方高校教师数字素养培养的促进机制关键在于构建数字素养评价系统。该系统旨在全面评估教师在数字化环境中的能力和表现，通过定量评价和分析，帮助教师认识自身在数字技能、数字知识、数字思维和数字办公等方面的优势和不足，从而有针对性地提升数字素养，推动教育教学质量的持续提高。

# 第一节　地方高校教师数字素养评价的目的与原则

**一、地方高校教师数字素养评价的目的**

地方高校教师数字素养评价的目的具有多维度、多层次的意义。它不仅关注教师个人数字素养的提升，还涉及学校和教育部门的资源配置与培训指导，同时推动数字化教师学习共同体的形成与发展，构建数字化教育生态，提升教育质量，并最终推动地方高校的数字化转型与发展。

（一）促进教师个人数字素养的提升

地方高校教师数字素养评价的首要目标为全方位地提升教师个人的数字素养能力。这一评价系统深入剖析了教师在数字技术运用、数字教学资源整合以及数字化教学设计与实施等多个关键领域的实际能力。这样的评估既能让教师清晰地认识到自己在数字素养方面的现有水平，又能帮助他们精准地识别在数字化教学中存在的短板与不足。

有了这样的评价结果作为指导，教师可以更有针对性地制订个人成长计划，明确提升数字技能和教学能力的方向。他们可以根据自己的实际情况，选择适合的学习资源和方法，逐步提升自己在数字化教学领域的专业能力。这样的个性化学习路径，不仅有助于教师在数字化时代的教育浪潮中稳步前行，更能够让他们充满自信地应对各种教学挑战，为学生提供更为优质、高效的数字化学习体验。

（二）指导学校和教育部门的教师培训与资源配置

数字素养评价的结果，对于学校和教育部门来说，不仅是一份简单的数据报告，更是一份宝贵的资源指南，它深刻地反映了教师在数字素养方面的实际状况与需求。通过细致的分析评价数据，可以清晰地看到不同教师在数字技能、教学资源整合以及数字化教学理念等多个方面的差异与短板，从而为学校和教育部门制订更具针对性的教师培训计划提供了有力的依据。

对于那些数字技能相对薄弱的教师，学校和教育部门可以组织专门的技术培训，提供实践操作的机会，帮助他们快速掌握数字技术的基础知识和应用技能。通过系统的培训和实践，这些教师将能够更好地运用数字技术进行教学资源的制作、教学平台的操作以及与学生进行数字化互动，从而提升教学效果。

对于那些需要提升数字化教学理念的教师，学校和教育部门可以组织专题研讨和案例分享活动。通过邀请业内专家进行授课、组织教师间的经验交流以及分享成功的教学案例，这些教师将能够更深入地理解数字化教学的理念和方法，从而在日常教学中更加灵活地运用数字技术，创新教学方式，提高学生的学习效果。

此外，数字素养评价的结果还可以作为优化教学资源配置的重要依据。学校和教育部门可以根据评价结果，对现有的教学资源进行重新配置和整合，确保教学资源能够更加精准地满足教师在数字素养提升方面的需求。例如，可以增加对数字教学平台的投入，完善数字教学资源库的建设，为教师提供更加丰富、优质的数字教学资源。

（三）推动数字化教师学习共同体的形成与发展

数字素养评价作为一种有效的评估手段，其深远意义不仅在于对个人教师能力的衡量，更在于对整个教师团队乃至教育系统数字化发展的推动。这一评价过程，如同一座桥梁，连接着教师与教师、教师与教育机构、教师与数字化时代的教育变革。

数字素养评价为教师提供了一个相互学习、相互借鉴的机会。每个教师在数字化教学方面都有自己的独到之处和宝贵经验。通过评价，教师可以深入了解彼此在数字技术应用、数字资源整合以及数字化教学设计等方面的优势和不足。这样的信息交换不仅有助于教师个体提升数字素养，更能促进教师团队之间的协同合作，形成更为强大的教学合力。

数字素养评价还为教师搭建了一个交流和分享的平台。在这个平台上，教师可以围绕数字化教学的热点话题展开深入讨论，分享各自的教学心得和成功案例。这种交流不仅有助于激发教师的创新思维和教学热情，更能推动数字化教学方法和策略的不断创新与完善。

更为重要的是，数字化教师学习共同体的形成与发展将对整个教育系统的数字化进程产生深远的影响。当教师通过评价和交流，不断提升自己的数字素养水平时，他们将能够更加自信地应对数字化时代的教育挑战，为学生提供更加优质、高效的数字化学习体验。同时，这种共同体的形成也将有助于推动学校和教育机构在数字化教育方面的改革和创新，提升整个教育系统的数字化水平。

### （四）构建数字化教育生态，提升教育质量

地方高校教师数字素养评价的重要性不仅体现在教师个人能力的提升上，更体现在它对构建数字化教育生态、提升教育质量所产生的深远影响。

全面评估教师的数字素养，可以更有针对性地推动学校和教育机构在数字化教育方面的投入和改革。这样的评估结果能够直接反映出当前数字化教育的现状和不足，为学校和教育机构提供有力的决策依据。根据评价结果，学校和教育机构可以调整教育资源配置，优化数字化教育环境，从而提升整个教育系统的数字化水平。

全面评估教师的数字素养有助于为学生提供更丰富、更高效的数字化学习体验。随着数字化技术的不断发展，学生的学习方式也在发生深刻变革。通过提升教师的数字素养，可以更好地满足学生在数字化学习方面的需求，为他们提供更加个性化、多样化的学习资源和路径。这将有助于激发学生的学习兴趣和积极性，促进他们的全面发展。

此外，全面评估教师的数字素养还可以促进教育资源的共享和优化配置。通过评价，可以了解到不同学校、不同教师之间的数字素养差异和优势，进而推动教育资源的共享和互补。这不仅可以提高教育教学的效率和质量，还可以缓解一些地区和学校教育资源紧张的问题，实现教育资源的均衡分配。

### （五）提升教师职业竞争力，推动地方高校数字化转型

在数字化时代，具备较高数字素养的教师更具职业竞争力。数字素养评价可以帮助教师明确自己在职业发展中的优势和不足，从而有针对性地提升个人竞争力。此外，数字素养评价还可以作为地方高校数字化

转型的重要依据。通过评价教师的数字素养水平，学校可以了解自身在数字化转型方面的进展和存在的问题，从而制定更为精准和有效的转型策略。这不仅有助于提升地方高校的整体办学水平，还能为地方经济社会发展提供更多优质人才支持。

在数字化时代，具备较高数字素养的教师无疑成为教育领域的佼佼者，他们在职业发展中展现出更强的竞争力和适应能力。数字素养评价作为教师职业发展的重要参照，为教师提供了一个清晰、客观的自我认知工具。

数字素养评价能够帮助教师深入剖析自己在职业发展中的优势和不足。通过这一评价过程，教师可以清晰地了解到自己在数字技术应用、教学资源整合以及数字化教学方法等方面的实际水平。这种深入的自我认知有助于教师更加精准地定位自己的发展方向，从而制订个性化的提升计划。

数字素养评价作为教师职业竞争力的"试金石"，有助于教师有针对性地提升个人竞争力。在数字化浪潮席卷而来的今天，掌握先进数字技术的教师更容易获得学生和家长的认可，也更容易在教育领域中脱颖而出。通过数字素养评价，教师可以明确自己在哪些方面需要进一步提升，进而通过参加培训、自主学习等方式不断提升自己的数字素养水平，增强职业竞争力。

此外，数字素养评价对于地方高校的数字化转型也具有重要意义。通过评价教师的数字素养水平，学校可以全面了解自身在数字化转型方面的实际进展和存在的问题。这种全面的反馈有助于学校制定更为精准、有效的转型策略，推动数字化转型工作的深入开展。同时，通过评价结果的对比分析，学校还可以发现不同教师在数字素养方面的差异和优势，进而优化教师资源配置，提升整体办学水平。

**二、地方高校教师数字素养评价的原则**

地方高校教师数字素养评价的原则涵盖了科学性、系统性、可操作性、发展性和导向性等方面。这些原则共同构成了数字素养评价的基础和框架，为地方高校的数字化转型和教师的职业发展提供了有力的支持。

地方高校教师数字素养评价的原则主要包括以下几点。

### (一)科学性原则

数字素养评价作为地方高校教师能力评估的重要组成部分，必须以科学的理论和方法为指导，确保整个评价过程的客观性和准确性。这是因为客观准确的评价不仅关乎教师个人的职业发展，更对地方高校的教学质量和数字化转型具有深远影响。

评价指标的设定至关重要。这些指标应紧密围绕教育教学的实际需求，真实反映教师在数字化环境下的教学能力和应用水平。同时，评价指标还需结合数字技术的最新发展，体现时代性和前瞻性，确保评价内容与教育现代化趋势相契合。

在构建评价体系时，还需要注重评价方法的科学性和多样性。综合运用定量分析和定性研究，可以更加全面、深入地了解教师的数字素养状况。例如，可以通过问卷调查、课堂观察、案例分析等多种方式收集数据，确保评价结果的全面性和准确性。

此外，评价过程应遵循科学的操作流程。从数据收集、处理到分析，每一步都应严格按照规范进行，以确保数据的真实性和有效性。同时，评价人员也应具备相应的专业素养和道德标准，避免主观臆断和偏见对评价结果的影响。当然，还需关注评价结果的反馈与应用。通过及时将评价结果反馈给教师，帮助他们明确自己的优势和不足，进而制订个性化的提升计划。同时，学校也可以根据评价结果调整教学策略和资源配置，推动数字化教学的深入发展。

### (二)系统性原则

数字素养评价作为衡量教师在数字化环境下综合能力的重要标准，必须全面、系统地考虑教师在数字化教学、管理、科研等多个方面的表现。这样的评价体系不仅有助于我们更准确地了解教师的数字素养水平，还能为教师的专业成长和学校的数字化转型提供有力的支持。

在数字化教学方面，评价应关注教师是否能够有效利用数字技术优化教学过程，提升教学效果。例如，教师是否熟练掌握多媒体教学工具、在线教育平台等教学工具，是否能够利用大数据、人工智能等技术分析学生的学习情况，进而制订个性化的教学计划。

在数字化管理方面，评价应考查教师是否具备数字化管理的理念和技能。例如，教师是否能够利用信息化手段进行班级管理、学生信息管理等工作，是否能够有效利用数字技术进行团队协作和资源共享。

在数字化科研方面，评价应关注教师是否能够将数字技术应用于科研工作中，推动科研创新。例如，教师是否能够利用数字技术收集和整理研究资料，是否能够利用数据分析工具对研究结果进行深入挖掘和分析。

在构建这一全面、系统的评价体系时，还需要注重各方面的平衡与协调。不能片面追求某一方面的数字指标，而忽视了其他方面的评价。同时，评价过程应公开、透明，确保评价的公正性和客观性。

通过这样全面、系统的数字素养评价，可以更全面地了解教师在数字化环境下的表现，为教师的专业成长提供有针对性的指导。同时，这样的评价体系也有助于学校更准确地把握数字化转型的进展和存在的问题，为制定更为精准和有效的转型策略提供有力支持。

（三）可操作性原则

数字素养评价的可操作性和实用性对于其在学校和教师中的实际应用至关重要。一个高效且实用的评价体系应当既符合教育教学的实际需求，又能够简便易行，方便学校和教师进行操作和实施。

评价指标的具体性和明确性是确保评价可操作性的关键。指标的设计应该简洁明了，避免使用过于专业或晦涩难懂的术语，确保教师能够轻松理解并准确把握评价要求。同时，指标还应具有针对性，能够直接反映教师在数字化应用方面的实际能力和水平。

评价流程的简化也是提高评价实用性的重要手段。繁琐复杂的评价流程不仅会增加学校和教师的操作负担，还可能影响评价的准确性和及时性。因此，在评价过程中应尽可能简化流程，减少不必要的环节和步骤，降低操作难度，提高评价效率。

此外，为了方便学校和教师进行操作和实施，还可以利用现代信息技术手段来辅助评价工作。例如，可以开发专门的评价软件或平台，实现评价的自动化和智能化，减少人工操作的繁琐和错误。同时，这些软件或平台还可以提供数据分析功能，帮助学校和教师更深入地了解评价结果，制订针对性的提升计划。

### (四) 发展性原则

数字素养评价不仅是对教师现有能力的评估,更应成为推动教师专业成长和发展的重要工具。通过深入、细致的评价,激发教师进一步提升数字素养的热情,为他们的专业成长之路铺设坚实的基石。

评价结果作为教师自我反思的镜子,能够帮助他们更加清晰地认识到自己在数字化应用方面的优势和不足。这种自我认知的提升有助于教师更加有针对性地制订个人成长计划,明确自己在数字素养提升方面的努力方向。

数字素养评价应成为激发教师学习热情的催化剂。当教师看到自己的数字素养水平与其他同事或行业标准的差距时,他们会更加积极地寻求学习机会,主动掌握新的数字技术和教学方法。这种积极的学习态度将进一步推动教师在数字化教学和管理实践中不断创新和突破。

此外,评价过程还应充分关注教师的个体差异和潜能。每个教师都有自己独特的教学风格和专长领域,数字素养评价应尊重这些差异,为教师的个性化发展提供有力支持。例如,对于在某一数字技术应用方面表现出色的教师,可以给予更多的展示和交流机会,促进他们在该领域的深入研究和探索。

### (五) 导向性原则

数字素养评价在地方高校的数字化转型过程中扮演着至关重要的角色,它不仅具有明确的导向性,更为学校的转型策略制定和教师的职业发展提供了有力的方向指引。

数字素养评价的结果能够清晰地反映学校在数字化转型方面的实际进展和存在的问题。通过深入剖析评价结果,学校可以了解到自身在数字化技术应用、教学资源整合以及教学模式创新等方面的优势和不足。这种客观的反馈为学校制定更为精准、有效的转型策略提供了宝贵的依据。

数字素养评价还能够引导教师关注数字技术在教育教学中的应用和创新。评价过程中,教师会接触到各种先进的数字化教学手段和工具,了解到数字化教学的最新理念和趋势。这有助于激发教师的创新意识,促使他们主动将数字技术融入教学实践中,提升教学效果和学生的学习体验。

此外,数字素养评价还关注教师在数字化环境下的职业发展和成长。通过评价,教师可以了解到自己在数字化教学、管理、科研等方面的实际水平和潜力,进而明确自己的职业发展方向和目标。同时,评价结果也可以作为教师绩效考核和职称评定的重要依据,为教师的职业发展提供有力的支持。

## 第二节  地方高校教师数字素养评价的内容与构建

**一、地方高校教师数字素养评价的内容**

地方高校教师数字素养评价的内容旨在全面、系统地反映教师在数字化环境下的教学、管理、科研等方面的能力和表现,为教师的专业成长和学校的数字化转型提供有力的支持。通过科学的评价过程,可以确保评价结果的客观性和准确性,为教师的数字素养提升和学校的数字化转型提供有力依据。

(一)数字化意识

评价教师对教育教学中数字化趋势的敏锐程度,是考量其数字素养的重要一环。在数字化时代,教育教学正经历着深刻的变革,教师是否能够自觉、主动地意识到这种影响,并具备相应的数字化认识、意愿和意志,直接关系到其教学效果和专业成长。

敏锐的教师能够紧跟时代的步伐,敏锐地捕捉到数字化技术为教育教学带来的新机遇和新挑战。他们不仅了解数字化技术在教学中的应用场景,更能够主动思考如何利用这些技术提升教学效果,创新教学方法。同时,他们具备强烈的数字化意愿,愿意投入时间和精力去学习和掌握新的数字技术,将其融入自己的教学实践中。

具备数字化意识的教师,能够在面对困难和挑战时坚持不懈地推动数字化教学的实施和改进。他们不会被传统的教学观念所束缚,而是敢于尝试新的教学模式和方法,不断探索和创新。

因此,在评价教师的数字素养时应充分关注其对教育教学中数字化趋势的敏锐程度以及是否具备相应的数字化认识、意愿和意志。这有助于我们更全面地了解教师的数字素养水平,为教师的专业成长和学校的数字化转型提供有力支持。

(二)数字技术知识与技能

考查教师对数字技术的掌握程度,是评估其数字素养的关键环节。这不仅涉及各种软件的使用、编程语言和网络技术等基础技能的掌握,更要求教师在日常教育教学活动中能够灵活运用这些技术,提升教学效果。

一个具备良好数字素养的教师,应该能够熟练地使用各种教学软件,如多媒体教学工具、在线学习平台等,为学生创造丰富多彩的学习环境。同时,他们还应具备一定的编程能力,能够利用编程思维解决教学中的实际问题,推动教学创新。此外,网络技术也是现代教师不可或缺的一项技能。教师应能够利用网络平台进行资源共享、在线交流和协作,打破传统教学的时空限制,拓展教学的广度和深度。

当然,仅仅掌握这些技术还不够,教师还需要在日常教育教学活动中不断积累数字技术知识和提升技能。他们应关注数字技术的最新发展,了解其在教育教学中的应用前景,不断更新自己的知识体系和教学理念。

通过全面考查教师对数字技术的掌握程度,更加准确地评估其数字素养水平,为教师的专业成长和学校的数字化转型提供有力支持。同时,这也有助于激发教师学习数字技术的热情,推动他们在教育教学实践中不断创新和进步。

(三)数字化应用

评估教师运用数字技术改进教学效果的能力,是全面衡量其数字素养的重要一环。在这个数字化时代,教师不仅需要掌握各种数字技术,更要能够将这些技术巧妙地融入教学中,从而显著提升学生的学习体验与成果。

教师在利用在线课程进行教学方面展现出的能力尤为关键。在线课程打破了传统课堂的时空限制,使学习变得更加灵活和高效。教师需要熟练掌握在线课程的设计、制作和管理技巧，确保课程内容丰富、形式多样，能够激发学生的学习兴趣和积极性。

多媒体资源在教学中的应用也是教师数字素养的重要体现。通过整合图片、音频、视频等多种媒体资源，教师可以为学生创造一个更加生动、直观的学习环境。这不仅能够帮助学生更好地理解抽象概念，还能提高他们的学习兴趣和参与度。

此外，社交媒体在教学中的应用也日益广泛。教师可以通过社交媒体平台与学生进行实时互动，解答学生的疑问，分享学习资源和经验。这种互动式教学不仅能够增强师生之间的沟通与交流，还能促进学生的自主学习和合作学习。

除了上述方面，教师在数字化教学设计、实施、学业评价和协同育人方面的能力也同样重要。教师需要具备数字化教学设计的能力，能够根据教学目标和学生特点制定合适的数字化教学方案。同时，还需要具备数字化教学的实施能力，能够熟练运用各种数字工具进行教学实践。此外，教师还应掌握数字化学业评价的方法，能够客观、公正地评价学生的学习成果。最后，教师还应具备协同育人的能力，能够与其他教师、家长和社会各界共同合作，为学生的全面发展提供有力支持。

（四）数字社会责任

在数字化时代，教师的自我道德修养和行为规范显得尤为重要。他们不仅是知识的传播者，更是学生数字素养的引领者和守护者。因此，在评价教师的数字素养时必须关注他们在数字化活动中的自我道德修养和行为规范。

教师在帮助学生提升数字素养方面肩负着重要责任。他们应当积极引导学生正确使用数字技术，培养学生的信息鉴别能力、网络安全意识和数字道德观念。通过自身的言传身教，教师能够成为学生学习数字素养的榜样，激发他们的学习兴趣和积极性。

教师在数字化活动中应严格遵守法治道德规范。他们应当了解并遵守相关的法律法规，尊重他人的知识产权和隐私权，避免在教学中出现违法违规的行为。同时，教师还应以身作则，引导学生树立正确的数字道德观念，自觉抵制网络不良信息和行为。

此外，保护数字安全也是教师在数字化活动中必须关注的重要方面。

他们应当具备基本的网络安全知识和技能，能够防范和应对网络攻击和信息安全事件。同时，教师还应教育学生如何保护个人信息和隐私，提高他们的网络安全意识和防范能力。

（五）专业发展

在数字化时代，教师的专业发展不再局限于传统的线下学习与研修模式，而是拓展到了更为广阔的数字化领域。评价教师利用数字技术资源促进自身及共同体专业发展的能力，是评估其数字素养的重要方面，这包括他们在数字化学习与研修以及数字化教学研究与创新方面的表现。

数字化学习与研修已成为教师专业发展的重要途径。优秀的教师能够充分利用网络平台、在线课程、学术数据库等数字技术资源，进行自主学习和知识更新。他们不仅能够快速获取最新的教育理念和教学方法，还能够通过在线交流和协作，与同行进行深入的学术探讨，从而提升自身的专业素养和综合能力。

数字化教学研究与创新能力是教师在数字化时代必备的专业素养。具备这种能力的教师，能够敏锐地捕捉到教育教学中的实际问题，并运用数字技术进行深入的研究和分析。他们不仅能够利用数字化工具进行数据的收集、整理和分析，还能够结合教学实践进行创新性的研究，提出有效的解决方案和改进措施。

此外，教师在促进共同体专业发展方面也发挥着重要作用。他们可以通过分享数字化学习资源、组织在线研讨和交流活动等方式，推动教师团队的整体进步。同时，他们还能够积极参与数字化教学改革的实践探索，为学校的数字化转型贡献智慧和力量。

**二、教师数字素养评价指标体系的构建**

教师作为教育信息化的重要推动者和教学实践的核心组织者，他们的数字素养水平直接关系到教学质量和学生数字能力的培养。他们不仅需要在日常教学中融入数字素养的理念，还要能够灵活运用信息技术解决教学中的实际问题，优化教学策略，更要将数字技术的获取、整合、传输、组织、管理和创造等能力传授给学生。

教师数字素养评价指标体系的构建是一个系统而复杂的任务，旨在全面、客观地评估教师在数字化时代的教育教学能力。

（1）需要明确教师数字素养评价的目标和标准。评价目标应聚焦于教师在教育教学中适当利用数字技术获取、加工、使用、管理和评价数字信息和资源的能力，利用数字技术优化、创新和变革教育教学活动的意识和责任。评价标准应体现数字化意识、数字技术知识与技能、数字化应用、数字社会责任以及专业发展等方面的要求。

（2）在明确评价目标和标准的基础上，需要进一步设计具体的评价指标和维度。这些指标和维度应涵盖教师数字素养的各个方面，如教师对数字技术的理解和态度、掌握的数字技术技能、在教育教学中的数字技术应用能力、遵守数字社会责任的行为表现以及专业发展的意识和行动等。每个维度下可以设置多个具体的评价指标，以便更全面地反映教师的数字素养水平。

（3）评价方法的选择应根据评价指标和维度的特点来确定。可以采用问卷调查、观察记录、案例分析等多种方法相结合的方式，以获取更全面、客观的评价数据。同时，还需要开发或选择适合的评价工具，如数字化教学平台、智能阅卷系统、题库系统等，以便对教师的数字素养进行量化分析和比较。

（4）在确定了评价方法和工具后，可以开始实施评价工作。评价过程中应确保评价的公正性、客观性和有效性，避免主观臆断和偏见。评价完成后，应及时向教师反馈评价结果，帮助他们了解自己在数字素养方面的优势和不足，以便制订针对性的提升计划。

（5）教师数字素养评价指标体系的构建不是一蹴而就的，需要在实际应用中不断改进和优化。可以通过收集教师的反馈意见、分析评价数据的趋势和变化等方式，不断完善评价指标和维度，提高评价的准确性和有效性。同时，还需要关注数字化教育的发展动态和新技术的应用趋势，及时更新评价标准和要求，以适应时代发展的需求。

## 第三节 地方高校教师数字素养评价的方法与流程

### 一、地方高校教师数字素养评价的方法

地方高校教师数字素养评价的方法应综合运用问卷调查、观察、案例分析和作品分析等多种方法，结合多种利益相关者的参与，形成全面、客观、有针对性的评价结果。同时，还需要注重评价标准的科学性和一致性，及时反馈评价结果和建议，并建立长效机制以推动教师数字素养的持续提升。地方高校教师数字素养评价的方法应当全面、客观且具备可操作性，以确保准确反映教师的数字素养水平。

(一) 问卷调查法

通过设计涵盖数字知识、技能、态度和应用等方面的问卷，对教师进行广泛调查，是评价地方高校教师数字素养的一种高效且实用的方法。这种方法不仅能够迅速收集到大量数据，还能够深入了解教师对数字素养的认知程度、实践情况以及发展需求，从而为提升教师数字素养提供有针对性的指导。

在设计问卷时，应确保问卷内容全面且具有针对性。数字知识方面，可以考查教师对数字技术的基本概念、原理和应用范围的了解程度；数字技能方面，可以评估教师在教学、科研和管理中运用数字技术的熟练程度；数字态度方面，可以了解教师对数字技术的接受程度、使用意愿以及对待数字技术发展的看法；数字应用方面，可以调查教师在实际工作中的数字技术应用案例、效果以及遇到的困难和挑战。

在题型设置上，选择题可以方便教师进行快速回答，同时也便于后期数据的统计和分析；填空题可以收集到更具体、更详细的信息，有助于深入了解教师的实际情况；开放性问题则可以给教师提供更大的发挥空间，让他们能够充分表达自己的观点和看法。

然而，要想确保问卷调查结果的有效性，问卷设计的科学性和合理性

至关重要。首先，要确保问卷内容清晰明确，避免产生歧义或误导；其次，要合理设置问题的难度和顺序，确保教师能够顺利完成问卷；最后，还要对问卷进行预测试，以发现可能存在的问题并进行改进。

此外，在问卷调查过程中，还需要注意保护教师的隐私和权益，确保他们能够在自愿、真实的情况下参与调查。同时，对于收集到的数据，应进行科学的分析和解读，以得出准确、客观的评价结果。

(二) 观察法

通过深入课堂、实验室等教学场所，观察教师在实际教学中的数字素养表现，是评价地方高校教师数字素养的重要途径之一。这种方法能够直观地了解教师在教学实践中的数字技术应用情况，进而评估其数字素养水平。

在观察过程中，应重点关注教师使用数字技术的熟练程度。这包括教师对各种教学软件、工具和平台的操作熟练度以及他们是否能够根据教学需要选择合适的数字技术进行辅助教学。同时，还应观察教师在教学设计中数字元素的融合情况。这涉及教师是否能够将数字技术与教学内容有机结合，创造出丰富多样的教学环境，提升学生的学习兴趣和效果。

此外，观察教师与学生在互动中数字技术的应用也是必不可少的。应注意观察教师是否善于利用数字技术与学生进行互动，如通过在线平台进行讨论、使用实时反馈工具等。这种互动不仅有助于提高学生的参与度，还能够促进师生之间的有效沟通。

然而，观察法也存在一定的局限性，需要注意观察者的专业性和客观性。观察者应具备丰富的教育经验和数字素养知识，能够准确判断教师的数字技术应用情况。同时，观察者还应保持客观中立的态度，避免主观臆断和偏见对观察结果的影响。

为了提高观察的准确性和有效性，可以采取一些措施。首先，制订详细的观察计划，制定明确的标准，明确观察的重点和要求。其次，对观察者进行培训和指导，提高他们的专业素养和观察能力。最后，结合其他评价方法，如问卷调查、作品分析等，对观察结果进行综合分析和评价，以得出更全面、准确的评价结论。

### (三)案例分析法

选取教师在数字素养方面的典型案例进行深入剖析和研究，是一种生动且富有洞察力的评价方法。这种方法可以细致入微地了解教师在实际教学工作中的数字素养表现，从而更准确地评估其水平并发现存在的问题。

典型案例的选取应具有代表性和启发性，能够展现教师在数字素养方面的创新实践、成功经验或遇到的挑战。这些案例可以来自教师的课堂教学、在线课程设计、学生互动、学术研究等多个方面，以全面反映教师的数字素养实践。

在剖析案例时应重点关注教师的教学策略、技术应用和教学效果等方面。教学策略方面，可以分析教师是如何将数字技术融入教学设计中的，以提升学生的学习兴趣和参与度；技术应用方面，可以考查教师在使用数字技术时的熟练度和创新性以及是否能够根据教学需要灵活调整技术应用方式；教学效果方面，则可以评估数字技术的应用是否有效提高了学生的学习成绩、思维能力或创新能力等。

通过对典型案例的深入剖析，可以发现教师在数字素养方面的闪光点和不足之处。闪光点可以作为其他教师学习和借鉴的榜样，而不足之处则可以为教师提供改进和提升的方向。

此外，这种方法还能够揭示教师在数字素养实践中遇到的问题和困难。例如，一些教师可能面临技术操作不熟练、教学资源匮乏或学生数字素养水平不一等挑战。针对这些问题，可以提出有针对性的建议和措施，帮助教师克服障碍，进一步提升其数字素养水平。

### (四)作品分析法

教师提交与数字素养相关的作品，如教学设计、课件、教学反思等，构成了评估其数字素养水平直观且有利的依据。这些作品不仅是教师教学实践的结晶，更是他们数字素养水平和实践能力的生动体现。

深入分析这些作品，可以了解教师在数字素养方面的具体表现。教学设计作品能够展示教师如何将数字技术融入教学之中以及他们如何创新性地运用数字工具提升教学效果。课件作品能够反映教师在制作和使用教学课件时的技术水平、内容创意和用户体验考虑。而教学反思作品则可以让教师分享他们在数字素养提升过程中的心得体会、遇到的挑战以及取得的进步。

这种方法具有直接性和客观性，能够直接反映教师的数字素养成果和实践能力。通过作品分析，可以清晰地看到教师在数字素养方面的优势和不足，从而为他们提供有针对性的指导和建议。

然而，在采用这种方法时需要注意作品的真实性和代表性。首先，要确保教师提交的作品是真实、原创的，而非抄袭或修改他人的作品。其次，要确保作品能够代表教师的实际水平和能力，避免因为作品的选择不当而导致评价结果的偏差。

为了确保作品评价的有效性，可以采取一系列措施。例如，制定明确的作品提交和评价标准，让教师在提交作品时有明确的指导；组织专家团队对作品进行匿名评审，确保评价的客观性和公正性；结合其他评价方法，如课堂观察、问卷调查等，对教师的数字素养进行全面评价。

(五)综合评价法

问卷调查能够广泛收集教师对数字素养的自我认知和需求信息，为我们提供一个宏观的视角。观察法能够直观展现教师在实际教学中的数字素养应用情况，揭示其在教学策略、技术应用等方面的优势与不足。案例分析法能够深入剖析教师在数字素养方面的具体实践，发现其创新点和可借鉴之处。而作品分析法则能够直接展示教师在数字素养方面的成果和实力，为我们提供一个具体的评价依据。

将这些方法相互结合，可以形成一个相互印证、互为补充的评价体系。例如，通过问卷调查了解教师的数字素养需求，再通过观察法验证其在实际教学中的应用情况，最后通过案例分析和作品分析对其数字素养水平进行具体评价和展示。这样不仅能够确保评价结果的准确性和客观性，还能够为教师的数字素养提升提供更为全面、具体的指导。

此外，邀请同行专家、学生等利益相关者参与评价也是一个值得考虑的做法。他们的参与不仅能够增加评价的多样性和丰富性，还能够为评价结果提供更多维度的反馈和建议。例如，同行专家可以从专业角度对教师的数字素养水平进行更为深入的评价和指导，而学生则可以从学习体验的角度对教师的数字素养应用情况进行反馈，为教师的改进提供有价值的参考。

在评价教师的数字素养过程中，需要注意以下几点，以确保评价的准确性和有效性，同时促进教师的持续成长和发展。

（1）确保评价标准的科学性和一致性至关重要。评价标准应该基于教育行业的最佳实践和前沿理论，结合地方高校的实际情况，制定出既符合实际又具有前瞻性的评价标准。同时，评价标准的制定应该经过专家团队的深入讨论和审议，确保其科学性和权威性。在评价过程中，需要严格按照评价标准进行操作，避免出现主观臆断和偏见，保证评价的客观性和公正性。

（2）注重教师的个体差异和发展需求同样重要。每位教师在数字素养方面的基础、能力和兴趣都有所不同，因此，评价方式不能一刀切，而应该根据教师的个体差异进行差异化评价。同时，还需要关注教师的发展需求，为其提供个性化的提升建议和指导，帮助教师找到适合自己的发展路径。

（3）及时反馈评价结果和建议是评价过程中的重要环节。评价结果的及时反馈有助于教师及时了解自己在数字素养方面的优势和不足，从而调整教学策略和提升方向。同时，评价建议的提出也应该具有针对性和可操作性，帮助教师明确具体的提升目标和行动方案。

（4）建立长效机制对于推动教师数字素养的持续提升具有重要意义。长效机制可以包括定期对教师数字素养进行评价和跟踪、开展数字素养提升培训和交流活动、建立数字素养资源共享平台等。通过这些措施，可以持续推动教师数字素养的提升，为地方高校的数字化发展注入新的动力。

## 二、地方高校教师数字素养评价的流程

地方高校教师数字素养评价的流程可以遵循以下步骤进行。

### （一）明确评价目的与标准

明确数字素养评价的目的，是确保整个评价流程具有针对性和实效性的重要前提。评价的目的不同，其侧重点和评价指标也会有所差异。例如，如果评价的主要目的是提升教学质量，那么评价标准应侧重于教师

在教学过程中数字技术的运用情况、教学效果的提升等方面；如果评价的目的是推动教育改革，那么评价标准可能更关注教师在教学改革中数字素养的创新能力、引领作用等方面。

在明确评价目的的基础上，参照《教师数字素养》标准等权威文件，结合地方高校的实际情况，制定具体的评价标准。这些标准应既符合教育行业的普遍要求，又能体现地方高校的特色和需求。例如，可以从数字意识、数字技术知识与技能、数字化教学实践、数字化创新与发展等方面制定具体的评价指标，以确保评价的科学性和一致性。

在制定评价标准时，还需要注意以下几点：

（1）确保标准的可操作性和可衡量性。这意味着评价标准应该具体、明确，便于评价者进行操作和衡量。同时，标准应具有可观察性和可验证性，以确保评价结果的客观性和准确性。

（2）注重教师的个体差异和发展需求。每位教师的数字素养基础、教学经验和成长需求都有所不同，因此评价标准应具有一定的灵活性和包容性，能够反映教师的个体差异和发展潜力。

（3）及时更新和完善评价标准。随着数字技术的不断发展和教育改革的深入推进，教师的数字素养要求也在不断变化。因此，需要定期审视和更新评价标准，确保其始终与时俱进，满足教育发展的需要。

(二) 设计评价工具与方法

根据评价目的和标准，设计相应的评价工具和方法是确保评价流程顺利进行的关键环节。这些工具和方法需要能够全面、客观地反映教师的数字素养水平，以便为教师的成长和发展提供有针对性的指导。

问卷调查是一种常用的评价方法，可以通过设计一系列问题，了解教师对数字技术的认识、使用情况以及在教学中的应用情况。问卷的设计应紧扣评价标准，确保问题的针对性和有效性。同时，可以通过设置选择题、填空题和开放性问题等多种形式，收集丰富的数据和信息。

课堂观察是一种直观的评价方法。观察者可以通过记录教师使用数字技术的频率、方式以及教学效果等方面的情况，来评价教师的数字素养水平。为了保证观察的客观性，可以邀请多位观察者共同参与，并进行交叉验证。

案例分析是另一种有效的评价方法，通过对教师在实际教学中遇到的典型案例进行深入剖析，可以揭示教师在数字素养方面的优势和不足。案例分析可以包括教师对数字技术的创新应用、解决教学难题的策略等方面，通过分析这些案例，可以提炼出教师在数字素养方面的经验和教训。

作品分析也是一种重要的评价方法，通过对教师制作的课件、教学设计、教学反思等作品进行分析，可以了解教师在数字技术应用方面的能力和水平。作品分析可以关注作品的创新性、实用性以及教学效果等方面，从而评价教师在数字素养方面的实践成果。

除了以上几种常用的评价工具和方法外，还可以根据具体情况设计其他形式的评价活动，如教师数字素养知识竞赛、教学技能展示等。这些活动既可以激发教师的参与热情，又可以直观地展示教师的数字素养水平。

在设计评价工具和方法时，还需要注意以下几点：一是要确保评价工具和方法与评价标准相一致，能够全面反映教师的数字素养水平；二是要注重评价工具的实用性和可操作性，避免过于复杂或繁琐；三是要确保评价过程的公正性和客观性，避免主观臆断和偏见的影响。

### （三）组织评价实施

在评价实施前，与教师进行充分的沟通是至关重要的。这不仅是尊重教师权益的体现，更是确保评价流程顺利进行的关键步骤。通过与教师的沟通，可以向他们清晰地阐述评价的目的、流程和注意事项，使他们能够充分了解并积极配合整个评价过程。

明确评价目的能够帮助教师更好地理解评价的出发点和预期效果。可以解释评价是为了提升教学质量、推动教育改革，或是满足其他特定的需求，从而使教师认识到评价的重要性和意义。

详细介绍评价流程有助于教师了解整个评价过程的步骤和安排。可以向教师说明评价的具体环节、时间安排以及所需准备的材料等，确保他们在评价过程中按照要求进行操作。同时，强调注意事项也是必要的。可以提醒教师在评价过程中保持客观、真实的态度，避免夸大或缩小自己的数字素养水平。此外，还可以提醒教师注意评价过程中的一些细节问题，如填写问卷时的注意事项、参与课堂观察时的配合事项等。

在评价实施过程中需要严格按照设计好的评价工具和方法进行操

作,确保评价的公正性和客观性。这意味着需要遵循评价标准,避免主观臆断和偏见的影响。同时,还需要确保评价过程的透明性,让教师了解评价的进展和结果。

此外,为了进一步确保评价的公正性和客观性,还可以采取一些具体的措施。例如,可以邀请多位评价者共同参与评价过程,通过交叉验证来减少主观因素的影响。同时,还可以建立评价结果的反馈机制,让教师对评价结果提出异议或建议,以便及时进行调整和改进。

(四)收集与分析数据

评价实施完成后,数据的整理和分析是至关重要的一环。这一过程不仅是对评价结果的客观呈现,更是为教师的数字素养提升提供有力依据的关键步骤。

对于问卷调查的数据,应采用统计分析的方法进行处理。通过计算各选项的频数、比例和相关性等,清晰地了解到教师在数字意识、技术运用、创新能力等各方面的表现。例如,可以分析教师在使用数字技术辅助教学时的频率和偏好以及他们对数字教育的理解和看法。

课堂观察记录是评价教师数字素养的直观依据。应对这些记录进行归纳整理,提炼出教师在数字素养方面的具体表现。比如,可以观察到教师在课堂上如何运用数字技术提高教学效果,如何引导学生参与数字学习活动以及他们在面对数字教学挑战时的应对策略。

案例分析是对教师数字素养实践的深入探索。应选取典型的案例,进行深入剖析,揭示教师在数字素养方面的优势和不足。通过案例分析,可以发现教师在数字教学中的创新做法和成功经验,也可以发现他们在数字技术应用方面存在的问题和挑战。

作品分析则是对教师数字素养成果的检验。通过对教师制作的课件、教学视频等作品进行分析,可以评估他们在数字技术应用方面的能力和水平。作品分析可以了解到教师的数字素养成果是否符合评价标准以及他们在数字技术应用方面的创新和发展趋势。

通过以上数据分析,可以得出教师在数字素养方面的优势和不足以及可能存在的问题和挑战。这些分析结果将为我们提供有针对性的改进建议和发展方向,为教师的数字素养提升提供有力支持。同时,也可以将分析结果反馈给教师,帮助他们了解自己的数字素养水平和发展方向,激发他们进一步提升数字素养的积极性和动力。

(五)形成评价报告与反馈

根据对收集数据的深入分析与整理,形成详尽的教师数字素养评价报告。此报告旨在客观呈现每位教师在数字素养方面的表现,并为其后续的提升与发展提供明确的指导方向。

在数字素养水平方面,大部分教师展现了良好的数字技术应用能力和创新意识。他们能够熟练运用多种数字工具辅助教学,提升教学效果。同时,不少教师也积极探索数字技术与教育教学的深度融合,创新教学方式方法,并取得了显著成果。

然而,也存在一些问题和不足。部分教师在数字意识方面还有待加强,对数字教育的认识和理解不够深入。此外,一些教师在数字技术应用方面还存在技能短板,需要进一步提升自己的数字技术能力和水平。

针对以上问题,提出以下改进建议:首先,加强教师的数字意识培养,提升他们对数字教育的认识和重视程度;其次,组织针对性的数字技术培训,帮助教师掌握更多的数字技术应用技能;最后,鼓励教师在教学实践中积极探索数字技术的应用,创新教学方式方法,提高教学效果。

将评价报告反馈给每位教师,希望他们能够认真阅读并深入思考。通过了解自己在数字素养方面的表现和不足,教师可以明确自己的提升方向和目标,制订个性化的学习计划和发展规划。在教师的共同努力下,他们的数字素养将得到进一步提升,为教育教学质量的提升贡献更多力量。

(六)制订提升计划与措施

针对评价报告中指出的问题和不足,与教师共同制订数字素养提升计划和措施,是确保教师数字素养持续提升的关键环节。这一过程不仅需要教师的积极参与和配合,更需要建立起一套长效机制,以确保提升计划的有效实施和跟踪。

(1)与教师进行深入的沟通和交流,共同分析评价报告中指出的问题和不足。通过倾听教师的意见和建议,更好地理解他们的需求和困惑,从而制订出更加符合实际情况的提升计划。

（2）为教师提供多种形式的培训和学习机会。包括参加线上或线下的数字技术培训课程，参与数字教育研讨会或工作坊以及与其他具有丰富数字教学经验的教师进行交流和学习。通过这些培训和学习活动，教师可以不断提升自己的数字素养和技能水平。

（3）鼓励教师开展数字教学实践。可以是在日常教学中尝试使用新的数字技术工具，或者是设计并开展一次以数字技术为主题的教学活动。通过实践，教师可以更好地理解和掌握数字技术的应用方法和技巧，进一步提升自己的数字素养水平。

（4）建立分享经验的平台是非常重要的。可以定期组织教师分享会或研讨会，让教师分享自己在数字素养提升过程中的经验和心得。不仅可以让其他教师从中受益，也可以激发教师们的积极性和创造力，推动整个教师团队数字素养的提升。

（5）建立长效机制是确保提升计划有效实施的关键。可以定期对教师的数字素养进行评价和跟踪，及时了解他们的提升进展和遇到的问题。同时，还可以根据评价结果调整提升计划，确保计划的针对性和实效性。

通过以上措施的实施，可以帮助教师制订个性化的数字素养提升计划，并提供必要的支持和资源，促进他们的数字素养不断提升。同时，建立长效机制可以确保提升计划的有效实施和跟踪，为教师的数字素养发展提供持续的动力和保障。

### 三、教师数字素养评价路径

教师数字素养评价是了解教师数字素养发展现状、推动其提升的关键环节。随着教育信息化的深入发展，教师的数字素养已经成为衡量其专业能力的重要指标之一。《教师数字素养》标准的出台，为教师数字素养评价提供了有力的依据和指导。

基于该标准，可以进一步开展分层分类的精准评价。不同教师群体的数字素养水平和需求存在差异，因此评价时应充分考虑教师的年龄、学科背景、教学经验等因素，制定针对性的评价指标和权重，以确保评价的准确性和公正性。

同时，数智驱动的全面评价也是教师数字素养评价的重要方向。借助大数据、人工智能等技术手段，可以对教师在教学、科研、管理等方面的数字素养进行全方位、多角度的监测和分析，从而更全面地了解教师的数字素养状况，为其提升提供有力支持。

　　此外，持续监测的追踪评价也是必不可少的。教师的数字素养是一个动态发展的过程，需要持续关注和监测。通过定期对教师数字素养进行评价，可以及时发现存在的问题和不足，为教师提供有针对性的培训和指导，促进其数字素养的持续提升。

　　在创新教师数字素养评价路径方面，可以结合具体的教学实践，设计多样化的评价活动和任务，如在线课程设计、数字资源制作、数据分析报告等，以考查教师在实际工作中的数字素养应用能力和创新能力。

### （一）分层分类的教师数字素养精准评价

　　开展分层分类的教师数字素养评价是一项具有深远意义的工作。它不仅能够全面、深入地了解各级各类教师数字素养的发展现状和存在的问题，更能为教育行政部门和学校提供重要参考，帮助他们制定更具针对性和个性化的教师数字素养提升策略。

　　要实现这一目的，首先需要基于《教师数字素养》标准，对不同学段、不同学科、不同水平的教师进行深入的剖析和研究。由于不同教师群体在数字素养方面的需求和发展水平存在差异，因此必须充分考虑这些差异，确保评价标准的科学性和适用性。

　　在此基础上，可以进一步研制各级各类教师数字素养常模。这些常模将作为评价教师数字素养发展水平的重要依据，有助于我们更准确地判断教师在数字素养方面的优势和不足。

　　随后，通过开展教师数字素养发展水平的分层分类精准评价，可以更具体地了解每一位教师在数字素养方面的具体情况。这不仅有助于我们发现问题，更能为制定针对性的提升策略提供有力支持。

　　最终，这些评价结果将为规范指导各级各类教师数字素养有效发展提供重要支持。教育行政部门和学校可以根据评价结果，为教师提供个性化的培训和发展机会，帮助他们提升数字素养水平，更好地适应教育信息化的发展需求。

### （二）数智驱动的教师数字素养全面评价

　　大数据和人工智能等技术的快速发展，为教育教学评价改革提供了前所未有的机遇。这些技术的深度应用,使我们能够充分挖掘和分析教师数字素养的发展过程和结果数据,进而实现评价方式的数据化、智能化和个性化以及评价结果的针对性、全面性和客观性。

为了进一步提升教师数字素养评价的客观性和准确性,可以基于《教师数字素养》标准的各级维度及其含义,明确教师数字素养评价所需的数据采集点和评价模型。这些数据采集点可以包括教师在教学、科研、管理等活动中的各类数据,如教学资源的数字化应用情况、学生互动数据的分析、科研成果的产出情况等。

通过应用人工智能和大数据等技术,可以实现对这些数据的实时抓取、深度分析和精准反馈。这些技术不仅可以帮助我们全面了解教师在数字素养方面的发展现状和趋势,还可以为我们提供针对性的提升策略和建议。例如,通过分析教师在教学过程中的数字应用情况,发现其在教学策略、教学方法等方面的优势和不足,从而为其提供个性化的培训和发展建议。

此外,通过全面、客观的教师数字素养评价,还可以进一步激发教师提升自身数字素养的积极性和主动性。当教师看到自己的数字素养水平得到客观、公正的评价时,他们会更愿意投入更多的时间和精力去提升自己的数字素养,进而提高教学质量和效果。

(三)持续监测的教师数字素养追踪评价

开展持续监测的教师数字素养追踪评价,对于深入了解教师数字素养的发展轨迹和变化趋势至关重要。这种追踪评价不仅有助于我们跟踪分析教师在数字素养各维度上的发展情况,更能为开展精准化、适应性的教师数字素养研修与培训提供有力的数据支撑。

为了健全教师数字素养评价与发展机制,确保教师数字素养的可持续发展,应紧密围绕《教师数字素养》标准,建立各月度、学期、学年等周期的动态发展追踪监测机制。定期收集和分析教师在数字素养各维度上的表现数据,可以对比分析其差异性变化,从而更准确地把握教师数字素养的发展状况。

在此基础上,可以进一步绘制教师数字素养的个体发展曲线和群体发展态势。这些数据可视化工具能够直观地展示教师数字素养的发展轨迹和变化趋势,有助于更深入地理解教师数字素养的发展规律。

通过长期追踪和深度分析，可以为教师数字素养的研修与培训提供更加精准和有效的指导。例如，针对教师在特定维度上存在的短板和不足，设计针对性的培训课程和研修活动，帮助他们提升数字素养水平。

此外，这些数据还可以为教育管理者提供决策支持。通过对教师数字素养的群体发展态势进行分析，教育管理者可以了解整个教师队伍的数字素养水平和发展趋势，从而制定更加科学合理的教师队伍建设策略。

## 第四节 地方高校教师数字素养评价结果的反馈与应用

### 一、地方高校教师数字素养评价结果的反馈

地方高校教师数字素养评价结果的反馈是评价工作的重要环节，它不仅关乎教师个人发展的指导，更对地方高校整体教学质量的提升具有重要意义。

（一）形式应多样化，以适应不同教师的需求

反馈的形式多样化对于地方高校教师数字素养评价结果的传达至关重要，这不仅可以满足不同教师的个性化需求，还能确保信息传达的准确性和有效性。

书面报告是一种传统且有效的反馈形式，它将评价结果进行系统的整理和呈现，详细列出每位教师在数字素养各方面的得分、排名及具体表现。这样的报告形式有助于教师对自己的数字素养水平有一个全面、客观的认识，也方便他们进行自我反思和比较。此外，书面报告还可以作为教师个人档案的一部分，用于记录他们的成长和进步。

然而，单纯的书面报告可能无法满足所有教师的需求。有些教师可能更希望与人进行面对面的交流和讨论，以便更深入地了解评价结果，解答疑惑，并共同探讨提升策略。因此，组织面对面的座谈会或个别交流也是非常重要的反馈形式。

在座谈会中，可以邀请评价专家、学校领导以及其他教师共同参与，

共同分析和讨论评价结果。教师可以提出自己的疑问和建议，与其他人进行交流和分享。这种互动式的反馈形式不仅可以加深教师对评价结果的理解，还可以激发他们的积极性和参与度，促进教师之间的交流和合作。

对于个别教师，可以安排一对一的交流会议。在会议中，可以针对教师的具体情况进行深入的分析和讨论，提出更具针对性的建议和指导。这样的反馈形式更加私密和个性化，有助于教师更好地理解和接受评价结果，并制订个性化的提升计划。

（二）内容应具体、有针对性

在反馈教师的数字素养评价结果时，不仅要告知他们总体的表现水平，更要细化到各个具体方面，如数字技术应用、数字资源获取与整合以及数字创新能力等，这样才能让教师对自己的优势和不足有更清晰的认识。

（1）在数字技术应用方面，详细分析教师在日常教学中使用数字技术的熟练程度和创新性。对于表现优秀的教师，肯定他们在技术应用上的熟练和灵活，并鼓励他们继续探索更多先进技术的应用。对于存在不足的教师，指出他们在技术应用上的短板，建议他们参加相关的培训课程或工作坊，提升自己在数字技术应用方面的能力。

（2）在数字资源获取与整合方面，评估教师是否能够有效地从网络等渠道获取教学资源，并将其整合到自己的教学中。对于在这方面表现出色的教师，肯定他们的信息检索和资源整合能力，并建议他们继续分享自己的经验和技巧。对于需要加强的教师，提供一些具体的资源获取和整合策略，帮助他们提高这方面的能力。

（3）在数字创新能力方面，关注教师是否能够在教学中创新性地应用数字技术解决教学难题。对于具有创新精神的教师，赞扬他们的创新思维和实践能力，并鼓励他们在未来的教学中继续发挥创造力。对于需要提升的教师，建议他们多参与一些创新性的教学项目或研究，通过实践锻炼提升自己的创新能力。

除了以上的具体建议，应鼓励教师与同行进行交流和学习，分享彼此的经验和心得。通过互相学习和借鉴，教师可以更快地提升自己的数字素养水平，共同推动地方高校教学质量的提升。

### （三）注重激励与引导

对于在数字素养方面表现优秀的教师，不仅要给予充分的肯定和表彰，更要通过多种形式来凸显他们的卓越成就，以此激励他们继续发挥示范引领作用。具体而言，可以在学校内部或更广泛的范围内举办表彰大会，公开表彰这些教师的优秀表现，并颁发荣誉证书或奖项，让他们的辛勤付出得到应有的认可。同时，还可以通过校园网、社交媒体等渠道宣传他们的先进事迹和优秀经验，让更多的人了解并学习他们的做法。

此外，还应为这些优秀教师提供更多的发展机会和资源支持。例如，可以邀请他们参与学校或地区的数字教育项目，让他们在实践中继续发挥示范作用，并带动更多教师提升数字素养。同时，可以给予他们一定的经费支持或资源倾斜，以鼓励他们在数字教育领域的深入研究和探索。

对于表现一般的教师，同样要给予关注和激励。要引导他们正视自己在数字素养方面的不足，认识到提升数字素养对于教育教学的重要性。可以通过个别交流、座谈会等方式，与教师深入沟通，了解他们的困惑和需求，并提供具体的指导和建议。同时，可以组织一些针对性的培训和学习活动，帮助他们提升数字素养水平。

在激励教师提升数字素养的过程中，还要注重引导他们树立正确的数字素养观念。要让教师认识到数字素养不仅是掌握一定的数字技术和工具，更是一种适应数字化时代的教育教学理念和方法。要鼓励他们积极探索数字技术在教育教学中的应用，创新教学方式方法，提高教学效果。同时，也要让他们明白数字素养的提升是一个持续的过程，需要不断学习和实践，才能跟上时代的步伐。

在反馈教师的数字素养评价结果时，始终将保护教师的隐私和尊严放在首位。每位教师都渴望得到公正、客观的评价，并希望这些评价能够真正用于指导他们的个人发展，而非作为其他外部评价的依据。因此，在评价结果的收集和整理过程中，应严格遵守保密原则，确保教师的个人信息和评价结果不会被泄露或滥用。在反馈环节，仅将评价结果以合适的方式呈现给教师本人，并强调其仅用于指导他们进一步提升数字素养，而非用于其他任何形式的考核或晋升。

任何形式的评价都可能给教师带来一定的压力。因此，在反馈过程中，注意用词和语气，力求以平和、客观的态度传达评价结果，避免给教师带来不必要的心理负担。同时，也鼓励教师以开放、积极的态度接受反馈，将其视为个人成长和进步的机会。此外，还为教师提供申诉和解释的机会。如果教师对评价结果有任何疑问或不同意见，他们可以随时提出，相关部门认真倾听并做出合理的解释和回应。

(四)建立评价结果反馈的长效机制

定期进行教师数字素养评价，并及时反馈结果，是提升教师数字素养的关键环节。这一做法不仅能让教师清晰地认识到自己的进步与不足，更能激发他们提升数字素养的积极性和主动性。

在评价过程中，要始终关注教师在数字素养提升过程中的变化和成长，根据他们的实际情况和需要，适时调整反馈策略。通过个性化的反馈方式，确保每一位教师都能得到有针对性的指导和建议，从而更好地规划自己的数字素养提升之路。

此外，注重反馈工作的实效性，确保评价结果能够真正转化为教师提升数字素养的动力和行动。通过科学、合理、有效的评价结果反馈，帮助教师全面了解自己的数字素养水平，发现自身的优势和不足，并为他们提供具体的改进方向和路径。

这样的反馈机制，不仅有助于提升教师的数字素养水平，更能推动地方高校教育教学质量的整体提升。通过持续的努力和改进，地方高校的教师数字素养将不断提升，为培养更多适应数字化时代需求的人才奠定坚实基础。

## 二、地方高校教师数字素养评价结果的应用

地方高校教师数字素养评价结果的应用是一个多方面的、综合性的过程，旨在促进教师的个人发展、提升学校的教学质量、推动教育教学改革等。科学、合理、有效地应用评价结果，可以激发教师提升数字素养的积极性和主动性，推动地方高校教育教学质量的整体提升。

(一)指导教师的个人发展

深入剖析教师在数字技术应用、数字资源获取与整合以及数字创新能力等方面的具体表现，可以为教师提供更具针对性和实用性的改进建议与发展方向。

在数字技术应用方面，针对教师存在的技术操作不熟练或应用意识不强等问题，推荐一些实用的技术培训课程或学习资源，帮助他们快速掌握相关技术，并将其灵活运用到教学中。同时，鼓励教师积极参与技术应用的实践探索，通过不断尝试和创新，提升自己在数字技术应用方面的能力和水平。

在数字资源获取与整合方面，针对教师可能存在的资源获取渠道有限或资源整合能力不足等问题，分享一些高效的资源搜索方法和整合策略，帮助他们快速找到所需的教学资源，并将其有效地整合到自己的教学中。此外，还可以引导教师关注行业动态和前沿技术，了解最新的教育资源和教学理念，为他们的教学工作注入新的活力和创意。

在数字创新能力方面，鼓励教师勇于尝试新的教学模式和方法，利用数字技术解决教学中的实际问题。对于缺乏创新思路的教师，可以提供一些创新案例或灵感来源，激发他们的创新思维和想象力。同时，搭建一个交流合作的平台，让教师能够相互学习、相互启发，共同提升数字创新能力。

通过这样的分析和建议，教师能够更清晰地认识到自己在数字素养方面的优势和不足，并有针对性地制订提升计划和发展方向。这将有助于他们更有针对性地提升自己的数字素养水平，更好地适应数字化时代的教育教学需求，为培养更多适应数字化时代需求的人才贡献自己的力量。

(二)促进教师之间的交流与合作

通过分享评价结果和优秀案例，教师之间的交流与借鉴成为提升数字素养的重要途径。学校作为促进这一过程的桥梁，可以发挥关键作用。

具体而言，学校可以定期组织与数字素养相关的研讨会或工作坊，为教师提供面对面交流的机会。在这些活动中，教师可以分享自己在数字技术应用、数字资源获取与整合以及数字创新能力等方面的经验,同时也可以学习到其他教师的优秀做法和成功案例。这样的交流不仅能够拓宽教师的视野,还能激发他们探索和创新的动力。

除了线下活动,学校还可以利用网络平台建立教师之间的交流与合作平台。通过在线论坛、社交媒体群组等方式,教师可以随时分享自己的见解和经验,与同行进行深入的讨论和交流。这种线上交流方式具有灵活性和便捷性,能够突破时间和空间的限制,使教师之间的交流更加频繁和深入。

在分享过程中,学校还可以邀请数字素养较高的教师或专家担任指导者,为其他教师提供具体的指导和建议。这些指导者可以通过案例分析、经验分享等方式,帮助其他教师解决在数字素养提升过程中遇到的问题和困惑。此外,学校还可以建立数字素养提升小组或团队,鼓励教师之间开展合作研究和实践探索。通过团队合作,教师可以共同解决一些复杂的数字素养问题,实现资源共享和经验互补,进一步提升自己的数字素养水平。

(三)评估教学质量和改革成效

作为学校评估教学质量和改革成效的关键指标,教师数字素养评价结果的对比分析显得尤为重要。通过深入剖析不同时期的评价结果,学校不仅能够全面掌握教师数字素养的整体提升情况,更能准确评估教学改革所取得的成效。

学校可以定期收集并整理教师的数字素养评价结果,形成详细的数据报告。通过对比不同时间节点的数据,学校可以清晰地看到教师在数字技术应用、数字资源获取与整合以及数字创新能力等方面的进步与变化。这种量化的对比不仅为学校提供了客观的评估依据,更能直观地展现教学改革所带来的积极效果。

此外,学校还可以结合其他教学质量评估指标,综合分析教师数字素养提升与教学质量改进之间的关联。通过深入探究数字素养提升如何促进教学策略的优化、教学方法的创新以及学生学习效果的提升等方面,学校可以进一步明确数字素养在教育教学中的重要作用,为未来的教学改革提供有力的支撑。

同时,这种对比分析也有助于学校发现教学改革中存在的问题和不足。通过对评价结果进行深入剖析，学校可以识别出教师在数字素养提升过程中遇到的困难和挑战，进而制定相应的改进措施和支持策略。这不仅能够帮助教师更好地提升数字素养，也能推动学校教学改革不断向前发展。

（四）激励教师持续提升数字素养

学校为了激发教师提升数字素养的积极性和主动性，可以精心设立一系列奖励机制，让表现优秀的教师得到应有的表彰和奖励。例如，学校可以设立专门的"数字素养优秀教师"奖项，每年评选出在数字技术应用、数字资源整合以及数字创新实践等方面表现突出的教师。这些获奖教师将在学校大会上接受表彰，并获得一定的物质奖励，如奖金、证书或教学设备等，以此鼓励他们继续保持和提升数字素养。

学校可以创建"数字素养分享平台"，邀请获奖教师或数字素养较高的教师在平台上分享他们的经验、心得和成功案例。这不仅能让其他教师从中受益，还能激发更多教师提升数字素养的兴趣和动力。

学校还可以举办数字素养提升培训班或工作坊，邀请获奖教师担任讲师或辅导员，将他们的经验和技能传授给其他教师。通过这种方式，优秀教师的价值得到了进一步发挥，同时也促进了教师之间的互助与合作。或者学校还可以利用校内外媒体对优秀教师的数字素养成果进行广泛宣传，让更多的人了解并认可他们的努力与成就。这不仅可以提升教师的职业荣誉感，还能吸引更多教师关注和参与数字素养的提升工作。

# 参考文献

[1] 张恩铭, 盛群力. 培育学习者的数字素养——联合国教科文组织《全球数字素养框架》及其评估建议报告的解读与启示 [J]. 开放教育研究, 2019, 25（6）: 58-65.

[2] 杨爽, 周志强. 高校教师数字素养评价指标构建研究 [J]. 现代情报, 2019, 39（3）: 59-68+100.

[3] 兰国帅, 郭倩, 张怡, 等. 欧盟教育者数字素养框架: 要点解读与启示 [J]. 现代远程教育研究, 2020, 32（6）: 23-32.

[4] 郑旭东, 马云飞, 岳婷燕. 持续推动数字时代的教师专业发展——基于挪威教师专业数字胜任力框架的考察 [J]. 比较教育学报, 2021（1）: 139-150.

[5] 任友群, 随晓筱, 刘新阳. 欧盟数字素养框架研究 [J]. 现代远程教育研究, 2014（5）: 3-12.

[6] 郭一弓. 欧盟数字素养框架 DigComp2.1: 分析与启示 [J]. 数字教育, 2017, 3（5）: 10-14.

[7] 何蕾. 《国际图联数字素养宣言》分析与启示 [J]. 图书馆建设, 2018（6）: 44-48.

[8] 武利红. 面向就业的数字素养教育——《2017 年数字素养影响研究: NMC 地平线项目战略简报》研究 [J]. 图书馆建设, 2019（5）: 159-166.

[9] 高山. 《高等教育中的数字素养Ⅱ: 新媒体联盟地平线项目战略简报》研究 [J]. 图书馆建设, 2018（7）: 42-47+53.

[10] 郑彩华. 联合国教科文组织《数字素养全球框架》: 背景、内容及启示 [J]. 外国中小学教育, 2019（9）: 1-9.

[11] 余慧菊, 杨俊锋. 数字公民与核心素养: 加拿大数字素养教育综述 [J]. 现代教育技术, 2019, 29（7）: 5-11.

[12] 杨文建.英美数字素养教育研究[J].图书馆建设,2018(3):87-95.

[13] 张娟.美国数字素养教育现状及启示[J].图书情报工作,2018,62(11):135-142.

[14] 明华.英国高等教育数字素养培养模式对我国的启示[J].武汉船舶职业技术学院学报,2018,17(3):85-90.

[15] 许丽丽,高大伟.澳大利亚面向公众的数字素养教育及其启示[J].情报探索,2019(12):46-50.

[16] 许欢,尚闻一.美国、欧洲、日本、中国数字素养培养模式发展述评[J].图书情报工作,2017,61(16):98-106.

[17] 余雅斌,黄姣华.智能时代开放大学教师数字素养及提升策略[J].高教论坛,2019(7):51-55.

[18] 方伟,向川子.乡村振兴视角下的农村居民数字素养研究——基于雄安新区居民的调查[J].今日科苑,2019(10):52-66.

[19] 张晴.数字素养:新媒体联盟地平线项目战略简报研究[J].图书馆工作与研究,2017(5):110-114.

[20] 张晓娟,吕立杰.精准扶贫背景下教学点教师远程培训路径探索——以SPOC引领式培训模式为支持[J].中国电化教育,2020(2):58-66.

[21] 闫寒冰,单俊豪.从培训到赋能:后疫情时期教师专业发展的蓝图构建[J].电化教育研究,2020,41(6):13-19.

[22] 王凯旋.应用型院校青年教师实践能力培养策略研究[J].中国成人教育,2020(10):79-81.

[23] 杜云英.应用型本科高校教师发展政策转向及落实效果探析[J].职教论坛,2019(12):28-33.

[24] 向敏,许钊钿,谢琅,等.高校教师创新创业教育能力模型建构——基于全国596所高校双创教师数据的实证分析[J].中国电化教育,2020(8):55-62.

[25] 陈新忠,王方洲.荷兰高校创新创业教育现状与特点——以埃因霍温理工大学为例[J].高教探索,2019(4):79-85.

[26] 刘文开.教师数字素养的现实价值与提升路径[J].教育评论,2023(3):115-118.

[27] 吴军其,任飞翔,李猛.教师数字能力:内涵、演进路径与框架构

建[J].黑龙江高教研究,2021,39(9):83-90.

[28] 孙怡.数字教师的内涵、特点及其培养路径研究[J].中国信息技术教育,2022(7):96-98.

[29] 卓雪冬.产教融合背景下高校人才培养模式分析——评《应用型本科高校产教融合发展模式及其实现的保障机制》[J].中国教育学刊,2023(7):132.

[30] 魏庆义.我国高校青年教师专业发展政策的现状、问题与改进:基于42所"世界一流大学"建设高校的政策文本分析[J].高等教育研究学报,2021,44(4):68-76.

[31] 刘朝锋,张梦雅.高校青年教师教学专业发展问题与对策研究[J].文化产业,2022(6):160-162.

[32] 郭学君,邵光华.高校青年教师专业发展困境的质性研究:基于教师改变水平模型的分析[J].广东第二师范学院学报,2022,42(6):72-81.

[33] 周杨,赵彤,张宏如,等.新时代高校青年教师专业发展路径分析[J].江苏科技信息,2021,38(27):74-77.

[34] 冀惠.文化生态学视角下青年教师专业发展的关键路径探析[J].黑龙江高教研究,2022,40(5):89-93.

[35] 吴砥,陈敏.教师数字素养:教育数字化转型背景下的教师发展重点[J].中国信息技术教育,2023(5):4-7.

[36] 魏非,祝智庭.微认证:能力为本的教师开放发展新路向[J].开放教育研究,2017,23(3):71-79.

[37] 许芳杰.微认证在美国教师学习中的应用与推进策略[J].外国教育研究,2020,47(10):80-90.

[38] 程醉,李冰,张晓玲.数字微认证推动学习成果认证制度创新[J].中国教育信息化,2022,28(9):41-51.

[39] 黄予.教育数字徽章:数字化时代的新学习认证[J].电化教育研究,2018,39(11):52-60.